愿此生岁月静好

张爱玲传

王臣 作品

豪华典藏版

THE SKETCH OF EILEEN CHANG

人民东方出版传媒
People's Oriental Publishing & Media
東方出版社
The Oriental Press

目录 Contents

倾谈三 | 岁月是华丽转身

倾谈四 | 岁月是急景凋年

倾谈五 | 岁月是往事倾城

倾谈六 | 岁月是美人迟暮

倾谈七 | 岁月是不悔人生

附　录 | 与张爱玲有关

序 言 | 她比烟花更寂寞

时光是一条长河。

人生是一场大戏。

民国，似梨园里久不散去的那一幕。你方唱罢我登场。人来人去，情始情终，绵长不绝。张爱玲，无疑是民国这场戏里最令人瞩目的大青衣。她举手投足之间，尽是红尘，满是寓意。每一个动作，每一句台词，每一声唱腔，无不令人沉迷。

是为女子，她生性不羁，骨子里桀骜疏离，甚至有些冷漠孤行。整个人间，之于她而言，便是一个舞台、一座剧场。她顾自演绎着自己的悲欢传奇。原本也都是与人无关的事，可偏偏她又一身诗意，还有一支酣畅淋漓的笔和惊世不凡的才情。横撇竖捺之间，写尽世事繁华，道破岁月苍凉。令这世界无可回避地要注目她。

芸芸众生，皆有惆怅。不能选择生，甚至死亦不能。怎样过都是一生，但张爱玲倔强，哪怕生逢乱世，她也要努力活出自己想要的样子。只是，她走得并不容易，当中的得与失，风华与孤寂，喧嚣与静默，执着与彷徨，非是三言两语可以言尽的。

她孤孑地来，又孤孑地去。她是真真正正的乱世奇女子。她一生一世，途经的每一座城市、每一个人，最终皆变成她生命史册当中的一道景致。与一朵花、一棵树、一条清溪无异。她的人生哲学，从来就是“一个人”，一个人摸索，一个人漂泊，一个人热闹，一个人静寂。唯有写作与她朝暮不离。

她最好的时光，便是暗夜里提笔，煮字疗饥。写作的人，写的既是经验，也是人生。张爱玲一辈子的明媚与潮湿，自然在不经意间渗透入她的文学作品中。只是创作总是主观的，有时候甚至是一件很私人的事。因此，张爱玲在她的文学作品当中关于自己的人生琐细透露得毕竟有限。

胡兰成说张爱玲是“民国女子”，看似只是一个庸常的形容，但也实在没有比这四个字更能概括张爱玲的人生的了。民国之后，到新中国成立以前，世道从不太平。在这样的一个乱世当中，张爱玲用一支笔给自己的人生找到了出口。

透过写作这扇窗口，她得以能够与岁月两两相望，促膝长谈。说上海滩的风情，说香港城的旖旎；说妯娌间的琐细，说男女间的梦呓。她与岁月是知己，因为懂得，所以慈悲。写作，令她看到了生命原本的更为丰盛的面貌。只是，人生浮凉，她写尽了人间事、世间情，而她自己的故事又有谁来替她细细去讲呢。

或许，张子静可以。

用张子静的话说，毕竟“不管世事如何变幻，我和她是同血缘，亲手足，这种根底是永世不能改变的”。张子静是张爱玲的胞弟。张爱玲去世不久，张子静写了《我的姐姐张爱玲》一书，我所要讲说的关于张爱玲的一切，也正是从这本书开始。是它触动我，来写一写我这个外人心中的张爱玲。

一百个人眼中，有一百个张爱玲。我不奢望自己的一支拙笔能还原张爱玲的前世今生，只愿你读到的时候，能从这一册书里读到我热爱她的一点心意。若是，我有幸在某个阳光温柔的下午遇见你，我定会找一间僻静的咖啡馆，邀你一起，聊聊张爱玲。

从前，人与人相识，萍水相逢亦能肝胆相照。从前，人与人相知，鱼书雁帛，往返之间山水跋涉，仍是心意不减。从前，人与人相爱，是当真可以共黄昏、共偕老、共白头，也真的还有“至死不渝”那么一回事。从前，哪怕人与人分离，也有“不用诉离觞，痛饮从来别有肠”的情怀。

从前，世上还有你。

——张爱玲。

时光无尽，聚散有时。

唯愿，岁月静好，现世安稳。

谨以此书，纪念张爱玲逝世二十周年。

王 臣

二〇一五年五月

倾谈一 | **岁月是时光无涯**

01 | 从前

时代的车轰轰地往前开。我们坐在车上，经过的也许不过是几条熟悉的街衢，可是在漫天的火光中惊心动魄。就可惜我们只顾忙着在一瞥即逝的店铺的橱窗里找寻我们自己的影子——我们只看见自己的脸，苍白，渺小：我们的自私与空虚，我们恬不知耻的愚蠢——谁都像我们一样，然而每人都是孤独的。

——张爱玲，《烬余录》

时光如梭，她不为岁月垂袖。

人生如寄，她誓做扬眉女子。

胡兰成说："张爱玲是民国世界的临水照花人。看她的文章，只觉她什么都晓得，其实她却世事经历得很少，但是这个时代的一切自会来与她有交涉，好像'花来衫里，影落池中'。"其实，张爱玲的故事远比她的小说琐细、繁丽、复杂得多。你且听我慢慢说。

讲说张爱玲，不得不追溯至李鸿章的时年。从那时起，张爱玲的故事便已开始在历史尘埃中悄然酝酿。往事年深，仿佛是遥不可及的事。张爱玲的身世，向来为世人着迷。她出身簪缨世家，即便她本身并不在意，可世人皆知，她祖上是荣耀大清的肱骨重臣。

晚清一代名臣李鸿章正是张爱玲的曾外祖父。只是，李鸿章不知道，百年之后，除了自己的一生会被后世拿来臧否，还总会因为他从未谋面的张爱玲，被人提起。而李鸿章与张爱玲的缘分，始于张爱玲的曾祖父张印塘。

张印塘，字雨樵，河北丰润县（今唐山市丰润区）齐家佗人，生于公元1797年，公元1854年辞世。大清嘉庆己卯年（即公元1819年）举人，道光乙未年（即公元1835年）进士。张印塘自幼好学，博闻强记。他明经术，精史学，尤熟谙清朝掌故，历任浙江景德、建德、海宁、桐庐知县，杭州府知府，安徽按察使等职。

张印塘是寒门士子。他出身低微，雪窗萤火，数载寒窗，方才跻身朝堂丹墀，性情难免要桀骜几分。张印塘虽为官清廉，不畏横暴，也多有惠政，颇得民心，但为人狷介，刚直不谐，宦海之中定难周全，仕途自然不易顺遂。

公元1850年末至1851年初，由洪秀全、杨秀清、萧朝贵、冯云山、韦昌辉、石达开组成的领导集团在广西金田村发动反抗清朝政府的武装起义，后建立“太平天国”，并于公元1853年攻下金陵（今南京），定都于此，号称天京。而后，太平军势如破竹，北伐、西征，先后攻破清廷“江北大营”“江南大营”。

期间，张印塘于咸丰二年（即公元1852年）被清廷调派至安徽协助安徽巡抚蒋文庆专任巡查防堵事宜，抵御太平军。咸丰三年（即公元1853年）正月，太平军攻进安庆城，杀蒋文庆。而后，太平军即拔营东去，进军江宁。待张印塘等率军赶至安庆，大势已去。太平军西征连连告捷，直逼安庆。

彼时，驻守安庆的张印塘虽竭力死守安庆城，却仍是难改局势，两失安庆。是以，张印塘遭到清廷革职查办。蒋文庆死后，新任安徽巡抚李嘉瑞依然是孤军无望，因此，定郡王爱新觉罗·载铨上奏，赞张印塘“明干有为”，要求清廷准许张印塘戴罪立功，再助安徽巡抚一臂之力。

咸丰三年（即公元1853年），为防止西征军北上庐州，李嘉瑞令张印塘驻守安庆集贤关，清廷又调派李鸿章率领淮军[①]千人驻防裕溪河一带[②]。如是，张印塘、李鸿章相识，协同作战，抵御太平军。

① 晚清时期，在曾国藩指示下由李鸿章招募编练的一支军队，因兵员及将领主要来自安徽江淮一带，故称“淮军”。

② 主要集兵于运漕、东关两地。

此为张、李两家结交之始。

往事从容，无关悲喜。虽然张印塘一生并无煊赫功绩，但是为官数载，与湘、淮系官僚建立了深厚的根基，与淮军统领李鸿章的相识，是张印塘无意之间为张爱玲的一生一世埋下的重要伏笔。世间因缘和合，所有的偶然，皆是注定。

李鸿章与张印塘，战中相识，自有深厚交情。用李鸿章的话说——“与印塘曾共患难”，是有刀光剑影里同生共死的情分在的。只是次年（即公元 1854 年），张印塘忧愤成疾，仓促离世。得知张印塘病逝消息后，李鸿章还特地为张印塘撰写了墓表，他说：

方江淮鼎沸，独君与鸿章率千百羸卒，崎岖于扰攘之际。君每自东关往来庐州，辄过予里舍，或分道转战，卒相遇矢石间，往往并马论兵，意气投合，相互激励劳苦。余谓古所传坚忍负重者，君殆其人。

张印塘身后，遗有六子七女共十三人。如今可考尚有四人：第三子张佩纶，第五女张佩蘐，第六子张佩绪，第七女张佩纫。其中，张佩纶的六弟张佩绪育有一子，名曰张志谭。依照辈分来说，张志谭是张佩纶之子张志沂（张爱玲的父亲）的堂兄。直系亲属当中，可考的也唯有张志谭曾在张爱玲的生命中与之有过短暂的会面。

另外，张印塘旁系之中，弟弟张印坦不得不提。清光绪年间所编修的《丰润县志》载有张印坦传：“张印坦字信斋，邑庠生，援列以知县发江苏，历署江苏无锡丹阳丹徒县……无锡滨太湖，京口滨大江，曾均创立救生船以拯救危弱，复以俸千金于无锡望湖门外修复圮桥，邑人名之曰清名，志惠也。”

张印坦之孙张人骏，虽与张爱玲在血缘亲疏方面不及张志谭亲近，但张人骏也与张爱玲的父家有所来往。晚清张家也算声名显赫，张佩纶、张人骏叔侄同朝为官。张印塘之子张佩纶是清流名宦，张印坦之孙张人骏官至两江总督，也是中国历史上最后一个两江总督。

张人骏的孙女更是出现在了张爱玲的《对照记》中。她便是张爱玲在《对照记》里提到的“妞儿”“妞大侄侄”。她还与张爱玲留有合照，被收录进《对照记》，成为全书五十五幅照片当中的第四幅。

书中，“妞大侄侄”形容清秀，戴圆框眼镜，齐刘海，一身素缎旗袄，身量纤纤。实在也是一个民国美人。只是，细细瞧她，便见她眼神当中尽是往事，嘴角一抹令人难以察觉的笑更是意味深长。仿佛，昔年自己跋山涉水的一颗心，还有那些沉默又沉默的哀与乐、悲与喜，皆被她托付在了照片里的此时此刻。

日影慢慢，永不苍老。

今生你们是亲人，却无人知道，来世你们是否还会相遇在某个落雨的街头、某个喑哑的巷口、某个斑驳的角楼，是否还记得此生，你们这并肩齐坐、相视一笑的片刻——好像世上永无忧愁，唯有春山如黛，垂柳画桥，枕上笙箫。

02 ｜薄暮

生命在你手里像一条蹦跳的鱼，你又想抓住它又嫌腥气。

——张爱玲，《小团圆》

四十明朝过，
犹为世网萦。
蹉跎慕容色，
煊赫旧家声。

这是张爱玲的祖母李经璹孀居之时写的一首诗。寥寥数语，尽是沧桑。物是人非事事休。昔年荣耀，今时潦倒，再无人比李经璹更了解生命无常的深意了。钟鸣鼎食的富贵已是云烟，门庭若市的荣华也一并颓败，眼下可见的，唯剩白云出岫的苍茫。

彼时，她的父亲还在。

李经璹的父亲便是历史上大名鼎鼎的李鸿章。李鸿章本名章桐，字渐甫或子黻，号少荃（泉），晚年自号仪叟，别号省心，安徽合肥人，世人多尊称李中堂，谥文忠。他是淮军、北洋水师的创始人和统帅，是洋务运动的领袖，与曾国藩、张之洞、左宗棠并称为“中兴四大名臣”，官至直隶总督兼北洋通商大臣，授文华殿大学士。

无论在清廷抑或是番邦、列强的眼中，李鸿章都是晚清最关键的肱骨重臣之一。日本历史上第一位内阁首相伊藤博文赞李鸿章是“大清帝国中唯一有能耐可和世界列强一争长短之人”，慈禧太后更说他是“再造玄黄之人”。

只是，时局、世道摆在那里，纵李鸿章有经世之才，也是枉然。随着列强压境，他的避战主张和后来代表清政府签订《越南条约》、《马关条约》等一系列不平等条约，令李鸿章饱受非议。但，历史从来不是非黑即白的，梁启超在为李鸿章立传时，设身处地地说：“当戎马压境之际，为忍气吞声之言，旁观者尤为酸心，况鸿章身历其境者！”

笙歌归院落，灯火下楼台。

无论好与坏，李鸿章的人与事终将在漫漫尘埃当中日渐消淡，匿迹于不可见的往事里。或许，李鸿章从一开始就知道，他的一生荣辱从来也不在后世訾丕之中。与其锱铢必较其功与过，倒不如聊一聊李鸿章不平凡的一生烟火，或许反倒会离他真正的性情更近些。

洋务运动时期，军机处洋务派占多数，军机大臣李鸿藻反对洋务运动，却苦于势单力薄，因此，他笼络了一批御史言官和翰林学士，组成“清流派”以巩固自己地位，他们主要针对兴办洋务的大臣，议论臧否。以经世匡时为己任，敢于弹劾权贵，上自朝廷之阙，下及官方之邪，无不过问。

在“清流派”的言官当中，便有张佩纶。只是，做言官不易。人人皆要审时度势，揣测圣意，说得方寸得当又恰到好处自然平步青云，但一不留神，也不免遭来横祸。身为言官，必要深谙言语之艺术。但说与不说，都是一件铤而走险的事情。因此，言官一开口，必定内有乾坤，别有深意。

张佩纶，字幼樵，一字绳庵，又字篑斋，出生于公元 1848 年。虽然他也是仕宦子弟，但父亲张印塘离世之年，他不足八岁，尚是不谙世事的稚童，官场又是枝蔓纵横，对为官之道，他并没有耳濡目染的机会，也未见圆滑。

较之于旁人，张佩纶反倒有一颗赤子之心。因此，他针砭时弊，入身清流，初衷也不过只是为了入仕之时文臣治世的政治理想。只是野史当中，张佩纶的一颗赤子之心似乎也是他另辟蹊径又刻意经营的一门为官之道。没有父辈余荫之庇护，他唯有白手起家，心思、手段想必也都是有一些的。

同治九年（即公元 1870 年），二十二岁的张佩纶便考中举人。次年，又考中辛未科二甲进士。同治十三年（即公元 1874 年），入翰林院，授正七品编修。光绪元年（即公元 1875 年），张佩纶大考翰詹，名列二等第三，擢侍讲，充日讲起居注官。至此，张佩纶有了独自上书之权。

当年，慈禧垂帘听政，擅长御人之术，她对言官进谏的怂恿态度十分明朗，一来是要博个虚心纳谏、博采众议的好名声，二来也能以文官治武官，平衡朝中势力。彼时，张佩纶不过二十七岁，正是应该大展宏图之年。又有慈禧的默许，张佩纶自然懂得把握时机。

居其位，要谋其事。谋其事，方能保其位。话是不错，但现实总要刻薄许多。九年言官生涯，张佩纶上书 127 件，字字珠玑，其中弹劾与直谏的部分占据三分之一之多。张佩纶锋利、敏锐，被他一纸奏疏拔去花翎顶戴之人不在少数，甚至连当时的户部尚书王文韶也未能幸免。只是，户部尚书不是人人都能得罪得起的。可张佩纶不怕。

所谓“初生牛犊不怕虎”，大概就是这个意思。但张佩纶果真如此不谙为官之道吗？想必也非是这般。言官生涯，张佩纶是大有一种孤注一掷的悲壮。父亲去世得早，也未能给张佩纶的仕途铺垫一条捷径，说起来，张佩纶与寒门士子其实并无二致。

也正是张佩纶这股拧劲儿，令他深得慈禧和李鸿藻的赏识，一时间在朝中炙手可热。当时，张佩纶、张之洞、宝廷、黄体芳四人被称为“翰林四谏”。只不过，一片赞誉声中，同样隐藏着无尽的危机。世道尚且朝夕两异，又何况是叵测的人心呢。任谁也不可能将人心一一揣度透彻，没有人知道张佩纶的身边，哪一个人是笑里藏刀。

不过，从另一个方面来讲，言官不少，能做得像张佩纶一样单凭一支笔在官场上一路刀光剑影、征战杀伐，一并挣下身家与名声的，实在寥寥无几。除了张佩纶，也就只有张之洞等少数几人。因此，张佩纶自然有他自己一套非比寻常的人生哲学。只是，受得了多大的赞美，便要经得住多大的诋毁。

命运无常。时而静默，时而喧嚣；时而锦绣，时而荒凉；时而你能御前仗马、蹀躞得志，时而你又千夫所指、骑虎难下。今非昔比这样的语词，最是伤感，甚或悲壮。

攀过最陡峭的悬崖，蹚过最湍急的河流，见过最奇诡的景致，待倦鸟归巢之日，别人以为你已是千帆过尽的通透练达，你却忍不住午夜梦回，悲伤惆怅。此生，能遇见一人，你腾达之时看顾你，潦倒之日护佑你，你身处黑暗，他也能令你见到光亮。最是不易。

好在，张佩纶遇见了李鸿章。

03 | 大梦

笑，全世界便与你同声笑；哭，你便独自哭。

——张爱玲，《花凋》

张爱玲说：“我没有写历史的志愿，也没有资格评论史家应持何种态度，可是私下里总希望他们多说点不相干的话。现实这样东西是没有系统的，像七八个话匣子同时开唱，各唱各的，打成一片混沌。在那不可解的喧嚣中偶然也有清澄的，使人心酸眼亮的一刹那，听得出音乐的调子，但立刻又被重重黑暗拥上来，湮没了那点了解。”

在她看来，较之于正儿八经的史学评论，野史趣闻或是历史小说要有意思得多。晚清“四大谴责小说”当中，最受欢迎的一部是《孽海花》，它影射时事，是一部乱世奇书，也是与张爱玲关联最为密切的一部。鲁迅先生曾赞誉此书道：“结构工巧，文采斐然。”

学者孙楷第在《戏曲小说书录解题》中评论说："斯编演清季事，以洪钧与妾傅彩云事为主，而京朝杂事，朝野见闻，皆牵缀贯穿而出之。以事多目击耳闻，虽夸张不免，而叙事亲切，不同臆造，文笔亦秀洁流利，在晚近小说中最为出色。"李鸿章和张佩纶也成了这部小说当中的要角。

张爱玲便曾赏阅《孽海花》，以此窥探家族往事，试图与不曾谋面的祖父、祖母、曾外祖父会面于泛黄的书卷之中。《孽海花》作者曾朴与李家有姻亲关系，两家来往密切，书中影射李鸿章与张佩纶的桥段，虽未必十分真切，但想来也有几分可靠。

张佩纶生活清贫，即便二十七岁身居要津，仍旧是两袖清风。原本日子也只是过给自己的，与旁人并无什么干系。一饭一蔬，也是风情。但耐不住旁人个个皆是锦衣玉食，张佩纶见着，心中难免不甘。

在《孽海花》中，曾朴笔下的庄仑樵，原型便是张佩纶。庄仑樵初为言官，粗茶淡饭，甚是寒酸。他心有不平，道："我看如今那些京里的尚侍、外省的督抚，有多大能耐呢？不过头儿尖些、手儿长些、心儿黑些，便一个个高车大马，鼎烹肉食起来！我哪一点儿不如人？就穷到如此！……越想越恨。"

想到"浙、闽总督纳贿卖缺一事""贵州巡抚侵占饷项一事"，"还有最赫赫的直隶总督李公许多骄奢罔上的款项”，庄仑樵胸中顿生邪火，愤懑不已。运命这种事，有时候往往就是不经意间的一刹那，就此两异。冲动是有，但想必也有过一番思虑，于是庄仑樵一道折子，参了他们一本。

依照曾朴的说法，庄仑樵决定入身清流，变成锋利激进一派的言官之时，大有一些置之死地而后生的凛然之气。庄仑樵上奏弹劾朝中要员时，心想，如此既能“出出恶气，又显得我不畏强御的胆力；便算因此革了官，那直声震天下，就不怕没人送饭来吃了，强如现在庸庸碌碌的干瘪死！”

运命待他算宽宏。几道折子下来，庄仑樵声名鹊起。“谁知仑樵自那日上折，得了个采，自然愈加高兴。横竖没事，今日参督抚，明日参藩臬，这回劾六部，那回劾九卿，笔下又来得，说的话锋利无比，动人听闻。……上头竟说一句听一句起来，半年间那一个笔头上，不知被他拔掉了多少红顶儿。满朝人人侧目，个个惊心，他到处屁也不敢放一个。”

唯独李鸿章，张佩纶从不沓丕。同样，李鸿章对清流党人素来不屑，他说，“此辈皆少年新进，毫不更事，亦不考究事实得失、国家利害，但随便寻个题目，信口开河，畅发一篇议论，藉此以出露头角，而国家大事，已为之阻挠不少”，也唯独对张佩纶，另眼相看。

想必，在此之前二人之间已有往来。确切始于何时，业已很难考证。在《李鸿章全集》中，李鸿章致张佩纶的第一封信，写于同治十三年（即公元1874年）六月十三日。这一年，正是张佩纶初入翰林院授七品编修之时，当时，张佩纶尚无单独上书之权。

或许，这是李鸿章对张佩纶青眼有加的因素之一。只是，单凭这一点，并不足以令李鸿章数度为之后落难的张佩纶解困，这当中想必有李鸿章与张佩纶之父张印塘的情分在。若是论及，李鸿章后来又将女儿下嫁张佩纶，一切外在因素便显得都不足够，必得是张佩纶本身令李鸿章赞赏。

光绪五年（即公元1879年）夏，张佩纶的母亲去世。彼时，张佩纶三十一岁，风头正劲。但中国是孝义之邦，早有祖制在先，无论官居何位，罹逢双亲亡故，必得去职丁忧。丁忧期间，张佩纶的生活重又陷入窘境。祸不单行，张佩纶的元配夫人朱芷芗同年也病故，这对张佩纶而言，是雪上加霜。

此时，正是李鸿章出面，写信给前江苏巡抚张树声之子张华奎，推荐张佩纶到北洋政府担任幕僚。就连张佩纶为庶母迁葬，也是在李鸿章资助之下，方才完成。丁忧结束，张佩纶官复原职。光绪八年（即公元1882年），张佩纶出任署左副都御史。只是，久不在朝中，诸多人事皆已不似从前。

光绪九年（即公元1883年）十二月，爆发山西之战，清军告败，中法战争正开始。次年，北宁之战，法军再次胜利。国威大损，慈禧震怒，免去了恭亲王奕䜣的军机首辅大臣之职，擢醇亲王奕譞继任。不久，中法两军在越南边境再次发生冲突，法军不仅侵占了越南，还将军舰泊于福建马尾，窥伺台湾。

当时，军机处主和派要臣孙毓汶向奕譞献策，为防止主战派清流党人阻碍议和，将其核心人物包括张佩纶在内的诸人调离京中。张佩纶便以三品钦差大臣会办海疆大臣的名义派往福建马尾督军。

张佩纶一介书生，对用兵一事哪里在行，所谓督军，也不过是纸上谈兵。更何况，中法两军势力悬殊甚大，马尾一战本就无太大胜算。与此同时，清廷仍幻想议和，不但严令清军不得主动出击，亦未作有效的防御部署。不料，法军突袭，清军仓促应战，以失败告终，张佩纶等人只能撤离。

经此一事，张佩纶声名狼藉，被革职流放张家口。官场狡黠，张佩纶原就身处风口浪尖，一不留神，就会船毁人亡。从一开始，张佩纶与李鸿章就处于政治立场的对立面，可即便到此时此刻，李鸿章依然心系张佩纶。在张佩纶被流放期间，李鸿章再次施以援手，安排自己的心腹幕僚章洪钧任宣化知府，“闻相过从，少慰岑寂”，“为戍客添谈助”。

对张佩纶，李鸿章不可不谓用心良苦。张佩纶心气甚高，此时的他必定是身在刀山、心在火海，万般煎熬。清代诗人龚自珍有一首诗，引于此处用来描述张佩纶当时的心境，再合适不过。

题曰:《逆旅题壁》。

——

名场阅历莽无涯，
心史纵横自一家。
秋气不惊堂内燕，
夕阳还恋路旁鸦。
东邻嫠老难为妾，
古木根深不似花。
何日冥鸿踪迹遂，
美人经卷葬年华。

04 | 兰因

如果认识从前的我，也许你会原谅现在的我。

——张爱玲，《倾城之恋》

初读《倾城之恋》的时候，尚是少年。当初，只觉小说结局尚好，有一种有情人终成眷属的温柔。至于别的，并不大懂。后来再读，已是若干年后的事情，想着，白流苏仍算命好，不至于半生潦倒，还有依靠。再然后，便是第三次也是最后一次读，读完竟什么也记不住，单单只记得范柳原说的这一句：

如果认识从前的我，也许你会原谅现在的我。

今次，念着这句话，仿佛这句话应当是张佩纶讲与李经璹的。或许定情那日，他说过这样的话："我原与你是不般配的，草草半生已过，一颗心日益寥落。遇到你，惊觉人生还有盼头，哪怕影影绰绰。如今，我又已如此脆弱，连爱你都爱得如此潮湿、怯懦。可是——如果认识从前的我，也许你会原谅现在的我。”

张佩纶流放之时，最是贫穷寂寥。长日无事，唯有与青山白云做伴，枕书而眠，写成了二十四卷《管子学》、十卷《庄子古义》，以及《涧于日记》等。其实，人生原本并不需要很多，广厦千间，夜宿三尺，良田万顷，日食三餐。或许，彼时彼刻，张佩纶略有所悟，一颗心倒也有平静的时候。

光绪十二年（即公元1886年），张佩纶的第二任夫人边粹玉在京病逝。当时，张佩纶尚未戍满，闻之哀伤，却又无事能做。是连最后一面也不曾相见，此生已完，来生何在？谁知道呢。如今家中，除了亡故的发妻朱芷芗为他生下的两个儿子张志沧和张志潜，只剩他一身瘦骨，是真正的家徒四壁了。

光绪十四年（即公元1888年），张佩纶戍满归来，承蒙李鸿章不弃，做了他的幕僚。外面的世界对他，早已只剩众口铄金、积毁销骨的折磨。连他马尾一战败后而逃的情状都已纷传出数个版本，一个更比一个令他难堪，仿佛真有种“世人皆欲杀”的悲凉。

是年，四月。张佩纶抵达天津，在李鸿章都署内协办文书。也是这时候，张佩纶遇见了李鸿章的长女，李经璹。李经璹，小字菊藕，遇见张佩纶时，年方二十二。在晚清时候，这个年纪虽算不得是妙龄，但仍是她的大好时光。不久，张、李二人妥订姻缘。

张佩纶与李经璹相识、相知、相爱之琐细，实是难以探寻。倒是《孽海花》中说起这段往事之时，颇有几分千秋佳话的意思。说到李鸿章的这位千金小姐，曾朴赞她："貌比威施，才同班左，贤如鲍孟，巧夺灵芸。"这句话，讲得实在有些了不得。

第一句说她"貌比威施"。讲的是南威与西施两大美人。西施自不用说，位列中国古代四大美人之首。南威是春秋战国时期楚国的第一美人。《战国策・魏策二》载："晋文公得南之威，三日不听朝。"可见，南威之美，美得令晋文公只觉万里江山不敌佳人一笑。

第二句说她"才同班左"。讲的是班昭与左芬两大才女。班昭，博学高才，其兄班固撰《汉书》未竟而卒，班昭奉旨续写。且不说《汉书》，单单《东征赋》和《女诫》两篇作品足以令她名垂青史。左芬，据说面容丑陋，可即便如此，以好色出名的晋武帝却仍为其才情所折服，将她纳入后宫。可见左芬之才，不容小觑。

第三句说她"贤如鲍孟"。讲的是鲍宣少君与孟光。鲍宣少君是西汉大夫鲍宣之妻，字少君。少君出身富户，出嫁之时，因夫家清贫，褪去华服，粗衣侍奉，贤德之名广为流传。孟光与丈夫梁鸿"举案齐眉"的故事更是千古佳话。

第四句说她“巧夺灵芸”。讲的是薛灵芸。薛灵芸是魏文帝曹丕的后妃，妙于针工，一捻针线，如有神助，深夜无灯，也能缝制，素有“针神”之美誉。薛灵芸之巧，历史上大约也很难找出第二人能与之媲美。曾朴如此不吝美言，实在难得。

张爱玲的《对照记》中，有李经璹的照片。她是美人无疑，曾朴所言许略夸张，但若说李经璹如花似玉，也定是不差的。《对照记》中李经璹的肖像出现过三次，即便是已为人母之时，仍是一派优雅、端庄，打眼看去便知是大户人家的千金。教养、气质这样的事情，是不容易伪装的。

张佩纶属意李经璹，容易想见。只是，李经璹待张佩纶，是否也如他待自己一般，果真心有恋慕呢？张爱玲在《对照记》写道，她的姑姑，也就是张佩纶、李经璹之女张茂渊说到父母结合一事，对张爱玲讲：“我想奶奶是不愿意的。”

是，张佩纶当时已然是不惑之年，年长李经璹十八岁，又有两个儿子尚年幼，仕途更是没有什么指望，又是罪臣，也谈不上有什么钱财。无论哪一样，与李经璹，都不大般配。

面对张佩纶，单单若只有李鸿章自己欣赏，他未必会将女儿下嫁。李鸿章一生叱咤风云，不可能连儿女的婚事都如此潦草、不能周全。再怎么，女儿夫家的好坏对李鸿章而言，也是一种脸面。因此，李经璹对待张佩纶的态度未必如张茂渊想象的那般不情不愿。

张佩纶亲笔撰有《涧于日记》，当中关于婚后生活有零碎记述——“午后与内人论诗很久。……菊藕小有不适，煮药，煮茶，赌，读画，聊以遣兴。……菊藕蓄荷叶上露珠一瓮，以洞庭湖雨前之，叶香茗色汤法露英四美具矣。兰骈馆小坐，遂至夕照衔山时，管书未及校注也。”

读《涧于日记》，只觉张、李夫妻二人的闺中生活颇有李清照与赵明诚当年的赌书泼茶之趣。曾朴在《孽海花》中说，张佩纶与李经璹婚后是“诗酒唱随，百般恩爱”。较之张茂渊所言，又有张佩纶亲笔日记佐证，小说里的几笔描述反倒更为可信。

连张爱玲也说：“爷爷奶奶写了本食谱……还合著了一本武侠小说，自费付印，书名我记不清楚是否叫《紫绡记》。”如此，若说李经璹不愿嫁作张妻，实在难以令人相信。

君问归期未有期，
巴山夜雨涨秋池。
何当共剪西窗烛，
却话巴山夜雨时。

李经璹，二十二岁仍待字闺中。好家世，好教养，好容貌，想必对她心心念念的男子不在少数。只是，浮世飘零，风晨雨夕，她却愿等。等一个人，爱她苦涩，爱她乖戾，爱她迷津；等一个人，免她孤寂，免她流离，免她无依；等一个人，予她淡静，予她从容，予她安心。

05 | 惘然

我没赶上看见他们，所以跟他们的关系仅只是属于彼此，一种沉默的无条件的支持，看似无用，无效，却是我最需要的。他们只静静地躺在我的血液里，等我死的时候再死一次。我爱他们。

——张爱玲，《对照记》

一叶扁舟一粟身，
风帆到处易迷津。
能从急流滩头转，
便是清凉畛里人。

这是张佩纶写在《涧于日记》里的一首诗，他说是梦中所得。诗意旷达，仿佛有一种看穿世事的禅意在。也是，那时候，他日渐走出运命之黑暗，迎向来日影影绰绰的曙光。上有岳父李鸿章之庇护，下有张志沧、张志潜两个儿子，又有夫人李经璹相伴，也算美好。

长子张志沧、次子张志潜皆是发妻朱芷芗所生，续弦之妻边粹玉未有子嗣，两任妻子相继离世之后，李鸿章又不吝女儿李经璹填房。彼时，张佩纶也许对人生重燃希望，想着将来或许自己仍有衣锦还乡、荣归故里的一日。

人生犹如迷城，并非每一个人都能走得心无旁骛，坦荡如砥。大多数的时候，是你兜兜转转，重又走至迷惘、走至惆怅。回首再看，往事沉沉，如烟散去之时仍有万千重量，压在心上，把灵魂碾压得支离破碎。而你，仍立在原地，不知何去何从。

月明夕照，皆是伤疤。

张佩纶到底是沦落之人，纵有李鸿章父女爱顾，也难保阖府上下皆是一路性情之人。李鸿章膝下福薄，长子李经方是李鸿章从六弟李昭庆家过继来的，李经方对张佩纶便很是看不上眼。纵是张佩纶半生激扬，可事到如今，也已是虎落平阳。

其实，千夫所指的日子对于张佩纶来讲已习以为常，多一个李经方，倒也不算什么。只是毕竟寄人篱下，张佩纶心中难免酸楚，因而与周遭的人事相处，常常显得不合时宜，甚至有些孤僻。就连李鸿章七十大寿，李府门庭若市，宾客衮衮，连光绪和慈禧也送来匾额，张佩纶却独与夫人闺中清净。

在李鸿章门下，身不由己，必有需要他说话的时候。虽然，张佩纶与李鸿章政见不合，但李鸿章十分尊重张佩纶，针对时事，仍会与他商讨一二。甲午战争期间，李经方一度想要挂帅出征，但张佩纶深知此时的李经方恰如当年的自己，对兵事只是纸上谈兵，这一路必然凶险，因此，他向李鸿章提出反对，十分坚决。

李经方出征一事最终作罢，虽也未必果真是因张佩纶的意见左右了李鸿章的决定，但李经方与张佩纶之间经此一事，必定芥蒂不浅。后来，李经方买通御史端良上奏，参了张佩纶一本。不久，光绪下旨，说张佩纶戍满归来在李鸿章署中“干预公事，屡招物议属实，不安本分；着李鸿章即行驱令回籍毋许逗留”。

光绪二十年（即公元1894年），中秋，张佩纶携妻儿离开。次年三月，在李鸿章的暗助之下，张佩纶未回原籍，举家迁居至南京，遥离津门。去往南京之前，李鸿章给予候资，张佩纶得以在南京买下后来的“张家大院”。

寄身江南，离群索居的生活，虽寥落，却别有一种闲情雅意。“朱雀桥边野草花，乌衣巷口夕阳斜”，南京是个钟灵毓秀的地方，能在此处与妻偕隐，有一个避离喧嚣、幽然静好的晚年，也是美好。

张家大院，原本是康熙一等靖逆侯张勇的府邸，有三幢楼，共三十六间房。张佩纶还特地将其中一处悉心休憩，并冠名“绣花楼”，专供爱妻李经璹居住。两年之后，光绪二十二年（即公元1896年），在这座大院里，李经璹为张佩纶诞下张家的三公子——张爱玲的父亲，张志沂（字廷重）。五年之后，李经璹又为张佩纶诞下一女——张爱玲的姑姑，张茂渊。

那时候，张佩纶大约是有过很快乐的时光的。只是，快乐从来都是稍纵即逝的。你尚温存，命运便一棒敲下，令你措手不及。光绪二十四年（即公元1898年），张佩纶的长子张志沧英年早逝；光绪二十七年（即公元1901年）十一月七日，李鸿章病逝京师。

李鸿章的去世，对张佩纶来说，是致命一击。双亲不在的日子里，这世上，唯有李鸿章待他最好。可如今，连他也去了。这对年过五旬的张佩纶来讲，是突如其来又无可回避的、剧烈又沉重的哀痛。

这一年的晚秋，每个寒蛩细吟的夜晚，对张佩纶而言，都是一种折磨。宦海浮沉数十年，浮生如梦。秋梦觉来心自警，往事般般应。茶花摇曳，灯枯酒尽，仿佛诸般琐细，都是过去的投影，映照着无穷又无尽的伤心。子期魂散，伯牙琴断，自此以后，这世上再无知音。

后来，张之洞来看他。

当年，与张佩纶并称清流“二张”的张之洞如今是声震四方的封疆大吏，可张佩纶呢，早已仕途潦倒，声名狼藉。这样的两个人面对面，各自心中必有乾坤。他们皆是彼此青春激扬的见证，但谁能料到，今时今日，故人相见，竟是这般百感交集。岁月如歌，令人唏嘘不已。

人生匆急，如白驹过隙，能够相伴的人越来越少，而剩下那为数不多的人，也变得越来越重要。无论昔年，彼此之间嫌隙多少，或是共甘共苦、肝胆相照，时光似流尘，一日一日过去，纷繁回忆，抵不过人生刹那的苍老。

一盏茶，一壶酒，一剪月光。人苍老，岁迟暮。他们围炉而坐，会谈些什么呢？伤重的曾经，还是日暮的现下，抑或只是问君一句：“别来无恙？”与张之洞别后，张佩纶一病不起。光绪二十九年（即公元 1903 年）大年初七，张佩纶病逝于南京，终年五十五岁。

倾谈二 | **岁月是临水照花**

06 | 微茫

晚烟里，上海的边疆微微起伏，虽没有山也像是层峦叠嶂。我想到许多人的命运，连我在内的，有一种郁郁苍苍的身世之感。“身世之感”，普通总是自伤、自怜的意思罢，但我想是可以有更广大的解释的。

——张爱玲，《我爱苏青》

择一城终老，
遇一人白首。

这大概是每个女子的夙愿。只是遗憾，李经璹尚未白头，张佩纶已不在。张佩纶撒手人寰之后，张家大院便只剩四人相依为命。除了李经璹、张志沂和张茂渊母子三人，还有张佩纶的发妻所生的次子——张志潜。日子仍算锦衣玉食，但诸人心中，难免孤凉。

当时，张志潜已经二十四岁，只比李经璹小十三岁。张爱玲的弟弟张子静晚年曾回忆说：“祖父去世之后，表面上是三祖母当家，具体事务则有二伯父料理。”因此，那时候，张志潜已然成了张家大院真正意义上的一家之主。

孀居的日子令人疲惫，仿佛一日更比一日漫长，一夜更比一夜凄凉，一年更比一年无望。李经璹出身豪门，自幼不懂谋生，全凭父亲当年的嫁妆度日，但资财有限，终有坐吃山空的一日。她心知世道早已更迭，连科举都已废除，只是除了汲自父亲的经验，她已然没有旁的方式来栽培子女。

尤其是对张志沂，李经璹不可谓不用心，连后来的老仆都回忆说，“三爷背不出书，打呦！罚跪”。可旧时私塾教育出来的少年，在当时已然很是不合时宜。张志沂虽然练就了一身背书的本事，腹有诗书，可在民国，那一点有限的学问实在是没有太大的用处。

死是世间最容易的事，生却是最不容易的。李经璹为一双儿女殚精竭虑，终是毁了原本强健的身子，患上了肺病。不过几年时间，李经璹便颠沛至生命尽头。1911 年，辛亥革命之后，张家从南京搬去了青岛。1912 年，又举家从青岛搬至上海，抵达上海不久李经璹便因肺病不治去世，终年四十六岁。那时候，张志沂十六岁，张茂渊只有十一岁。

张爱玲在《对照记》里说，“可以想象我祖母孀居后坐吃山空的恐惧。就没想到等不到坐吃山空。命运就是这样防不胜防，她的防御又这样微弱可怜”。

当时，张志潜已经娶妻。李经璹离世之后，长兄如父，长嫂如母。在家中，张志沂和张茂渊兄妹二人只能跟随兄嫂度日。但到底是亲疏有别，自母亲去世，张志沂便常想着与长兄分家。只不过，分家，哪里是那么简单容易的事情呢。

三年之后，张志沂和黄素琼结婚。彼时，一个是张御史的少爷，一个是黄军门的小姐。两人同岁，是门当户对，看上去再妥帖不过的一双人。实际上呢，是落花有意流水无情。从一开始，受父母之命嫁入张家，黄素琼便是不情不愿。

黄素琼，同样是名门之后。她的祖父黄翼升戎马一生，官至长江水师提督。虽门楣煊赫，但黄翼升膝下荒凉，四十七岁才得独子黄宗炎。怪趣的是，黄宗炎与父一样，三十岁时仍无所出。家中元配夫人贤德，为此还亲自替丈夫纳妾。好运的是，妾室如期怀孕。可黄宗炎命薄，未及见上儿女一面，便猝然离世。

后来，黄宗炎的妾室不负所望，诞下一对龙凤胎。长女便是张爱玲的母亲黄素琼，次子黄定柱。只是，产下双生子后，黄素琼的生母便一病不起，很快也撒手人寰。黄素琼、黄定柱姐弟都是由嫡母抚养长大的。黄定柱一支，也是人才辈出，台湾媒体人张小燕便是黄定柱的外孙女。

旧时，重男轻女的封建思想人皆有之，黄夫人也不例外。黄夫人十分看重家中唯一的男丁，在家中接受私塾教育之后，黄定柱被送到了著名的震旦大学，黄素琼则一直留在家中，未能接触到高等教育，甚至还被裹了小脚。这成为日后黄素琼心中无法弥补的憾事。

张爱玲说，“民初妇女都是半大脚，裹过又放了的。我母亲比我姑姑大不了几岁，家中同样守旧，我姑姑就已经是天足了，母亲却是从小缠足。踏着这双三寸金莲横跨两个时代”（《对照记》）。

1919年5月4日，爆发五四运动。五四运动是一场深刻的思想解放运动，它大大提高人们反帝反封建的决心和觉悟，同时促进了新思潮的蓬勃兴起。在这股潮流的影响之下，黄素琼对封建思想掌控之下的旧时生活深恶痛绝，一心向往进步。

如此情形之下，父母之命、媒妁之言带来的这段婚姻，从一开始就为黄素琼所抵触。这种情绪，从始至终不曾远离，令黄素琼对张家的一切都保持着距离。在张家，唯有张爱玲的姑姑，思想进步的张茂渊是黄素琼的知音，两个进步女性相遇在一个枷锁重重的格局里，必定惺惺相惜。

黄素琼是个美人，从张爱玲的《对照记》里收录的照片就能看到，黄素琼自幼便是美人胚子，眉清目秀，樱桃小口，脑中又满是对新天新地的向往。嫁到张家，张志沂想必对她也很是爱重，否则日后闹离婚的时候，张志沂也不至于迟迟不愿意签字。

张爱玲的父母结婚之后，仍与兄嫂同住，尚未分家。张志沂尚且有分家的念头，又何况是初嫁的黄素琼呢。好在几年之后，黄素琼的生活有了盼头，那就是他们迎来了自己的第一个孩子。1920 年 9 月 30 日，农历八月十九，张爱玲出生。

当时，张家住在上海公共租界西区的麦根路 313 号（今静安区康定东路 87 弄）的一幢建于清末的欧式豪宅中，张爱玲便出生在这里。苏州河就在张家公馆的附近。忽然想起娄烨的《苏州河》里贾宏声的那一长串独白。

他说：

我经常一个人带着摄影机去拍苏州河，沿着河流而下，从西向东，穿过上海。近一个世纪以来的传说、故事、记忆，还有所有的垃圾都堆积在这里，使它成为一条最脏的河。可是还是有许多人在这里，他们靠这条河流生活。许多人在这里度过他们的一生。在河上，你可以看到这些人。看的时间长了，这条河会让你看到一切。看到劳动的人们，看到友谊，看到父亲和孩子，看到孤独……

那么，张爱玲，她可曾站在苏州河边看过什么？她是否在污浊的河水里看见过岁月的倒影？她孤身穿过的——温柔的童年，尖锐的少年，热烈的青年，漂泊的中年，还有苍凉的晚年。她是否曾在苏州河边的某个黄昏里与未来遇见的那些人——亲人、爱人、友人、同僚，擦身而过？

她不在的时候，又是否有人找寻？

07 | 鹤鸣

童年的一天一天，温暖而迟慢，正像老棉鞋里面，粉红绒里子上晒着的阳光。

——张爱玲，《童言无忌》

天津。

这座城市对于张爱玲来说，在记忆中远不似上海那般色调浓重。它犹如一个光晕，在记忆深处，散发微茫，橙红的、温暖的、朦胧的、辽远的。在天津，张爱玲度过了人生当中一段安稳、舒缓又柔软的童年时光。那时候，她还不叫张爱玲。她叫，张煐。

1921 年 5 月，张志沂托当时在天津已位居北洋政府交通部总长的堂兄张志谭引介，在津浦铁路局谋到一份差事，当英文秘书。此时，张志沂方才有了恰当的理由与长兄张志潜分家。年底，张爱玲的弟弟张子静出生。次年，一家四口正式搬至天津。张志沂的胞妹张茂渊也一并同行。

在天津，张志沂一家住在英租界 32 号路 61 号一座西式花园洋房里。在这幢洋房里，张爱玲当真是有过一段纯真欢喜的时光。彼时，张志沂分得的家产不少，日子过得仍很宽裕。张爱玲生活在成群的仆佣之间，俨然旧时代裹了小脚却又春意盎然的千金小姐。

这是张爱玲的第一个家。

说到家，想必唯一令张爱玲怀念的，就是天津的家了。那几年，张爱玲尚年幼，充斥于她每日生活的琐细皆是美食美裳、玩乐怪趣。连做梦，她说都会“梦见吃云片糕，吃着吃着，薄薄的糕变成了纸，除了涩，还感到一种难堪的怅惘”。花园、女佣、书、零食、故事、弟弟，便是她全部的生活。

夏天，她会穿小红桃子纱短衫，红袴子，坐在院里，喝满满一碗六一散。唱儿歌，看谜语书，和额上有疤被她唤作“疤丫丫”的女佣荡秋千，看瘦小清秀的男仆“毛物”在天井一角的青石砧上练习毛笔字，听他讲“三国演义”的故事。

还有“毛物”家的家长里短，也令张爱玲倍觉有趣。“毛物”有两个弟弟，“二毛物”和“三毛物”。多年以后，张爱玲依然记得，“疤丫丫”嫁给了“三毛物”，还被“二毛物”的妻子“毛娘”欺负。张爱玲说，对当时尚不通人情世故的自己来说，“只知道他们是可爱的一家”。

后来，“毛物”一家离开张家，自己做起了买卖。女佣们也常领着她和弟弟去照顾“毛物”家的生意，买几只彩花热水瓶，然后在店堂楼上喝茶吃糖果，生活十分丰足有趣。

母亲还在家的时候，每天早上女佣会把她抱到母亲的铜床上。她趴在方格子青锦被上，跟着母亲不知所云地背唐诗。张爱玲说，“她才醒过来总是不甚快乐的，和我玩了许久方才高兴起来。我开始认字，就是伏在床边，每天下午认两个字之后，可以吃两块绿豆糕”。

自然，除了这些破碎的零落的美好小时光，总还有一些——小小的自私，小小的嫉妒，小小的刻薄，小小的调皮，小小的贪恋，小小的虚荣，小小的争斗，小小的好奇，小小的无知，小小的肆无忌惮，小小的莫名其妙，小小的忘恩负义，小小的矫揉造作，充斥在她的生活里。

那时候，照顾张爱玲的女佣叫“何干”，照顾弟弟的女佣叫“张干”。张干伶俐要强，因为她带的是少爷，何干带的是小姐，便总处处欺负何干。何干呢，又自觉心虚，凡事忍让。以至于张爱玲，还与张干拌过嘴。其实，这些家长里短或是斤斤计较，日后反倒会变成回忆当中的一点暖趣。

也是在与弟弟的相处过程中，令张爱玲早早地便意识到了男女平等的问题，下定决心“锐意图强”，务必要胜过弟弟。后来张子静回忆长姐的时候，在《我的姐姐张爱玲》里说，“她不必锐意图强，就已经胜过我了。这不是男女性别的问题，而是她的天赋资质本来就比我优厚”。

弟弟张子静长得俊俏可人。这一点，令幼年的张爱玲爱恨交织。用她的话说：“我弟弟生得很美而我一点也不。从小我们家里谁都惋惜着，因为那样的小嘴、大眼睛与长睫毛，生在男孩子的脸上，简直是白糟蹋。”但张爱玲聪慧，她说：“我比他大一岁，比他会说，比他身体好，我能吃的他不能吃，我能做的他不能做。”

张爱玲这几句话的字里行间，尽是一种倔强又执拗的稚气。但这一点“稚气”，想必也是张爱玲回忆弟弟的时候，努力想要保存下来的，因为对于张爱玲来说，这是快乐童年最有力的佐证。是因为这一点“稚气”的表达，她才能更仔细地怀念她在天津的家，和那个家里“春日迟迟的空气”。

张爱玲年岁大些之后，父亲为她和弟弟请来先生，在家里读私塾。她常常为背不出书而苦恼，便哭。在张爱玲的印象里，童年时候，自己是爱哭的，仿佛“一年哭到头”。但哪怕是哭，对当时的她来讲，也有一种小鹤唳唳的快意。

那时候的生活，是迟缓的、静谧的，甚至是有一种与世隔绝的闲惬和慵懒。学者余斌说，正是因为这样的生活节奏，“有助于一种纤巧精致的趣味的养成——它允许并鼓励你将时间花在对身边物象、细节的鉴赏之上”。因此，张爱玲的作品当中充满了无穷尽的微细、琐碎，和琳琅的颜色、物什，像油画，像诗歌。

譬如，张爱玲写“布”。

她说：“日本花布，一件就是一幅图画。买回家来，没交给裁缝之前我常常几次三番拿出来赏鉴；棕榈树的叶子半掩着缅甸的小庙，雨纷纷的，在红棕色的热带；初夏的池塘，水上结了一层绿膜，漂着浮萍和断梗的紫的白的丁香，仿佛应当填入《哀江南》的小令里；还有一件，题材是雨中花，白底子上，阴戚的紫色的大花，水滴滴的。”

又说：“看到了而没买成的我也记得。有一种橄榄绿的暗色绸，上面掠过大的黑影，满蓄着风雷。还有一种丝质的日本料子，淡湖色，闪着木纹、水纹；每隔一段路，水上漂着两朵茶碗大的梅花，铁画银钩，像中世纪礼拜堂里的五彩玻璃窗画，红玻璃上嵌着沉重的铁质沿边。”

言语如此绮丽又不造作，实在令人爱赏不已。除此之外，张爱玲作品当中关于服饰、布料、食物、器具、物什的精致描述不胜枚举，只恨不能连篇累牍地全部赘引于此处，与君共享。这不是任意一个写作者都能轻易具备的功底。

童年过去，岁月还长。

或许：

明日天寒地冻，
日短夜长，
路远马亡。

而你，并不知道。

08 | 纸花

从前的人吃力地过了一辈子，所作所为，渐渐蒙上了灰尘；子孙晾衣裳的时候又把灰尘抖了下来，在黄色的太阳里飞舞着。回忆这东西若是有气味的话，那就是樟脑的香，甜而稳妥，像记得分明的快乐，甜而怅惘，像忘却了的忧愁。

——张爱玲，《更衣记》

烟笼寒水月笼沙，
夜泊秦淮近酒家。
商女不知亡国恨，
隔江犹唱后庭花。

张爱玲说，她摇摇摆摆地立在一个清朝遗老的藤椅前朗吟杜牧这首《泊秦淮》的时候，那位清朝遗老听之哀之，不禁老泪纵横。那时候，她只有三岁。她是新时代的人，但张爱玲的父辈们，大多都是以凡胎肉身横跨两个时代。因此，有的一心眷恋往事，沉堕乱世烟火，自暴自弃。比如那位清朝遗老。

比如，她的父亲——张志沂。

张志沂是一个典型的遗少。记背古文、吟诗作赋的功底扎实。早年，或许他能借此科考，跻身仕途，荣耀门楣。今时今日，已然无望，在新的格局之下，甚至显得不合时宜。但张志沂腹中诗书，是否真的像看上去那样“毫无用处”呢？也未必。

七岁的时候，张爱玲便写下了人生当中的第一篇小说。据张爱玲回忆，写的是一个家庭悲剧。只是，当时年幼，方块字又博大精深，写作上会有难处。遇到笔画复杂的字，她会跑去问家里能识文断字的厨子。如此年幼，张爱玲已表现出对写作的极大兴趣，这与整日绕室吟哦的张志沂，必定有一定关系。

熏陶这件事，从来都是潜移默化，后知后觉的。耳濡目染之下，张爱玲对文字产生了一种莫可名状的好奇，甚至是迷恋。对于张爱玲的这一点趣味，家中也是张志沂最关切。纵是如此，张志沂与张爱玲的父女关系并不好。

张志沂是一个责任心十分有限的人，对张爱玲的爱，也是时热时冷，时近时疏。除了诗书文墨，张志沂的身上同时也生长着清朝遗少的诸多恶劣脾性和陋习。他闲来无事，便吸鸦片、逛窑子、赌博，纵情逍遥，自在享乐，一日更比一日堕落。

据说，当时的张志沂在外已有姘头，又常常寻花问柳。这一切，对一心顾盼明日的黄素琼来讲，是难以忍受的。初到天津不久，黄素琼决定离开。恰好，张爱玲的姑姑张茂渊要去英国留学，黄素琼便以照应小姑的名义一同前往。想必，此事也是经由她与张茂渊共同商榷之后做出的决定。

自嫁入张家，在精神层面，张茂渊是唯一能与黄素琼产生共鸣的人。对待兄长的遗少陋习，张茂渊同样十分排斥和反感。对女性权利的追求，对进步生活的希冀，对自由人生的向往，令两个在乱世夹缝中生存的女性相遇、相知、相惜、相敬。一同出国，也为二人之间长久、深厚、稳定的友谊做了最好的奠基。

这是黄素琼第一次离家。

对张志沂而言，当时的黄素琼是两个孩子的母亲，纵是一个美妇人，但终究也已无甚新意。对进步思想，虽有满腔热情，但毕竟还不曾真正浸染、磨砺，表现出来的只有一种对旧式生活纯真的叛逆。

对黄素琼来说，纵然这桩婚事原本也是不合心意，但嫡母将她养大成人，能将她嫁给张御史的少爷，也算是有一番良苦用心。尚未被进步思想真正洗礼的黄素琼还是在挣扎之下，走进了张家。却不想，几回斟酌，已是小半生。

张志沂的一番恶劣行径，对黄素琼来讲，也正是一个离开他再好不过的理由和机会。只听新人笑，不闻旧人哭。张志沂从来不是一个目光长远的人。但黄素琼不会哭，她只想走，离这潮湿发霉之地越远越好。她誓要挣脱俗世藩篱，渡船远去，寻找自己波光潋滟的盛日。

初次离家出国留学的时候，黄素琼已经二十八岁。彼时，张爱玲和弟弟尚很年幼，他们甚至还不懂什么是“离别”。人生说短暂也漫长，遇到的每一个人终有一日都将成为往事，活于记忆，有时候，一别便是一生。对当时的张爱玲来说，“母亲”二字是尚未在心中活出血肉，但已淡却。

童年时期，母爱的阙如对张爱玲的一生都产生了无法忽略的影响，纵然年幼时候家里没有母亲，她也不感到有任何的缺陷。人生当中的每一次际遇——相遇、相识、相知、相爱、相离，都是无法复制不能重来的，也因此，每一个人都会长成自己独一无二的样子。母亲的离开，父亲的沉堕，逼迫着张爱玲日渐有了独立的人格。

在张爱玲的作品当中，张志沂是一个几乎被妖魔化的形象，可黑暗之中仍会发出些微的光芒。因为靠近，因为熟识，因为了解。而黄素琼则完全是一个迷离、遥远、朦胧，甚至令她有些惶惧的模样。因为疏离，因为隔膜，因为陌生。

对父亲的反抗，张爱玲每每表达，都直截了当，甚至情绪高涨。可从另一方面来讲，是因为彼此之间无须含蓄和婉转。而对母亲，哪怕是有质疑，张爱玲也总是讲说得幽深、晦涩、隐忍。从这个角度来看，对于张爱玲来说，父亲终归还是比母亲要亲切一些。陪伴是最深情的告白。对爱人是这样，对亲人亦如是。

她说："我母亲和我姑姑一同出洋去，上船的那天她伏在竹床上痛哭，绿衣裙上面钉有抽搐发光的小片子。佣人几次来催说已经到时候了，她像是没听见，他们不敢开口了，把我推上去……她不理我，只是哭。她睡在那里像船舱的玻璃上反映的海，绿色的小薄片，然而又海洋的无穷尽的颠簸悲恸。"

也是此时，黄素琼改名黄逸梵。

从此：

星垂平野，山河寂静。
你在这里，她在那头。

09 丨清歌

小孩是从生命的源泉里分出来的一点新的力量，所以可敬，可怖。小孩不像我们想象的那么糊涂。父母大都不懂得子女，而子女往往看穿了父母的为人。

——张爱玲，《造人》

日光如水，永不重返。

张爱玲从小就知道这个道理的。那年除夕，女佣怕她熬夜，劝她早早睡下。原也是不打紧的，说好了，女佣要叫她起床迎新年的。可女佣心疼她，不忍心，反倒是做错了。她说，“醒来时鞭炮已经放过了。我觉得一切的繁华热闹都已经成了过去，我没有份了……即使穿上新鞋也赶不上了”。

匆匆的，不只有漫漶的时光，还有喧嚣的人事。黄素琼离开之后，张志沂的姘头便堂而皇之地住进了张家。张爱玲唤她“姨奶奶”。这位姨太太，名叫“老八”，出身青楼，年岁不小，脾气却大。或许是因为身无子嗣的缘故，她连一个名分都得不到，纵然她身在张家，但张太太仍是只有一位，那便是黄素琼。

姨太太学问不多，心思不少。在她眼中，张家小少爷张子静简直就是黄素琼在张家地位的象征。这令她每每见到张子静都如鲠在喉。因此，她并不喜欢张子静。她又深知与张志沂的两个孩子相处得当对她在张家的地位举足轻重，但张家拢共只有两个孩子，因此，她便将心思更多地花在了张爱玲的身上。

张爱玲对这位姨太太，也是心有好奇。她是花花世界里的人，也算是见多识广，与张爱玲自幼接触到的所有女性都迥然不同。上至闺秀千金，下到丫鬟女佣，没有一个人像姨太太那般过得不拘一格、热闹喜乐。原来，日子也可以过得如此活色生香。

她说：“母亲去了以后，姨奶奶搬了进来。家里很热闹，时常有宴会，叫条子。我躲在帘子背后偷看，尤其注意同坐在一张沙发椅上的十六七岁的两姊妹，打着前刘海，穿着一样的玉色袄袴，雪白的偎倚着，像生在一起似的。”

姨太太对张爱玲也算是用了心的。平日，她每晚都会领着张爱玲去起士林大饭店看跳舞。灯红酒绿，纸醉金迷。眼前的属于成人世界的欢愉仿佛雾霭迷津，令张爱玲昏昏欲睡。她尚不懂得浮世之欢，只静静坐在一边，吃面前的奶油蛋糕，在微红的黄昏里渐渐盹着。三四点钟，便照例伏在佣人的背上回家。那时候，疲惫、快乐大概她都是有的吧。

张爱玲记得姨太太还给她做过一件十分时髦的雪青色丝绒短袄长裙。她又是天生那样爱美的人。母亲还在家的时候，她就说，“八岁我要梳爱司头，十岁我要穿高跟鞋，十六岁我可以吃粽子汤团，吃一切难于消化的东西”。见到姨太太送给自己的华美衣裳，她是真的高兴。

高兴地以至于姨奶奶借此玩一些笼络人心的小把戏时，张爱玲也好生配合。姨太太问：“看我待你多好！你母亲给你们做衣服，总是拿旧的东拼西改，哪儿舍得用整幅的丝绒？你喜欢我还是你母亲？”她便答：“喜欢你。”

童言无忌，却往往令人心惊。后来，张爱玲每每想到此事，“因为这次并没有说谎，想起来更觉耿耿于怀了”。仿佛是有些愧对母亲的意思吧。可，小小女童那一点天真的私心和讨好大人的表情，张爱玲回忆的时候，想必也觉得颇为有趣呢。

只是遗憾，姨太太的心思终未得逞。毕竟是从小散漫惯了的女子，哪里能在张家本分度日。能善待张爱玲，大约已是她能做的最好的事情了。在旁人面前，她远不是这样的好脾气。张爱玲还记得，姨人太教自己的一个侄儿读书的时候，肆意打他，打得“他的一张脸常常肿得眼睛睁不开”。甚至，还会与张志沂动手。

此时，就连家中的仆佣都看不下去了。后来，张家有人出面，威逼姨太太离开。这件事，或许也与当时在天津照应张志沂一家的堂兄张志谭有关。张志沂在天津的种种行为对他来讲，都是有失脸面有损家风的事情。但即便张志沂将姨太太扫地出门，终也还是未能消弭张志谭心中对他的芥蒂。

姨太太离开的时候，张爱玲并不伤感。连与母亲告别的那一日，她尚且好平静，又何况是对自己而言本就了无挂碍的姨太太呢。她只是坐在楼上窗台上，目送所有。她记得，那日，张家大门里缓缓出来两辆塌车，都是姨太太带走的银器家什。平日看尽姨太太脸色的仆人们都拍手称好。

美食华裳与莺歌燕笑，终究抵不过来去匆急的人事无常。姨太太一走，家中重又归于阒寂。仿佛有一种哀静如死的仓皇，令人无法呼吸。张志沂吸食大麻，身体大不如前，精神涣散，双目无光，坐在一处，如行尸走肉一般，整个人都散发出一种腐朽的霉味，几乎只剩一副空洞至极的躯壳。

姨太太离开之前，张志沂已经工作难保。当时，他举家来到天津，正是依靠堂兄张志潜的担保，方才能够在津浦铁路局谋到英文秘书这个闲职。可张志沂数十年养尊处优下来，早已不是有真正谋生本事的人，游手好闲也就罢了，又活得十分不体面。张志沂声名狼藉一并造成张志谭被“连坐”，官誉受损，被免了职。

失去了张志谭这个靠山，张志沂在天津很快便陷入走投无路的境地，只能仓促离职。姨太太一走，张志沂更是寂寥，仿佛失去了人生大半的乐趣。膝下又有一双儿女需要人照料，这令他如何是好。直到此时，他终于想起身在异国的发妻，黄素琼。

不久，张志沂便写信给黄素琼，央求她归家。又在信中信誓旦旦地承诺改掉旧日陋习，与她安生过日子。张志沂是有些学问的，或许也承袭了父亲张佩纶善于言辞的本事，一来二去，竟说动了黄素琼。黄素琼决定回国。是位女子，不到被婚姻逼入绝境的地步，终究还是心存幻念，有恻隐之心的。

天津无望，张志沂只能重回上海。好在发妻即将归来，对张志沂来讲，这几乎成为他当下最大的慰藉。或许，曾有刹那，张志沂以为自己果真可以与黄素琼重新来过，过一段安稳人生。那时候，张爱玲远不知道，未来的自己会在上海滩活出一段惊世之美。

1928 年，张爱玲八岁，来到上海。

10 | 笙箫

在没有人与人交接的场合，我充满了生命的欢悦。可是我一天不能克服这种咬啮性的小烦恼，生命是一袭华美的袍，爬满了虱子。

——张爱玲，《天才梦》

从天津到上海，苍茫海上，云雨风雷。对张爱玲来说，这是一段迷离、奇诡的旅途。海是那样壮阔，人是如此渺弱。父亲在，弟弟在，连母亲也将要归来。她坐在船舱里看海，视野迷幻。目极之处，便是苍凉。她不知，尽头处的上海滩，会是怎样的生活。平顺如意，或者颠沛流离。

上海是何模样，她从未见过。只是“坐船经过黑水洋绿水洋，仿佛的确是黑的漆黑，绿的碧绿，虽然从来没在书里看到海的礼赞，也有一种快心的感觉”。一路上，昏昏欲睡，清醒的时刻她便总会翻出

《西游记》来读。那时候，她也不明白，生活犹如西天取经，一路也是刀光剑影，需要斩妖除怪。

抵达上海，迎面扑来的是锦绣一派。她坐在马车上，穿着粉红底子印有蓝蝴蝶的洋纱衫袴，侉气又快乐。看身穿花旗袍的时髦女子，看缓慢有韵律的电车，看沿街自在吆喝的小商小贩。在上海，她住在武定路一条里弄里一座很小的石库门房子里。上海的一切对她来说都是新奇有趣的，连房子里的红油板壁，她看着也有“一种紧紧的朱红的快乐”。

就像老唱机里李香兰唱的《十里洋场》。把苏杭比天堂，苏杭现在也平常。上海更在天堂上，洋场十里好风光。坐汽车住洋房，盖着绒毯睡铜床。呢绒衣料时新样，火油钻石闪光芒。跳舞场最疯狂，歌声婉转步匆忙。灯光暗暗魂儿荡，有情男女一双双。

看上去，一切都很美好。

除了父亲。彼时，张志沂因长久吸食鸦片，身体十分虚弱，甚至会神志不清。常常都是一个人坐在阳台上，头上搭一块湿手巾，两目直视，空洞无神。落雨天，檐下挂下牛筋绳索一般粗而白的雨，他便凝望屋外，嘴里喃喃自语，听得不清不楚。这令张爱玲十分害怕。

黄素琼归来的时候，张茂渊也一起回国。之后，一家人搬到了宝隆花园（今上海延安西路740号10弄）的欧式洋房，张志沂承诺痛改前非，也被送进了医院戒毒。母亲回来那日，张爱玲很是高兴。她特地穿上一件自己以为最俏皮的小红袄迎接母亲。可惜，未能获得母亲赞赏，母亲只觉得衣服小。

是从那一刻开始，张爱玲在母亲的面前便失去了大半的自信。仿佛，母亲的审美、品味、喜好，是遥不可及的另一个维度的事情。留洋归来的黄素琼与昔日已是迥然不同的模样。她变得优雅、大方、洋派、时髦，已不是往日简单的美妇人。

新的家里有狗，有花，有童话书，也“陡然添了许多蕴藉华美的亲戚朋友”。她常常坐在地上，看着“母亲和一个胖伯母并坐在钢琴凳上模仿一处电影里的恋爱表演”，看到开心处，便哈哈大笑，在家里的狼皮褥子上滚来滚去。

母亲给家里带来新的陈设、物件、趣味，声音、色彩、光影，和新文艺的氛围。在母亲的影响下，张爱玲开始学习绘画、英文、弹钢琴。甚至于，也变得更为敏感，连情绪起伏都更具戏剧性，动辄大悲大喜，仿佛不这般造作，就不能与母亲相衬一般。

与母亲、姑姑学习弹钢琴的时候，张爱玲最是欢喜。姑姑练琴的时候，“伸出很小的手，手腕紧匝着绒线衫的窄袖子，大红绒线里绞着细银丝”，令她觉得极是优雅。还有母亲的衣服，“她的衣服是秋天的落叶的淡赭，肩上吹着淡赭的花球，永远有飘坠的姿势”。

母亲还告诉她，没有洗过手，绝对不能碰琴键。每日，母亲都会用一块鹦哥绿绒布亲自擦拭琴键上的灰尘，直至它们一个一个复又雪白。母亲告诉她，“既然是一生一世的事，第一要知道怎么爱惜你的琴”。虽然她并不似母亲那般热爱音乐，但心中仍十分敬重。

她说：“(我)大约生平只有这一个时期是具有洋式淑女的风度的。此外还充满了忧郁的感伤，看到书里夹的一朵花，听我母亲说起它的历史，竟掉下泪来。”连母亲读过的小说，去过的英国，也成为张爱玲的挚爱。彼时，家中的一切，她都认为仿若晨曦风露，阶柳庭花，“是美的顶巅”。

那时候，张爱玲也常去舅舅黄定柱家耍玩。黄定柱一家住在张家浜，那里本是上海滩开埠之初的一块沼泽地，后来填土盖房，有了洋房。在《对照记》中，也有一张她与三个表姐和表弟的合照。

她说：“(舅舅家)楼下开了个宝德照相馆，也是曾经时髦过的老牌照相馆。我舅母三个表姐和表弟带我去拍张照。隆冬天气没顾客上门，冰冷的大房间，现在想起来倒像海派连台本戏的后台，墙上倚立着高大的灰尘满积的布景片子。”

也是一段欢快时光。

后来，张志沂身体渐好，一颗心重又浮荡浊躁起来。所谓“本性难移”就是这个意思。有一些人生来便是为了偿还彼此前世留下的孽债，纷扰乱离，不休不止。仿佛不这般动荡，就枉对一生光阴似的。张志沂为防止黄素琼再次离家出国，便不再拿出生活费，想要以此逼光黄素琼的钱，以此束缚她。

于是，家中开始弥漫着永不停歇的争吵。她说：“他们剧烈地争吵着，吓慌了的仆人把小孩拉了出去，叫我们乖一点，少管闲事。我和弟弟在阳台上静静骑着三轮的小脚踏车，两人都不作声，晚春的阳台上，挂着绿竹帘子，满地细密的阳光。”但这一双人的矛盾远不止于此。

1930 年，张爱玲十岁，到了需要认真接受教育的年岁。黄素琼坚持要把张爱玲送入学校接受正规系统的群体教育，但张志沂大闹不依。无奈之下，黄素琼只能瞒着张志沂偷偷将女儿带出家门，送去学校报名。

张爱玲的小学读的是教会主办的黄氏小学。黄素琼之所以坚持送张爱玲进新式学校，一则这是昔年自己未完成的梦想，切身体尝过在教育方面男女不平等之苦；二则是张爱玲早慧，天资出众，黄素琼深知家庭式的私塾教育必定会毁掉张爱玲所有的禀赋和灵性。

在填写入学证的时候，黄素琼只觉张爱玲的本名“张煐”二字嗡嗡地不甚响亮，一时间又想不出满意的名号。最后，便将张爱玲的英文名 Eileen 信手音译成了“爱玲”，想着姑且这般，日后再细细思量，改一个更好的也不迟。是以，她有了“张爱玲”这个名字。

无人料想，这个名字被她沿用一生，会在将来的某个时刻震撼整个上海文坛。她说：“我愿意保留我的俗不可耐的名字，向我自己作为一种警告，设法除去一般知书识字的人咬文嚼字的积习，从柴米油盐、肥皂、水与太阳之中去找寻实际的人生。”

张爱玲。

念多几次，这三个字便仿佛蕴含了整个人间，是那样内蕴丰盛又热烈、华丽又苍凉的一个名字。它的背后，是旗袍，是烟火，是文学，是漂泊，是孤寂，是冷傲，是市井，是情欲，是禅意，是传奇，是浓墨重彩的民国。甚至，是一个永远不能复刻的时代。

连她自己也不会知道，将来，当人们有一天谈论起上海的经典民国女子时，口耳相传的不只有周璇、阮玲玉、胡蝶、王人美、李香兰，还有她——张爱玲。以及她的《半生缘》《倾城之恋》《红玫瑰与白玫瑰》，甚或是多年之后重现人间的《小团圆》。

倾谈三 | 岁月是华丽转身

11 | 缃黄

乱世的人，得过且过，没有真的家。

——张爱玲，《私语》

遇到对的人，吵吵闹闹仍有一生。
遇到错的人，和和美美也是无情。

张志沂与黄素琼是真正错付彼此的两个人。黄素琼决心离婚的时候，利落干脆，毫不犹豫。是怎样的失望，才会令她不顾膝下儿女，宁愿孤寂流浪、遍体鳞伤也义无反顾地要离开？想必，当下的黄素琼已然无法从张志沂的身上看到哪怕零星一点的光芒。

就连张志沂的胞妹张茂渊也无法容忍与他共居同一屋檐之下，又何况是身在苦难旋涡正中央的黄素琼呢。当黄素琼递给张志沂离婚协议的时候，张志沂迟迟不肯签字。被雇用的律师见状，便问黄素琼，是否还有转圜的余地，黄素琼说："我的心已经像一块木头。"

当初，二人喜结连理，旁人看来尚有"门当户对"的好处。事到如今，怕是连张志沂也察觉到对发妻而言，自己是连"门当户对"四个字也已担当不起了。绕室徘徊许久，他终于提笔在离婚协议上签了字。

在离婚协议当中，黄素琼提出了一条与张爱玲有关的要求。她坚持日后张爱玲的教育问题，譬如选择什么样的学校，都必须征求她的同意，张志沂不能武断专行，同时张志沂必须负担张爱玲全部的教育费用。这个要求，至今看来，也仍合理，张志沂没有拒绝的借口。

一段中国旧式的悲剧婚姻至此结束。离婚之后，张爱玲随父亲同住。黄素琼则与张茂渊一起搬离宝隆花园，同住进上海法租界内的白尔登公寓（今上海陕西南路 213 号），那时候姑嫂二人皆富裕，白俄司机、法国厨子、进口汽车，日子阔绰。

张爱玲说："他们的离婚，虽然没有征求我的意见，我是表示赞成的，心里自然也惆怅，因为那红的蓝的家无法维持下去了。幸而条约上写明了我可以常去看母亲。在她的公寓里第一次见到生在地上的瓷砖沿盆和煤气炉子，我非常高兴，觉得安慰了。"

就像张爱玲自小便知道钱是好东西，她对父母的憎与爱也日益分明。她说："另一方面有我父亲的家，那里什么我都看不起，鸦片，教我弟弟做汉高祖论的老先生，章回小说，懒洋洋灰扑扑的活下去"。说这话时，张爱玲似乎也是因着一种任性撒气的情绪在，仿佛不拼了命诋毁有关的一切，都不足够令她表明崇拜母亲的立场。

其实，对于父亲，张爱玲并没有自己想象的那般不能容忍。且不说后来，章回小说里有令她痴迷一生的不朽经典《红楼梦》，连她自己都承认，"属于我父亲这一边的必定是不好的，虽然有时候我也喜欢"。

她无法否认自己，也曾真的怀念过父亲家中鸦片云雾的光影、屋里乱摊的小报、父亲讲的笑话。只是，父亲甘愿一生活在祖辈的余荫之下，驻步不前，她却不能。对一切新式的、文艺的、时髦的、洋派的生活，她甚至有着比母亲更强烈的向往、恋慕。而"父亲的房间里永远是下午，在那里坐久了便觉得沉下去，沉下去"。

令人迷惘，甚至绝望。

冷傲，是张爱玲骨子里的天性。看人看事，她自幼便有一种异于常人的冷静和理智，能够洞悉情理。但这不表示，父母离婚一事对张爱玲没有影响。没有家的温柔奠基，她不得不学会考量自己、打理自己、主张自己、护卫自己，也终于变得日渐孤僻。

1931年秋。张爱玲进入位于上海白利南路（今上海长宁路1187号）由美国圣公会主办的贵族学校圣玛利亚女校就读。张爱玲的中学生涯，对她来说是一段混合着欣喜和惆怅、绚丽与晦暗的独特体验。

她欣赏学校开明进步的读书氛围，却并不喜欢大多数人在圣玛利亚女校读书的目的——做个有涵养、有底蕴的名媛淑女，借此嫁入豪门。后来，做毕业调查的时候，她在“最恨”那一栏写下这样一个惊世的句子——“一个有天才的女子忽然结了婚”。似乎，她对婚姻也有某种秘不可宣的恐惧。

1932年，黄素琼再次离开，去往法国。当时张爱玲住校，黄素琼临行之前来看她。张爱玲的一生清决若有所承袭的话，那定是源自母亲。与女儿告别，黄素琼并无任何惜别的情意，反倒欢喜，大约是因为真正得到了摆脱婚姻桎梏的自由，这几乎是她前半生最大的梦想。

肆意利落的来去，自己做主的人生，令黄素琼体验到人生中从未触碰的快慰。面对这又一次的别离，张爱玲竟也是如出一辙的冷漠。后来，黄素琼渐行渐远，消失在张爱玲目极之处时终于张爱玲落了泪。但她那样了解自己，她知道，自己此时此刻在寒风中的大声抽噎，也不过是哭给自己看的。

母亲离去，但姑姑还在。

那座尚有黄素琼气息的公寓，如今虽只有张茂渊一人独居，在张爱玲眼中，纵是母亲不在，这座公寓，在她看来仍是拥有最好的一切。或许，她隐隐已然知道，自己爱重的从来也不是母亲本身，而是母亲带给自己物质与精神上的“勾引”——自由，情趣，审美。这一切，在留洋归来的张茂渊身上，同样具备。

黄素琼离开的那一年，张爱玲在圣玛利亚女校的校刊上发表了自己的短篇小说处女作《不幸的她》。次年，也就是 1933 年，她又在校刊上发表了自己的第一篇散文作品《迟暮》。有书、有笔、有故事，能说、能写、能表达，是她在中学时期最大的收获。

那时候，她就知道，自己要过怎样的一生。她说，“在前进的一方面我有海阔天空的计划，中学毕业后到英国去读大学，有一个时期我想学画卡通影片，尽量把中国画的作风介绍到美国去。我要比林语堂还出风头，我要穿最别致的衣服，周游世界，在上海自己有房子，过一种干脆利落的生活”。

再无比这更重要的了。

去过自己想要的生活，
拥有自己不悔的一生。

12 | 橙红

只有年轻人是自由的。年纪大了，便一寸一寸陷入习惯的泥沼里。不结婚，不生孩子，避免固定的生活，也不中用。孤独的人有他们自己的泥沼。

——张爱玲,《年轻的时候》

张爱玲就读的圣玛利亚女校，创办于光绪七年（即公元1881年）。前身是文纪女中（公元1851年创建）与俾文女中（公元1861年创建），校址在白利南路（今上海长宁路1187号）。它与圣约翰青年学校、桃坞中学同为美国圣公会设立的大学预科性质的学校，优秀的毕业生有机会去英美名校深造。

那时候，张爱玲就想着以后“要比林语堂还出风头”。林语堂正是毕业于圣约翰青年学校。圣约翰能人辈出，除了林语堂，还有顾维钧、宋子文、荣毅仁、邹韬奋等膏粱子弟。林语堂，大约便是张爱玲中学时候自我要求与提升的一个标杆。

对未来，她始终如此热烈。

圣玛利亚女校的课程分为中文、英文两部，以英文为主，英文课程包括英文、数理、西洋历史等，老师多为国外的老小姐，中文课程不多，教初中的多是师范毕业的中国小姐，教高中的多是前清科举出身的老学究。为了自己心中那个海阔天空的计划，她不得不负母亲的期望，要借由圣玛利亚女校的几年光阴为出国留学做好万全的筹备。

她几乎把全部的心力都放在了念书这件事情上，甚至于自幼爱美的张爱玲连衣着打扮也未曾细细思量。沉迷书卷，又令她早早在鼻梁上架起眼镜。那时候，她实在有些不起眼。在旁人眼中，她确实是那样平实的一个小女子。清瘦，沉默，忧郁，低调，健忘，懒散，甚至是不合群的。

到底是教会学校，圣玛利亚女校规矩不少。学校在宿舍里专门给每名学生配备了私人鞋柜，要求学生务必将自己所有不穿的鞋子及时收入鞋柜，不可随地摆放。违规者，舍监便会把她的鞋子丢在宿舍走廊示众，小惩大诫。

能够进入圣玛利亚女校的女生，也多是权贵人家的大小姐，面薄，凡遇此类事情必面红耳赤，心酸委屈。但张爱玲不。那个时候，她心心念念的只有考试成绩和出国留学这两件事，无甚心思管旁的事。因此，她的鞋最常被舍监丢在走廊，可每每此时，她也只是木木地说一句“我忘了”，再无他话。

听上去，张爱玲的中学生活枯燥至极。是，枯燥没错，但她心有寄望。只要能够出国留学，一切付出都是值得。可即便张爱玲极力低调，还是有人注意到了她——她的国文老师汪宏声。

汪宏声不同于过去只会吟诗作赋讲八股的老学究，他脱离八股，给予学生作文最大的自由。不过，跟着老学究时间久了，学生们面对汪宏声之开明反倒不知所措起来。交上来第一期的作文，大多令汪宏声失望。唯独一个名叫“张爱玲”的学生，引起他的注意。

张爱玲那篇题为《看云》的作文，写得神情潇洒，辞藻瑰丽，虽有别字，但瑕不掩瑜，在一堆庸常的作文当中显得十分亮眼。那时候，汪宏声尚不能将名字与学生一一对号，发还文卷的时候，他便特地留意了这个名叫“张爱玲”的学生。

最末排。
瘦骨嶙峋。
不烫发。
衣饰很朴素。

甚至，表情板滞。

这便是张爱玲给汪宏声的第一印象。那堂课，汪宏声朗读了张爱玲的作文，不吝美言，极力夸赞。后来，他回忆此事说，“像爱玲（圣校的习惯，教师呼学生是只名而不姓的）那样的文章，才称得起写文章等的话，而爱玲则仍旧保持着她那副板滞的神情”。

因为汪宏声的缘故，张爱玲的文名在圣玛利亚女校日渐传开。知道她的人，越来越多。后来，汪宏声利用一个课外活动名叫国光会的组织，发动出版了刊物《国光》，意欲请张爱玲扛鼎，但无法如愿，为了好的成绩为了出国，张爱玲只答应投稿。

不久，困扰来袭。

张爱玲虽只答应汪宏声投稿，但递过来的稿件仍是很少。一回，汪宏声收到两首未署名的打油诗，调侃了两位老学究。虽无署名，但汪宏声知道，必是张爱玲无疑。诗是这样写的：

其一

橙黄眼镜翠蓝袍，
步步摆来步步摇。
师母裁来衣料省，

领头只有一寸高。

其二

夫子善催眠，
嘘嘘莫闹喧。
笼袖当堂坐，
白眼望青天。

本是无伤大雅的两首诗，汪宏声便刊登了出来。竟不想，这一登，却招来了麻烦。当事人心中不平，遂向圣玛利亚女校的美国校长告发此事，且要求彻查严惩。校长果真前来盘问，几番周旋之后，提出三种善后的方式：一是向老师书面致歉；二是停办《国光》；三是张爱玲不予毕业。

自然，第一种方案最佳。好在当事人非是心邪之人，张爱玲道歉之后便也未再纠缠。对于汪宏声，张爱玲心中感念。十几年后，汪宏声为《语林》杂志撰写了一篇回忆张爱玲中学往事的文章。张爱玲得知以后，也特地为《语林》杂志写了一段话，以谢恩师。

她说："中学时代的先生我最喜欢的一个是汪宏声先生，教授法新颖，人又是非常好的。所以从香港回上海来，我见到老同学就问起汪先生的近况，听说他不在上海，没有机会见到，很惆怅。没想到今天在路上遇到钱公侠先生，知道汪先生为《语林》写了一篇文章关于我。我等不及，立刻跟钱先生到印刷所去看清样，终于在黄昏的印刷所里，轰隆轰隆命运性的机器声中，万感交集地写了这几行字。”

圣玛利亚女校的短暂生涯对张爱玲来讲，是她真正意义上初次的群体生活体验。大户小姐和名门闺秀，来来去去、不绝于身，时刻都在提醒她必得以肉身搏流年，不能湮灭于此镜花园。哪怕她无心骄傲，也挡不住流光依依和青春美好。也唯有她，能在周身这霎时风起霎时云灭的热闹里，不忘初衷，一颗心仍绮丽如初。

桃花流水杳然去。
朗月清风到处游。

岁月如锦，她从来无法置身事外。

13 丨浮绿

生活的戏剧化是不健康的。像我们这样生长在都市文化的人，总是先看见海的图画，后看见海；先读到爱情小说，后知道爱；我们对于生活的体验往往是第二轮的，借助于人为的戏剧，因此在生活与生活的戏剧化之间很难划界。

——张爱玲，《童言无忌》

震惊。

瞋怒。

惶惧。

这大概是张爱玲听到父亲再婚消息时全部的情绪。那年暑夏，她站在姑姑家的阳台上，出神凝望，一颗心伴着暑热也变得跌宕不安。街市尚有鼎沸人声，又夹杂躁躁蝉鸣，连烟视媚行的美人，被她看在眼里，都觉得别有一番造作和浮夸。是时，身后传来姑姑的声音。姑姑说，她父亲要再婚了。

也不知怎的，姑姑的话音还未落，张爱玲便情不自禁地哭了起来。她是从来也不打算好好控制自己的情绪，任由心中的那一点伤欢悲喜泛滥放大。再婚，和当年张志沂在外带回一个姨太太，是有着天差地别的两件事。张爱玲从未想过，自己这一生会有一个后母。

她说，“看过太多的关于后母的小说，万万没想到会应在我身上。我只有一个迫切的感觉：无论如何不能让这件事发生。如果那女人就在眼前，伏在栏干上，我必定把她从阳台上推下去，一了百了”。不过，事情不但发生了，她也没有把后母推下阳台。

一切都朝着更坏的方向发展。

1933 年，房地产价格上涨，张志沂的经济境况好转，昔日疏冷的亲戚重又开始走动。在一位表亲的介绍下，张志沂重新工作，给日商住友银行的在华买办孙景阳做秘书，处理与英美银行和洋行业务的书信来往。两人熟识之后，孙景阳便把家中庶出未嫁的妹妹孙用蕃介绍给了张志沂。

张志沂的第二任妻子孙用蕃，依然是大家闺秀、名门之后。孙用藩的父亲孙宝琦，字慕韩，仕途亨通，先后做过大清户部主事、直隶道员、铜元局总办，中华民国时期曾是北洋政府代理国务总理。孙宝琦的父亲孙贻经是咸丰十年的进士，也曾位居清廷要津，官至刑部侍郎、户部侍郎。

若要论说孙宝琦最大的成就，或许不是数十年的宦海浮沉，而是作为一个父亲，他要比李鸿章、张佩纶、黄翼升都成功。孙家人丁兴旺，多妻、多子、多孙。孙宝琦有一妻四妾，元配是曾任山东巡抚的张勤果之女，侧室有朱、张、刘、李四氏，为他诞育八子十六女，共二十四人。

虽然，孙宝琦晚年拮据，但他在子女婚姻上可谓是竭尽所能、费尽心力，姻亲关系大多都是权贵之家。孙宝琦用联姻的方式，在晚清格局当中结成一张巨大无比的关系网。

大小姐孙用慧嫁与有“中国商父”之称的盛宣怀第四子盛恩颐；二小姐孙用智，嫁与庆亲王爱新觉罗・奕劻的第五子爱新觉罗・载伦；三小姐嫁与大学士总理衙门大臣王文韶之孙；四小姐孙用履，嫁入大甜水井胡同内阁学士兼礼部侍郎爱新觉罗・宝熙的府上；五小姐嫁与袁世凯第七子袁克齐；八小姐嫁与天津国华银行的经理崔氏。

三少爷孙雷生，娶的是北洋政府代理大总统冯国璋之女冯家贤；四少爷孙蔚青，娶的是盛宣怀的侄女盛范颐，连孙宝琦的侄儿都娶回了袁世凯的第六女袁箓贞。

介绍孙用蕃与张志沂相识的孙景阳是孙宝琦的长子。孙用蕃是孙宝琦的第七女。相比之下，她嫁给离过婚的张志沂，似乎并不那么理想。但事实并非看上去那般简单。孙用蕃嫁给张志沂的时候已三十好几，这样的年纪尚未出嫁实是稀有。这大概与她待字闺中之时染上“阿芙蓉癖”有关。

沉迷鸦片，致使她迟迟未能出嫁。又或者是，因长久孤居深闺，才令她寻鸦片排遣寂寞。总之，时间一日一日过去，青春就这样浪费在了无休无止的鸦片云雾里。在对女子来讲已不那么能够吸引男人的年纪嫁给张志沂，虽远不及姐妹们嫁得好，但其实，也并不算太遗憾的一件事。

1934 年，张志沂与孙用蕃在上海国际饭店举行婚礼。曾在台湾《旺报》上看到过一张孙用蕃的照片，五官尚好，神情冷漠，眉眼之间透露出一种干练，全然不能想象她身陷鸦片病瘾的情状。

来到张家之后，孙用蕃也果然精明能干，把家务治理的井井有条，很快，她便辞退了张家原本雇用多年的大部分仆佣，并将母家的人安排进来。另外，张家的经济也很快被她牢牢掌握在手。最要紧的一点是，她与张志沂志趣相投，一起吸食鸦片的时候简直有一种“夫唱妇随”“琴瑟和谐”之感，令人唏嘘。

不久，她对张志沂一家所住的洋房表示不满，唆使张志沂搬回当年李经璹留下的张家公馆，临近苏州河的那处房产，也就是张爱玲出生的地方。那处房产已在当年分家的时候划归张志潜所有，平日，张志潜将空余客房出租。好在，孙用蕃细密周全，知道当时恰有一家房客搬走，如此便顺理成章。

张爱玲对自己出生的张家公馆，情感复杂。她说："房屋里有我们家的太多的回忆，像重重叠叠付印的照片，整个的空气有点模糊。有太阳的地方使人瞌睡，阴暗的地方有古墓的清凉。房屋的青黑的心子里是清醒的，有它自己的一个怪异的世界。"

嫁入张家之后，孙用蕃曾试图经营与张爱玲、张子静的关系。这是她的天性使然。身在孙家那么一个庞大的家族里，与身处佳丽三千的后宫女子大同小异，钩心斗角的事情必不在少数。

孙用蕃曾拿过好些自己穿旧的衣服赠予张爱玲。或许对她来讲，这已是她能够给予张爱玲的最大的关切了。张爱玲看在眼里，恨在心中。她说："永远不能忘记一件黯红的薄棉袍，碎牛肉的颜色，穿不完地穿着，就像浑身都生了冻疮；冬天已经过去了，还留着冻疮的疤——是那样的憎恶与羞耻。"

那年暑假，张爱玲写过一篇作文，题为《后母的心》。彼时，孙用藩尚在努力将后母的形象朝好的方向发展，纵然张爱玲不喜欢，但也都看在眼里。在文中，她客观地把一个后母的处境和心情刻画得深刻又感人。去舅舅家耍玩的时候，文章被孙用蕃看到，令她很是感动。

后来，凡有亲友来家，孙用蕃总要把这篇文章拿出来示人，夸赞张爱玲懂事，又有写作天分。其实，张爱玲写作文的时候大没有想要讨好孙用蕃的意思，顶多也就是歪打正着罢了。但这脆弱又虚伪的和谐关系，从来都是不堪一击的，两人心知肚明。

孙用蕃深谙人事周旋之道。在张家，无人是她的对手，很快她便知道讨好张家的少爷小姐，远不如掌控精神涣散的张志沂来得简单。从后来张爱玲的文章当中也能看出，孙用蕃原是个心机颇深、惯用伎俩的女子。张爱玲是从一开始，从内心深处就保持着与孙用蕃对立的立场。

好在，张爱玲平日住校，并不需要常常与孙用蕃打交道，但终归是有回家小住的时候。每每回家，见到弟弟与而今已年迈的何干被孙用蕃欺凌，她心中便十分气愤。只是，张爱玲努力在忍。她待孙用蕃，是能敷衍时必定敷衍。

与父亲，张爱玲依然维持着一种表面恭敬内心鄙夷的态度。父亲对她仍有关切，她若是有正经的事情也会讲与父亲听。他们也曾有过亲近柔软的时刻。当年，张爱玲十四岁，已身陷《红楼梦》之迷魇。她还特地写过一篇题为《摩登红楼梦》的小说戏作，当时，父亲还为她拟过颇为像样的六个回目。

第一回，“沧桑变幻宝黛住层楼，鸡犬升天贾琏膺景命”。第二回，“弭讼端覆雨翻云，赛时装嗔莺叱燕”。第三回，“收放心浪子别闺闱，假虔诚请郎参教典”。第四回，“萍梗天涯有情成眷属，凄凉泉路同命作鸳鸯”。第五回，“青问浮沉良朋空洒泪，波光骀荡情侣共嬉春”。第六回，“陷阱设康衢娇娃蹈险，骊歌惊别梦游子伤怀”。

但，隐忍的平静，终被打破。

14 | 青灰

长的是磨难，短的是人生。

——张爱玲，《公寓生活记趣》

孔尚任的《桃花扇》里有一曲《折桂令 · 问秦淮》：

旧日窗寮，破纸迎风，
坏槛当潮，目断魂消。

当年粉黛，何处笙箫？
罢灯船端阳不闹，
收酒旗重九无聊。

白鸟飘飘，绿水滔滔。

嫩黄花有些蝶飞，
新红叶无个人瞧。

读到这一曲唱词，心中一惊。当年，苏昆生重访秦淮，但见昔日的一派繁花似锦、迷灯醉影，变成而今满目的茅椽蓬牖、颓石瓦砾，人去楼空，再无佳丽，真正是凄凉至极。当中那一种人非物换的空寂之伤，仿佛恰如当年张爱玲被软禁时候的心情。

1937年，张爱玲中学毕业。

也是在那一年，黄素琼回国。母亲回国的事张家人都知道，因此，孙用蕃虽不曾与之会面，心中每每念及此人，总有一种古怪的恶意，仿佛她今日的夫君之所以迟迟与她相遇，是被黄素琼耽误了几年工夫似的。继而，她对张爱玲、张子静的态度也有巨大的转变。

孙用蕃如此，日日听她耳边风的张志沂也与她沆瀣一气，见了张爱玲，张志沂便有一种说不上来的怒意。偏偏恰逢张爱玲毕业，她计划着像母亲、姑姑一般，也出国留学，思量了好些日子才想好一套她以为似乎会有些说服力的说辞，以此去跟父亲沟通。

却不想，此举令父亲生气。连少时张爱玲向父亲索钱去支付钢琴老师的薪水时，张志沂都不情不愿，又何况如今要从他与孙用蕃吸食鸦片的钱里拿走不少去供她留学呢。

她说："母亲回国来，虽然我并没觉得我的态度有显著的改变，父亲却觉得了。对于他，这是不能忍受的，多少年来跟着他，被养活，被教育，心却在那一边。我把事情弄得更糟，用演说的方式向他提出留学的要求，而且吃吃艾艾，是非常坏的演说。他发脾气，说我受了人家的挑唆。"

此时，孙用蕃又跑来煽风点火、火上浇油。她骂骂咧咧地说："你母亲离了婚还要干涉你们家的事。既然放不下这里，为什么不回来？可惜迟了一步，回来只好做姨太太！"孙用蕃之尖锐刻薄可见一斑。

是年，8 月 13 日，爆发淞沪会战。位于公共租界麦根路的张家公馆虽算安全，但防不住枪炮声不绝于耳，令张爱玲夜夜不能入眠。是以，她去了母亲处住了两个礼拜。她不曾料想，这一住，竟给她带来了人生至为黑暗的一段时光。

从母亲处回家之日，张爱玲迎面碰到孙用蕃。孙用蕃便问，"怎么你走了也不在我跟前说一声？"张爱玲告诉她，去母亲处之前已向父亲说明过，却不想这句话激怒了乖戾的孙用蕃。她说："噢，对父亲说了！你眼睛里哪儿还有我呢？"语毕，她立刻打了张爱玲一个耳光。

是从来没有受过这样的屈辱，也从来不曾有人打过自己。当下，张爱玲知道，她再无法与面前的女人演戏了，正要准备还手的时候，立刻被两个女佣赶来拉住。可这时，孙用蕃却一路尖锐地大叫“她打我！她打我！”跑上楼去，是不遮不掩地恶人先告状。

彼时，生活里平日藏匿着的所有恶之微细皆浮目而现，再没有什么遮掩，她的视野瞬时变得清晰无比。她说，“在这一刹那间，一切都变得非常明晰，下着百叶窗的暗沉沉的餐室，饭已经开上桌了，没有金鱼的金鱼缸，白瓷缸上细细描出橙红的鱼藻”。其实，她想说的是，她看清了这个家里的一切：

黑暗的冷寂与发霉的虚无。

父亲呢？他素来对孙用蕃是言听计从。闻声，张志沂便趿着拖鞋冲下来楼来揪住张爱玲拳打脚踢。一边打，一边怒吼：“你还打人！你打人我就打你！今天非打死你不可！”她没有抵抗，因为她记着母亲说的，只要还了手，说出去，总是自己的错。

也不知过了多久，张志沂上了楼。此时，张爱玲头晕、耳鸣，这一切都不打紧，最令她伤心的是，父亲离开的背影是她与之感情决裂所有的证明。她爬起来跑去浴室，镜子里毫无保留地映照出了她身体上的每一处伤痕，她的一颗心终于崩溃。

张爱玲当下决定，她要报警。可是，跑去大门口，却发现大门紧锁。无奈之下，她只能撒泼吵闹，叫嚷着踢门，除此之外，她又有什么办法呢。可这一举动再次刺激了张志沂，重又走进家门的时候，张志沂抢起一只大花瓶便朝张爱玲的头砸去。她躲了躲，身边是满地砸开的碎瓷。

母亲不在，弟弟怯懦，只有何干哭着跑来，心疼不已地重复："你怎么会弄到这样的呢？"正是这自幼照顾自己衣食起居的老仆，令张爱玲的心一松懈，抱着她哭了许久许久，仿佛是要哭到岁月尽头一般气涌如山。

后来，张茂渊得知此事，在黄定柱的陪同下前来说情。不想，孙用蕃再次在张志沂面前挑拨，当着张志沂的面冷笑："是来捉鸦片的么？"显然，她是故意要刺激张志沂生张茂渊的气。果然，不等张茂渊开口，张志沂便从烟铺上跳起来朝张茂渊劈头打去。张茂渊不愿丢了祖上的脸，本欲报警，终是作罢。

彼时彼刻，在张志沂的眼中，女儿、妹妹皆不如面前能与他一起抽大烟云里雾里的女人。终于，张志沂把张爱玲彻底禁闭起来。他甚至还说出了要用手枪打死女儿这样的话。张志沂之情状，如今想来，大概也与疯癫无异。

其实，张爱玲知道父亲绝对不敢把她打死。不过关几年，只是她说："等我放出来的时候已经不是我了。数星期内我已经老了很多年。我把手紧紧捏着阳台上的木阑干，仿佛木头上可以榨出水来。头上是赫赫的蓝天，那时候的天是有声音的，因为漫天的飞机。我希望有个炸弹掉在我们家，就同他们死在一起我也愿意。”

又说：“花园里养着呱呱追人啄人的大白鹅，唯一的树木是高大的白玉兰，开着极大的花，像污秽的白手帕，又像废纸，抛在那里，被遗忘了，大白花一年开到头。从来没有那样邋遢丧气的花。”是连玉兰花在她眼中，都仿佛有一种敌意。

绝望中的张爱玲整整被父亲关了半年之久。期间，张爱玲还患了严重的痢疾，张志沂竟也不替她请医生，也没有药，仿佛真的是要张爱玲死了才会满意。那时候，对于张爱玲而言，张家公馆是比监狱更令人绝望的一处所在。

病中，她说：“躺在床上看着秋冬的淡青的天，对面的门楼上挑起灰石的鹿角，底下累累两排小石菩萨——也不知道现在是哪一朝，哪一代……朦胧地生在这所房子里，也朦胧地死在这里么？死了就在园子里埋了。”就连死，她也已然无畏无惧了。

但是，她不会死。

她还有山河岁月，还有幻丽余生。

15 | 粉金

我在街沿急急走着，每一脚踏在地上都是一个响亮的吻。

——张爱玲，《私语》

被父亲禁闭的日子里，较之于亲情的叛离、伤心、绝望，最令张爱玲恐惧的是——孤独。永无止境的孤独。仿佛，稍有松懈，她便会被吞噬、被焚毁、被挫骨扬灰。因此，她无时无刻不在筹谋逃离。屋外的每一声动静，都在尖锐地刺破她的身体。

她说："我也倾全力听着大门每一次的开关，巡警咕滋咕滋抽出锈涩的门闩，然后呛啷啷一声巨响，打开了铁门。睡里梦里也听见这声音，还有通大门的一条煤屑路，脚步下沙子的吱吱叫。即是因为我病在床上他们疏了防，能够无声地溜出去么？"

观察，思考，怀疑，论证，伺机。她在脑海中反复模拟自己的逃离方式、时间、路径，预设了各种可能遭遇的意外，做了最坏和最好的打算。直到她身体大好可以扶墙行走的那一日，她决定不再等了。

先从何干的口中打探出看守大门的两个巡警换班的时间。她伏在窗口用望远镜打量周边环境，确保无人，时间一到，她便果断出逃。挨着墙一步一步摸到铁门边，她迅速拔出门闩，闪身而出。终于，她成功逃离了身后那座对她而言唯剩无尽阴暗与绝望的张家公馆。

立在大马路上的那一刻，张爱玲如获新生。她说："当真立在人行道上了！没有风，只是阴历年左近的寂寂的冷，街灯下只看见一片寒灰，但是多么可亲的世界呵！我在街沿急急走着，每一脚踏在地上都是一个响亮的吻……这是我那个家的结束。"

半年来，甚或是自后母嫁入张家以来这更为长久的时间里，张爱玲心中积压、蓄存、藏匿着的所有无奈、隐忍、愤懑终于得以释放，又以一种新的积极的趋向光明的能量灌注进她的身体里，变成令她似曾相识又暌违多年的生之念力。

她竟在距离家不远的一处，和黄包车夫讲起价来。仿佛，她从无穿越潮湿、黑暗，仍旧是儿时那一种天真烂漫的模样。这就是张爱玲，大悲大喜在她的身上，最终都会以一种令人讶异的平静和从容体现出来，杂糅在她生活中家长里短的亲近里。

从张家公馆逃离之后，张爱玲去了母亲处。现下，她只能投奔母亲。黄素琼自法国归来依然与张茂渊同住。读完圣玛利亚女校，张爱玲的英文水准已十分了得。不久，她便将自己的黑暗经历用英文写成文章寄给《大美晚报》，并引起报社编辑的注意，得以发表。

此举，想来是有些意气用事的，到底还是需要一个宣泄的出口，但又不完全是草率的。之所以将文章寄给《大美晚报》，是因为张志沂常年订阅，她就是写给父亲看的。文章发表的时候，报社又特别拟了一个有些耸人听闻的标题："What a life！ What a girl’s life！"

不知张志沂看到这篇文章的时候作何感想。愤怒一定是有的，家丑不可外扬是中国人素来很讲究的一件事。除了愤怒呢？羞愧，遗憾，伤心，甚至会不会已然后悔。

据张子静回忆，张爱玲禁闭患病期间，虽无医无药，但父亲是曾背着后母偷偷替她打过针的。即便如此，连张子静看在眼里都知道，父亲此举远非出于爱意，更多是因为惶恐，怕女儿真的会死在自己手里。虎毒尚不食子，又何况是羸弱的张志沂呢。因此，张爱玲毫不领情，从未提及。

令张爱玲讶异的是，后来与母亲同住，每每说起父亲的时候，母亲竟总让张爱玲不要怪他。若说爱，张志沂与黄素琼终是走到了"落花流水春去也”的境地。即便如此，情分，归根还是有的。

投奔母亲之后，张爱玲以为人生就此两异，会有一个温柔的崭新的光明的开始。事实，似乎并非如此。张爱玲此番前来，与以往不同，她要长久住下。当时，黄素琼已有一名美国男友，四十多岁，做皮草生意。张爱玲的闯入对黄素琼原本天马行空的生活无疑会有影响。

虽然黄素琼同意女儿同住，但沟通此事时，两人皆做了一番仔细的思量。骨子里当中对于亲情那一种近似于严酷漠然的冷静，母女二人如出一辙。连同黄素琼的不羁、孤傲、疏离，张爱玲也分毫不差地继承下来。

既与母亲同住，张爱玲势必要融入母亲的淑女式生活。年少时候，张爱玲对母亲的生活方式十分认同，心向往之。无奈，岁月凌厉，数年过去，她一颗心早已被父亲的家侵蚀得敏感又沉郁，甚至小心翼翼。对于母亲，张爱玲的感情十分复杂。

她说：“我一直是用一种罗曼蒂克的爱来爱着我母亲的。她是个美丽敏感的女人，而且我很少有机会和她接触，我四岁的时候她就出洋去了，几次回来了又走了。在孩子的眼里她是辽远而神秘的。有两趟她领我出去，穿过马路的时候，偶尔拉住我的手，便觉得是一种生疏的刺激性。”

在搬来与母亲同住之后，母亲难免想要将她培养成自己想要看到的样子。站姿、眼神、语气，事无巨细。甚至会提醒张爱玲，若是没有幽默感，切不要肆意讲笑话。只是，张爱玲看得出来，母亲对自己的表现并不满意。

为了让张爱玲参加伦敦大学远东区的考试，黄素琼还特地为张爱玲请了一名犹太裔的英国老师，替她补习数学。据说补习费用高达每小时五美元，黄素琼的经济压力十分之大。好在张爱玲不负所望，考了远东区第一名，获得伦敦大学的奖学金。只是，这一切，并不曾令她们母女走得更亲近些。

此生，她们甚至没有留下一张合照。

张爱玲说："看得出我母亲是为我牺牲了许多，而且一直在怀疑着我是否值得这些牺牲。我也怀疑着。常常我一个人在公寓的屋顶阳台上转来转去……仰脸向着当头的烈日，我觉得我是赤裸裸的站在天底下了，被裁判着像一切的惶惑的未成年的人，困于过度的自夸与自鄙。"

连住在母亲的家，此时对于张爱玲来说，都仿佛有一种"寄人篱下"的酸楚。可是，世上，除了这里，她哪里还有别的去处呢？她与母亲，更多的时候，便是在两个女子小心翼翼地对峙、打量中度过的。这当中，充满着无数细碎的别扭、无奈、叹息，一点一点折磨彼此的心，一点点毁掉彼此的爱。

那几年，岁月真是锈迹斑斑。

张爱玲明白：

在这人间，
爱，就是债。

倾谈四 | **岁月是急景凋年**

16 | 旗袍

纷纷的岁月已过去，瓜子仁一粒粒咽了下去，滋味各人自己知道，留给大家看的惟有那满地狼藉的黑白的瓜子壳。

——张爱玲，《连环套》

1939 年 9 月，第一次世界大战爆发。

张爱玲出国留学的愿望再次化为泡影。伦敦大学远东区第一名的考试成绩，瞬间变得一文不值、毫无意义。几经思量，最终，张爱玲决定去香港大学就读。当时，张茂渊的至交李开第在英商安利洋行香港分行，在张茂渊的委托下，李开第成了张爱玲抵达香港之后的监护人。

是年年初，张爱玲随同母亲、姑姑搬至静安寺路赫德路口（今南京西路常德路口）192号爱丁顿公寓（今常德公寓）五楼51室，与姑姑张茂渊为邻。彼时，姑嫂二人的经济条件已大不如从前，在张爱玲去往香港之后，黄素琼也和美国男友离开上海，携手去新加坡继续做皮草生意。

张爱玲抵达香港之后，她生活上的事多由李开第负责。对张茂渊，李开第可谓有求必应。彼时，张爱玲未必全然知悉其中的缘故。当数十年之后，李开第成为张爱玲的姑父时，不知张爱玲是否心中唏嘘，自己在姑姑身旁绕足多年，竟不知姑姑心中有这样一座至繁华又至苍凉的秘密花园。

张茂渊与张志沂是两路性情的人，张志沂结婚两次，张茂渊却差一点终身未嫁。她和李开第的故事，是真正牵扯了一生一世的。初相见的时候，两人彼此倾慕，无奈李开第已有婚约在身。悔婚么？他不能这样做，想必张茂渊也不希望他是会轻易悔婚的人。于是，错过。

可这一错过，便是五十多年。

1932年9月，李开第与发妻夏毓智结婚，在上海大华饭店举办婚宴。吊诡的是，张茂渊竟然作为女傧相出席。是要有怎样的心量，她才能把事情做到这样大气的程度呢。又或者，在张茂渊心里，有那么一个懂她的人在这世上，在她身旁，已然足够。

张茂渊与张爱玲不同，她深谙人生减法之道。她喜欢的东西很少，她需要的人很少，她在乎的事情很少。她从不强求，来去洒然。人情物事在她的身上，映照出来的，是一种近乎冷酷无心的麻木。或许，也是因为李开第的缘故，她再不愿表达出任何一点多余的、造作的、夸大的情感诉求。

就一个人，闹中寂静，云淡风轻，也很好。纵是她生性隐忍，但李开第与发妻喜结连理，又生了一双儿女。起码看上去，李开第的生活十分完满。这些事情，看在眼中，她从未有过不甘吗？或是片刻的寂寞，也不曾有吗？实在令人难以相信。

在不少人眼里，张茂渊与李开第的故事，形同旧书里说的王宝钏苦守寒窑十八载，是佳话，是传奇，是美谈。可是，等待，正是这世上最令人痛苦的事情之一。张茂渊能做得如此彻底，除了她对自身超越常人的掌控之外，李开第必定也是别有一番能耐。

张茂渊有主见，又聪慧，“有一种清平的机智见识”。从张爱玲的那一篇《姑姑语录》就看得出来，张茂渊对一切文绉绉的浪漫的东西都不喜欢，是再实在不过的人了。若是一段毫无指望的感情关系，以她那一种脚踏实地的性格，不至于倾付一生。

如果有人说，不论有心或是无意，李开第定是给予了她源源不绝的希望，包括对张茂渊的有求必应，都是李开第的隐晦表达。我必然深信不疑。好在，她的等待未被辜负，终是有了结果，虽然迟至已然无法令人觉得痛快。

不过，感情这件事，始终是双向的。同样的道理，李开第能在发妻之外的另一个女人身上投放久之又久的感情，那么，这个女人势必有她无可取代的独到之处。她从不企图破坏别人家庭，从不逼迫和算计任何人，甚至，她能够在李开第的发妻病中住院的时候，衣不解带地陪侍左右。

她爱李开第的同时，一并能够真心实意地爱他身边所有的亲人，包括他的女人。这一点，几人能够做到？或许有人认为，这正是张茂渊心机之深的表现。但是，如果一个人看似别有居心的善意能够表达得毫无破绽，持之以恒至一生一世的地步，那么她的那一点“居心”还有何意义？更何况，她从来也不是王宝钏。

她不会用一生做赌注。

而这一些都不算什么。能促成这段感情关系有个还算美好的收梢，最要紧的一个因素是，对婚姻这件事，张茂渊的兴趣从来不大。每个人的人生都是自己的。若张茂渊是待嫁心切之人，纵是李开第使尽浑身解数，想必张茂渊也不会久等。

能够证明这一点的就是，在李开第的发妻病逝之后长达十年的时间里，张茂渊依然未嫁。或许，有李开第那一份长久的真心和情分在，从某种意义上对她来讲，已经是足够剂量的慰藉。因为，她要的，始终就很少。后来又遭遇“文革”，万事难堪。此时，她已是老妪沧桑，却依然淡静。

1979 年，是在李开第的女儿极力撮合之下，时年已七十八岁的张茂渊终于嫁给了李开第。命运还算宽宏，二人皆长寿，在这样一个大半身子已入土的年纪，他们依然从命运手中抢夺了十二年的温存。此生，她最不爱浪漫，可冥冥之中，世上却再无比她更浪漫的女子了。

连张爱玲，也相形见绌。

17 | 双喜

就算最好的宝石，也需要琢磨，才会发出光辉来。

——张爱玲，《张爱玲私语录》

香港。

它是一座迷城。站在外面的人，看到的是似锦繁华、烟火红尘；站在里面的人，看到的是浮光掠影、叶落无根。张爱玲几度来去，香港之于她而言，犹如一间供她疲惫时候休憩的驿站，当中的热闹与孤寂都能令她忘却纷扰，忘却犹疑。她爱香港，但爱得小心翼翼，爱得水过无痕。

1939 年，张爱玲初次抵达香港，在香港大学文学院深造。初到的那个下午，她被一股浓墨重彩的喧嚣迷了双眼。“望过去最触目的便是码头上围列着的巨型广告牌，红的、橘红的、粉红的，倒影在绿油油的海水里，一条条，一抹抹刺激性的犯冲的色素，窜上落下，在水底下厮杀得异常热闹。”

只是这热闹之余，她又心有戚戚。在这里，她放下看下，只那一秒，她便知道自己已是身不由己、万事无依。在《倾城之恋》里，她借白流苏，写出了心中那一点努力想要避人耳目的惶恐。“在这夸张的城市里，就是栽个跟头，只怕也比别处痛些，心里不由得七上八下起来”。

还好，她有李开第——这个未来的姑父，她心中敬重无比的Uncle K.D.在码头等着她。虽然李开第能给的，十分有限，但这零星的温柔对于她来说，仿佛就是香港对于她的一种接纳。她知道，有些路只能一个人走。她得好好地走，走得好好的。

香港大学是香港屈指可数的高等学府，能进入香港大学的学生也大多出身不俗。相比之下，张爱玲显得清苦又贫穷。在《小团圆》里，张爱玲说，“在这橡胶大王子女进的学校里，只有她没有自来水笔（只能用蘸水笔），总是一瓶墨水带来带去，非常触目”。因此，一如中学时代，她依然好不合群。

她说：“我是孤独惯了的，以前在大学里的时候，同学们常会说他们听不懂我在说些什么，但我也不在乎。”是，她不在乎。孤独，对于她来讲，如同一种日常习惯。这么多年，她的一颗心已日渐坚韧，计较的也越来越少。贫穷、孤独，都不足挂齿。

因为，她有梦。

有梦的一生最迷人。

香港的大学生活，对她而言，虽然充满新鲜又无尽的刺激和吸引，但是她始终未遂的留学梦一直存留心中。除了竭力读书，她实在也没有思虑到更好的出路。与昔日在圣玛利亚女校相比，张爱玲的勤奋，有过之而无不及。她是那样心有不甘的一个女子。

天赋这种东西，是永远羡慕不来的。智慧对于张爱玲来讲，是一份命运的馈赠，也是一份负担。它令张爱玲在读书这件事上出类拔萃，她得到最高的分数，赢得最多的赞美，学得最流利的英语。与此同时，又不断刺激着她心中关于写作的那一份“天才梦”。

旧雨不来，
风流云散，
惟有长相忆。

每每想到张爱玲与文学的关系，南宋词人张炎《念奴娇》里的这几句词总会浮上心头。如果说，这世上果真有一个能与她从一而终、至死不渝的恋人，恐怕就是她手中的笔、笔下的字，恐怕就是文学了吧。在圣玛利亚女校的时候，她过得已然辛苦，即便如此，她仍然写出了不少文章。

香港不比上海。它是殖民地，在某种程度上来说，在现实生活中，英文比中文有更切实的作用。因此，大学期间，她读英文小说、做英文笔记，用英文讲话、用英文写信，几乎是在以一种置之死地而后生的热忱来提升自己的英文水准。可是，夜深人静的时候，她终不能抚平心中用中文写作的冲动。

当时，恰逢香港《西风》杂志三周年，杂志社举办了一次半命题征文活动。题目为“我的……”可发挥的空间很大，人情物事皆可。张爱玲知道这可能成为自己一次面向大众的机会，因而，她的文章誓词一般，仿佛就是要告诉文坛，香港有个张爱玲。

对《西风》杂志的这次征文，张爱玲是充满野心的。昔年，她心中的偶像林语堂便是在《西风》杂志发表文章的常客，她誓要与他看齐，甚至超越。她的文章题目叫《天才梦》。再无比“天才”二字更大胆、更无所畏惧、更令人瞩目的标题了。

她说：“我是一个古怪的女孩，从小被视为天才，除了发展我的天才外别无生存的目标。”这样的话，谁人轻易敢讲，但张爱玲敢。只是，再读，你又发现，她的文章是骄傲当中有自省、有彷徨、有一种欲抑先扬的自嘲式的幽默、冷静和清醒。

写作《天才梦》的时候，张爱玲只有十九岁。就是这样的年纪，她写出了“生命是一袭华美的袍，爬满了虱子”这样惊世的句子。可是，在这次征文比赛中，张爱玲虽然获奖，但名次并不高，仅仅是个末等的荣誉奖，这令张爱玲十分不满。多年以后，她仍未忘却。后来，《天才梦》被发表在《西风》杂志第四十八期。

这篇文章的发表，算是张爱玲步入文坛真正意义上的一个开端。香港的《西风》杂志不同于圣玛利亚女校的校园刊物，它令张爱玲在文坛声名初露。也是在香港，她与自己生命中极为重要的一个女子相遇。她叫，炎樱。

张爱玲的一生，经历过许多缘分，或深或浅，或绮丽或淡静。因为每一次无可复制的相遇，她穿越欢喜、悲伤、绝望，穿越苦难、战争、和平，穿越爱欲生死，穿越民国，来到岁月的面前，站出华丽又苍凉的姿势。

一步一步，
铿锵有力，
她誓要把一生一世走成传奇。

18 | 流苏

有人可谈是最快乐的事，否则成功也没有意思。

——张爱玲，《张爱玲私语录》

其实，她没有什么朋友的。

跟母亲黄素琼游刃有余的社交能力相比，张爱玲实在有些孤僻。她的孤僻又不同于姑姑张茂渊的那一种。张茂渊的孤僻是一种类似于无欲无求的冷漠，仿佛她从不需要任何人。但张爱玲不，她有一颗热烈的心，却没有巧舌如簧的本事。与人来往这件事，她总是做不好。

母亲黄素琼与声名煊赫的胡适，还有旅法画家徐悲鸿、蒋碧薇夫妻交好。当年，徐悲鸿在巴黎举办画展的时候，只邀请了两个人作陪，其中一个便是黄素琼。连后母孙用蕃也有朱湄筠和陆小曼这两位红遍上海滩的世纪名媛做闺蜜。但张爱玲呢？中学时候，只有一个名叫张秀爱的学妹与她亲近。

她在文章里就说过，在讲与听二者当中，她更擅长默不作声地坐在一旁聆听。她十分惧怕自己开口讲话，会令对方觉得乏味的同时还要装作一副有趣的样子来敷衍她。她希望，自己与别人相处的时候，带给别人的都是好的事情。只是，这种想法实在是天真了些。

学者万燕在《算命者的语言》中提到，据张爱玲当时一个名叫“顾淑琪”的同学回忆，“张爱玲在圣校读书时不活泼、不讲话、不同人交往。班上没有什么好朋友，你主动和她说话，她就应一两句，不大有表情，喜怒哀乐都不大有。……大家对她了解甚少，连她有个弟弟都不知道，看见她姑姑送过东西”。

顾淑琪还说：“（张爱玲）和低一级的张秀爱玩得很好，什么都对她说，张爱玲只有同她在一起才会讲话会笑。”张秀爱这个人，张爱玲也曾亲口提过，后来与人说说这样的话：“我最好的朋友——中学时的张秀爱和后来的炎樱——都到美国去了。”

不过，炎樱与张秀爱又有些不同。张秀爱出现的时候，张爱玲在上海尚有亲人在，纵然父亲的家回不去，母亲的家也是温柔有限，但终归还是有依靠在。而香港，却是大不相同了，除了一个在自己心中身份不明的 Uncle K.D.，再无旁人。

因此，炎樱几乎是张爱玲在香港三年生活中最重要的人。炎樱是锡兰（今斯里兰卡）人，本名叫 Fatima Mohideen。她还是个混血儿。父亲是锡兰人，母亲是天津人，家里在上海经营一家珠宝店，经济条件是很好的。“炎樱”这个名字，是张爱玲给她取的。只是，她本人似乎不大喜欢，后来又改成“貘梦”。

在《双声》中，张爱玲说，“我替她取名‘炎樱’，她不甚喜欢，恢复了原来的名姓‘莫黛’——‘莫’是姓的译音，‘黛’是因为皮肤黑——然后她自己从阿部教授那里，发现日本传说里有一种吃梦的兽叫作‘貘’，就改‘莫’为‘貘’，‘貘’可以代表她的为人，而且云鬓高耸，本来也像个有角的小兽”。

炎樱是个机智、活泼又爽朗的小女子。个头不高，身形腴丽，说起话来也是伶牙俐齿。在张爱玲眼中，她是有些天真无邪的。炎樱的明媚与张爱玲的沉郁，对比鲜明。与她在一起的时光，张爱玲总是快乐得很。就像炎樱说的，“月亮叫喊着，叫出生命的喜悦；一颗小星是它的羞涩的回声”。

可见，炎樱是有文学素养的人。难怪张爱玲说“炎樱也颇有做作家的意思”。炎樱还讲过“每一个蝴蝶都是从前的一朵花的鬼魂，回来寻找它自己”，实在也是很令人惊艳的一句话呢。

她们都是精明的人。常听人说张爱玲尖锐，但她的尖锐是在文字中、见识里。炎樱也犀利，只不过更多的时候是体现在生活琐细当中的一种精打细算。比如，买东西付账的时候，她总是要抹去一些零头，是决不愿意让自已吃一点亏的人。

有一次，她们逛街。在虹口一家犹太人的店里，炎樱看上一样东西，硬要还价，店主不允。炎樱就把自己的皮包兜底翻给店主看，说:“你看，没有了，真的，全在这儿了。还多下二十块钱，我们还要吃茶去呢。专为吃茶来的，原没有想到要买东西，后来看到你们这儿的货色实在好……”

短短几句话，是既有赞美，又有诚意。好像在说，还价也是她迫不得已，绝非本意。最后，店老板只能作罢，便应承了她。还告诉炎樱，附近哪一家茶室的蛋糕最好。张爱玲说:“店老板为炎樱的孩子气所感动——也许他有过这样的一个棕黄皮肤的初恋，或是早夭的妹妹。他凄惨地微笑，让步了。”

有时候，炎樱逛街至报摊处总忍不住驻足打量一番，翻翻各类画报。统统翻遍又常常不买，难免令摊主不悦。遇到刻薄一些的，便要讽刺、挖苦她，硬生生拉尖声音说上一句“谢谢你”，让她难堪。她却也不生气，面无愠色回人一句:“不客气。”真是一个怪趣的令人拿她没有办法的女孩。

二十岁的年纪，遇见一个与自己完全两样性格的人，会激动，会兴奋，会有一种难以抑制的好奇。当时，彼此都年轻，意气风发，都有充沛的精力去忽视甚至忍耐对方的不好，只要有哪怕一丁点儿的好，就能感动得热泪盈眶。因此，友谊会变得盲目热烈。

曾经，她们在一起是真的快乐过。除了张爱玲为她特地写的《炎樱语录》，炎樱在张爱玲的作品中还出现过多次。后来，张爱玲的代表作《传奇》再版时，也是炎樱画的封面。可见，友谊之上，她们也有相近的审美。

张爱玲说："炎樱画的封面，像古绸缎上盘了深色云头，又像黑压压涌起了一个潮头，轻轻落下许多嘈切嘁嚓的浪花。细看却是小的玉连环，有的三三两两勾搭住了，解不开；有的单独像月亮，自归自圆了；有的两个在一起，只淡淡地挨着一点，却已经时过境迁。"

炎樱单单只打了草稿的时候，张爱玲便觉得图案之美令人震慑，让她心甘情愿地一笔一笔临摹。她说："生命也是这样的吧——它有它的图案，我们唯有临摹。所以西洋有这句话：'让生命来到你这里。'这样的屈服，不像我的小说里的人物的那种不明不白，猥琐，难堪，失面子的屈服，然而到底还是凄凉的。"

只是，她们的金兰之谊，终未敌得过岁月迁变，渐生嫌隙。后来，她们离开香港，约定一起回上海。不知怎样的缘故，炎樱食言了，她撇下张爱玲一个人走了。为此，一生都不轻易落泪的张爱玲，却是狠狠地哭了一场。

或许，在那个时候，张爱玲便觉得，原来自始至终都是自己喜欢炎樱要多一些。世间的一切人际关系，从来没有完全对等、平衡的时候。两个人在一起，不是你爱我多一些，便是我爱你更深。亲情如是，友谊也不例外，更别说男欢女爱了。

性格互补这件事，从来不全然是好事。女子之间的友谊更尤其敏感、脆弱，一个眼神、一句话、一个表情，都是芥蒂，都是嫌隙。她们把彼此之间最欢悦的时光都留在香港了。还好，她们有曾经。

人老了，总会回忆往事。当那一日到来，我们会发现生命中遇见的人来来去去，越来越少，散的散，死的死，到最后仍只是孤身一人赤条条来去无牵挂。不知，多年之后，再想起炎樱的时候，张爱玲是何感想？叹息肯定是有的吧。

19 | 莲灯

生与死的别离，都是大事，不由我们支配的。比起外界的力量，我们人是多么小，多么小！可是我们偏要说："我永远和你在一起；我们一生一世都别离开。"——好像我们自己做得了主似的！

——张爱玲，《倾城之恋》

1941年12月8日，太平洋战争爆发。

在上海，战争对于张爱玲而言，似近亦远，她尚未曾直面死亡。在香港，她却几乎与死神擦肩。是年，12月25日，日军占领香港，香港保卫战爆发。战争前后只持续了十八日，时间虽短，却足以令人思省命运之无常。张爱玲从未想过，有一日，她会穿越炮火，站在尸体旁，只为吃一口滚油煎的萝卜饼。

没有深夜痛哭过的人，不足以谈人生。可是，在张爱玲的眼中，世上从来也没有什么值得深夜痛哭的事情，情始情终和生生死死似乎都不能将她摧毁。如果曾有那么一点哀恸，也终将会幻化成生之铠甲，为她往后的人生岁月保驾护航。

战争之下，张爱玲看到的不只有死亡、苦难、离散，还有动荡不安的年青一代的众生相。在逼近绝望的境地之下，人性往往会变被简化、夸大，被映照出原始本能和生命真相。张爱玲在《烬余录》中提到过几个同学。

她写了苏雷珈。

马来人，身形瘦小，皮肤棕黑，“睡沉沉的眼睛与微微外露的白牙”，是个美人。她读的是医科，却不愿解剖尸体。问起缘故，竟不是因为惧怕，而是因为尸体全裸。这件事，一时成了学校的笑谈，广为流传。她也实在是天真得有些可怕。

后来，苏雷珈加入了红十字会当临时看护。她穿着赤铜底子绿寿字的织锦缎棉袍蹲在地上劈柴生火的画面对张爱玲触动很大。就是这样一个苏雷珈，不久之前，炮火连天之下也要把自己最喜欢的衣服带走。当时，她还是一个腼腆、爱美甚至有些迂腐的小女子，今时今日俨然已是个能吃苦、有担当的人了。

还有艾芙琳。

她是张爱玲身边为数不多亲历过战火的人。也唯有她知道，战争的惨烈面目是何模样。张爱玲说，“大多数的学生，我们对于战争所抱的态度，可以打个譬喻，是像一个人坐在硬板凳上打瞌盹，虽然不舒服，而且没结没完地抱怨着，到底还是睡着了”。只有艾芙琳“醒着”，并且恐惧。

她是第一个因恐惧而号啕大哭的人。旁人去安慰，她便一边哭一边细数自己昔日目睹过的战争之恶。什么是真正的尸横遍野，什么是真正的血流成河，什么是真正的命如草芥。她不停地吃，也劝说周身的人一起吃，因为她说，“不久便没的吃了”。大概，也只有她是唯一一个真正了解“战争”二字的人。

不久之后，香港大学便停课，所有学生被迫离校。异乡之人都是无家可归，唯能参加守城的后勤工作方才解决膳宿的问题。即便如此，也只有米和黄豆。政府的牛肉宁可腐烂，也不拿出来。挨饿是常有的事情。果然，还是艾芙琳有先见之明。

唯有炎樱与众不同。

她当真是与谁都不一样。不知道是天真，还是勇敢。炎樱的表现令张爱玲惊叹不已。她不管不顾，一个人穿越枪林弹雨去电影院看卡通影片。流弹打破浴室玻璃的时候，她也依然在浴盆里怡然自得，甚至泼水唱歌。她的那一种快乐，显得格格不入，却有一种激励人心的气势磅礴的能量。

1793年1月21日，在巴黎的协和广场，路易十六的皇后玛丽·安托瓦内特被押送刑场。上断头台时，不小心踩到刽子手的脚，她马上下意识地说了句:“对不起，先生。”几分钟后，她便身首异处。炎樱当下的行径，仿佛也有某一种贵族精神，与当年的路易皇后的教养有着异曲同工的恢宏之趣。

炎樱小小身体里藏蕴着无尽的能量。或许，这也是当初她足够吸引张爱玲的一个缘故。张爱玲素来对与众不同、对格格不入、对偏僻趣怪、对剑走偏锋有独自的审美和欢喜。就像她对佛朗士教授的爱重，也是如此执拗。

佛朗士，英国人，是张爱玲在香港大学的历史学教授。在张爱玲的印象中，佛朗士是个豁达之人，热衷中国文化，写得一手好字，只是“不大知道笔画的先后”。在学院派的教授当中，佛朗士是最特别的一个，他常做一些在旁人看来“离经叛道”的事，张爱玲却觉得有趣。

有一次，他与中国教授们去广州，听说有间尼姑庵名声不好，他便硬生生要去看望小尼姑，令一旁看上去“好正经”的中国教授尴尬不已。他的家也特别，自己在郊区盖了三幢房，其中一幢竟专门用来养猪。家中也十分简陋，无电灯、无自来水，坚决要过一种返璞归真的原始生活。唯有的一辆车也破旧不堪，是为了方便仆佣买菜用的。

他能用最有趣的方式，把最无趣的历史讲得生动活泼。张爱玲说，“官样文字被他耍着花腔一念，便显得非常滑稽，我们从他那里得到一点历史的亲切感和扼要的世界观，可以从他那里学到的还有很多很多”。能令张爱玲真心实意俯首称许的人实在少之又少，但佛朗士无疑是最令她瞩目的一个。

张爱玲说：“他有孩子似的肉红脸，磁蓝眼睛，伸出来的圆下巴，头发已经稀了，颈上系一块暗败的蓝字宁绸作为领带。上课的时候他抽烟抽得像烟囱。尽管说话，嘴唇上永远险伶伶地叼着一支香烟，跷板似的一上一下，可是再也不会落下来。”因为，他死了。

佛朗士之死给张爱玲打击不小。最吊诡的是，他的死有些莫名其妙，是飞来横祸。香港是英国殖民地，日本侵入之时，作为英国人的佛朗士也被应召入伍。谁会料想他是在回军营的路上因为没有听到哨兵的吆喝被自己人开枪误杀的呢？

战乱之时，命如草芥。只是，死的是佛朗士。张爱玲心中难过，她说他是“一个好先生，一个好人”，他的死是“人类的浪费”。后来常有人揣测，佛朗士对于张爱玲来说或许是某种程度上的初恋。“初恋”不敢妄言，但对于佛朗士，张爱玲一定是深有爱重的。

打仗那些天，人人都是忧心忡忡，生怕没有来日。也是，谁能说得好自己哪一天就莫名不在了。炮火无情，也是无心，要带走你的时候，无论你如何躲避，也是枉然。因此，人人都在及时行乐，断不敢再错过什么，一错过，可能余生也不再有了。

平日里故作骄矜的男女，一改往日的隐忍、含蓄，都变得大胆豪放起来。她说，“香港的外埠学生……成天就只买菜、烧菜、调情——不是普通的学生式的调情，温和而带一点感伤气息的”。更有甚者，因死之寻常与不可预料，便匆匆结婚，大有一种不负今世、不管余生的悲壮。

1942 年，张爱玲回到上海。

两年之后，她在上海《天地》杂志第五期发表了《烬余录》一文，回顾了自己在“香港保卫战”的十八天经历。她说：“围城的十八天里，谁都有那种清晨四点钟的挨饿的感觉——寒噤的黎明，什么都是模糊，瑟缩，靠不住……像唐诗上的‘凄凄去亲爱，泛泛入烟雾’，可是那到底不像这里的无牵无挂的虚空与绝望。”

还好，岁月历历，回首往事，不过虚惊一场。

20 | 青玉

日子过得真快——尤其对于中年以后的人，十年八年都好像是指缝间的事。可是对于年青人，三年五载就可以是一生一世。

——张爱玲，《半生缘》

1942年夏，张爱玲重返上海。

上海对她来讲，当时仍是黄浦江长，却四下无家。母亲不在，她仍旧只能与姑姑同住。地方还是张爱玲赴港之前姑姑搬去的爱丁顿公寓（今常德公寓），静安寺路赫德路口（今南京西路常德路口）192号。这座公寓也成了张爱玲那些年叱咤上海文坛时唯一的“家”。

至今，这座公寓仍旧保存完好。它也成为上海如今举世闻名的张爱玲故居之一。昔年，去上海游逛，本是无心，却偏偏走到了这座公寓的面前。只是门可罗雀，打眼看去，不过是一幢好寻常的老式民宿，全然无法得知它是张爱玲住过的地方。

是路过门口时，侧脸一瞥的瞬间，发现了公寓大门左侧的金色小匾。又似乎隐约看到了某个熟稔的名字，定睛一看，才发现这正是当年张爱玲写出《倾城之恋》《红玫瑰与白玫瑰》《金锁记》等名篇的地方。再抬头，“常德公寓”四个大字赫然悬挂顶上。如今，已是私人住宅，不能擅自入内，略有遗憾。

门口小匾上写着：

常德路195号，常德公寓，原名爱丁顿公寓（又名爱林登公寓）。始建于1933年，建成1936年，出资建造者为意大利籍律师兼房地产商人拉乌尔斐斯。公寓所在的常德路，当时叫赫德路。

现代作家张爱玲女士曾在这座公寓里生活过六年多时间。1939年她与母亲、姑姑第一次住在这里。后去香港读书，1942年返回上海后与姑姑第二次住在这里，直到1947年9月。张爱玲在这里完成了她一生中最主要的几部小说创作，因此，这座公寓在中国现代文学史上占据着特殊的一页。

当年，张爱玲从香港辍学归来。对于几经波折的学业她仍未死心。在香港大学，以张爱玲当时的学习成绩申请公派留学的名额不成问题，可惜距离毕业只差半年便横遭战祸，学业被迫中断。回到上海之后，张爱玲打算去圣约翰大学继续读书，念至毕业，至少拿到文凭，也算不枉数年苦读。

彼时，张爱玲的弟弟张子静也正在准备报考圣约翰大学。姐弟二人碰面谈及此事，张爱玲心中怅然。姑姑的生活已然很不宽裕。母亲出国之后，她的美国男友又在 1941 年新加坡沦陷之时死于战火，生活惨然，一度失联。张爱玲的学费尚无着落。

对张爱玲的心思，姑姑张茂渊心知肚明。张茂渊明人不说暗话，为人处世从来不遮不掩，她直言不讳，说当年张爱玲的父母离婚之时，离婚协议当中明确写着，日后张爱玲的一切学习费用均由父亲承担。香港求学时期，父亲不曾问津，如今去跟他要钱，也是理所当然。

姑姑的话虽有道理，但张爱玲心中踌躇。她抹不开面子，拉不下脸跑回去跟父亲要钱，并可能又要再次看后母脸色，受她折辱。好在弟弟体恤，安慰姐姐莫再忧愁，他去替姐姐走这一趟。

说到这里，关于张子静，有不少话要说。张子静除了天生俊俏，论天资口舌皆不如张爱玲，身体不好，生性又怯懦，在张家他一直处于存在感十分之弱的状态。且不说至亲的人，就连当年父亲纳入家中无名无分的姨太太都不喜欢他。

在张爱玲离家出走投奔母亲的时候，张子静也曾偷偷溜去母亲处，想与母亲、姐姐同住。在可选择的时候，他始终心向母亲和姐姐这一头。但母亲拒绝了，跟他说，自己的经济能力供养张爱玲已然有些吃力，是断无能力再抚养张子静。

当时，黄素琼的这一番话令张子静伤心，张爱玲听着也一并哭了。张子静晚年回忆这段往事，不知心中是否酸楚如旧。可他仍然说，不怪母亲，甚至用表哥黄德贻的话——母亲喜欢女孩不喜欢男孩，来安慰自己。

姑姑张茂渊待他更是冷漠。后来，张爱玲离开上海，二度去往香港打算短暂逗留之后赴美，张子静毫不知情地去姑姑处寻找姐姐，姑姑只一句“你姐姐已经走了”，就关上门把他打发了。以致后来，张子静连再见姑姑的勇气也没有。

这一点，相比而言，可能已是张子静最容易接受的了。毕竟，连与姑姑亲近许多的姐姐在与之相处的时候，尚且能切肤地感受到姑姑难以交心，又何况是自幼与父亲一起生活的自己呢。也有可能，正是因为张子静长期与父亲过活，加之本身模棱两可的性格，导致张茂渊对他另眼相看，不大喜欢。

多年之后，张爱玲已身在美国。张子静苦于经济压力，曾向张爱玲写信求助，却遭婉拒。张爱玲在1989年给弟弟的回信中说："传说我发了财，又有一说是赤贫。其实我勉强够过……没能力帮你的忙，是真觉得惭愧。"但果真如此吗？

张爱玲遗产继承人宋以朗曾向媒体出示过张爱玲经济状况的相关证据、材料。当年，除了张爱玲美国银行账户可取的两万多美金之外，据宋以朗的母亲邝文美后来的一张手书纸条显示，张爱玲的银行外币存款总计多达三十二万美金。可见，张爱玲钱资优裕。有人也曾针对张子静求助遭拒一事咨询宋以朗，但无果。

许是成长环境阴暗潮湿的缘故，张爱玲是个私心很重的女子。私心这样东西，人皆有之，深浅有异罢了。张爱玲的自私流于表面，无非是体现在钱与私人生活两方面。就好比，她爱自己爱得亦不足够一般。如此，反而过得不容易。

张爱玲也从不否认自己的"拜金"与"自私"，甚至对"名利"的追求也宣之于口。她从不矫揉造作，她从不粉饰自己，她从不虚言妄语。或许，除了文字本身的魅力之外，也因为她这一种天然去雕饰的真性情，令张迷爱之深切。

关于"拜金"。

她在《童言无忌》当中这样说过，"一学会'拜金主义'这名词，我就坚持我是拜金主义者。我喜欢钱，因为我没有吃过钱的苦——小苦虽然经验到一些，和人家真吃过苦的比起来实在不算什么——不知道钱的坏处，只知道钱的好处”。

关于“自私”。

她在《烬余录》里也讲得直截了当。港战期间，她做看护遇到一个“尻骨生了奇臭的蚀烂症”的病人，夜夜痛至哀嚎，情状可怜。每每张爱玲值夜班的时候听到他的声音便“心里发慌，发怒，像被猎的兽”。那人死的时候，她也与别人一样，毫无悲伤，甚至“欢欣鼓舞”，一群“自私的人若无其事地活下去了”。

父亲、母亲、姑姑，待张子静皆不亲近，连姐姐也是如此。待他亦如常人，疏于音问。纵如此，张子静却说，“我了解她的个性和晚年生活的难处，对她只有想念，没有抱怨”。虽然张子静的一生都是在温厚的庸碌中度过，但是天才也有天才的跌宕和疾痛。

谁也不比谁更快乐。

那次，张子静替长姐跑了一趟，跟父亲要钱，心中本无把握。不料，父亲思忖良久，只说了一句，叫她自己来。彼时，父女二人已是数年不曾相见，张志沂开口让张爱玲过来，想必他心中总还是存着几分思念的吧。至此时，张爱玲终于迈出了一步。

不知前往张家公馆的路上，张爱玲心中作何感想。世事洪荒，沧溟万里，兜兜转转竟还有这再相见的时刻，怕是连张爱玲自己都觉得如在梦中。令她讶异的是，去的那日，后母不在，大约是故意避开不见的意思，父亲也不似从前——只任她立在一旁开口讨钱，以沉默搪塞。

张志沂从未有过的宽和，叫张爱玲先去报名转学，又说“学费我再叫你弟弟送去”。前后拢共不到十分钟，话说出清楚，张爱玲便走了。一如当年，义无反顾，头也不回。这是她最后一次回家，也是她最后一次离开。从此，父女二人余生再未相见。

岁月是什么？

是诀别时候说再见。
是再见以后，永不再见。

倾谈五 | 岁月是往事倾城

21 | 牡丹

出名要趁早呀！来得太晚的话，快乐也不那么痛快。

——张爱玲，《传奇再版的话》

1942年秋，张爱玲入圣约翰大学。张爱玲转学成功，就读于文学院四年级，弟弟张子静就读于经济系一年级。炎樱也一同入圣约翰大学读书。遗憾的是，三人之中唯有炎樱念至毕业，张爱玲、张子静姐弟先后辍学。在圣约翰大学，张爱玲读了两个月便离开。

张爱玲辍学，一则是圣约翰大学的教学模式陈旧，远不及香港大学自由，束缚这件事令张爱玲十分惶恐；二则是钱的缘故，这也是最根本的一个原因。张爱玲突然意识到，短时期内依然留学无望，而失去了这个精神支柱，校园对于张爱玲已是毫无吸引力。

她觉得，“与其浪费时间到学校上课，还不如到图书馆借几本好书回家自己读”。更要紧的是，她开始想要自食其力，赚钱养活自己。就像她后来对苏青说的那样：“用别人的钱，即使是父母的遗产，也不如用自己赚来的钱自由自在，良心上非常痛快。”

1942 年年底。离校在家的张爱玲开始写作。因为在香港绝大多数时候用英文写作的缘故，张爱玲最先开始是向英文杂志投稿。当时，上海有一份英文月刊，名为《二十世纪》，主编是德国人克劳斯·梅耐特。克劳斯阅历丰富，当过驻苏联记者，也当过美国的大学历史老师，太平洋战争爆发前夕来到上海。

一日，克劳斯在来稿中发现一篇题为 *Chinese Life and Fashion* 的文章，行文优雅流畅，十分成熟，还颇有英国小品文的风致。最有趣的是，作者亲自绘制了十二幅相关的发型、服饰图，图文并茂，令他耳目一新，心中欢喜。他十分清楚地记得文章署名：Eileen Chang。

杂志出版之前，克劳斯还专门在文章之前撰写了按语，向读者推荐：“这篇文章无须向我们的读者中的女士推荐，对他们而言‘时尚’一次，就代表了她们自己。但若从男性读者的角度出发，或许会发现，本文并不仅仅是有关时尚的散文。实际上，本文提供了对现代中国别有趣味的心理分析。”

他又说，“这是作者在本杂志的首次亮相。值得高兴的是能向读者引荐张爱玲，可谓有前途的青年才俊的代表。她运笔纯熟，不仅写出了这篇引人入胜的文章，所绘的插图也富有表现力”。

这篇文章便是后来被张爱玲收入代表作《流言》中的《更衣记》的创作底本，它的发表给张爱玲的职业写作生涯带来了一个非常不错的开端，尽管发表的是英文作品。

此文一经发表，大受好评。因此，杂志社也开始不断主动约稿，张爱玲先后在《二十世纪》发表了多篇影评、随笔，包括一并收入《流言》的《洋人看京戏及其他》《借银灯》《银宫就学记》等名篇的创作底本和被收入《余韵》的《中国人的宗教》的创作底本等。

用英文写作前后历时大约一年。期间，张爱玲遇见了让她敲开上海文坛的伯乐周瘦鹃。周瘦鹃，本名周国贤，苏州人。一方水土养一方人，苏州之旖旎造就了周瘦鹃的一颗伤花怜草之心，他的文章一如吴侬软语一般缠绵有致，是当时上海滩“鸳鸯蝴蝶派”的代表作家，文辞哀艳。

当年，周瘦鹃在上海文坛声名赫赫，张爱玲慕名来访之时恰逢周瘦鹃主办的杂志《紫罗兰》复刊在即。那日，周瘦鹃正闲来无事，在家中闭目养神，忽听有人敲门，懒懒不愿起身。他的女儿灵巧，一路跑去开了门，回来的时候手里拿了封介绍信，说门外有人意欲拜访。

介绍信是周瘦鹃的故交黄岳渊写的。黄岳渊是张爱玲的母亲黄素琼娘家的亲戚，两家一直保有联系。周、黄皆有园艺之好，花花草草之间来来去去，二人成了知己。因为黄岳渊的关系，门外之人，周瘦鹃也不好不见。如此，张爱玲得以与周瘦鹃相识。

这一次的会面，本是私人的，原本可能也是意义不大的。却不想，一次会面竟会成就上海文坛日后的一道奇迹。张爱玲不擅辞令，令周瘦鹃深感意外。本想着，寻人介绍前来拜访，大约是想要走个捷径，来者必定是善于周旋之人，竟不想周瘦鹃的眼下是个高瘦、清朴又寡言的小女子。

张爱玲恳请周瘦鹃过目审阅的正是不久之后让自己声名鹊起的《沉香屑：第一炉香》《沉香屑：第二炉香》两个名篇。以周瘦鹃的文学经验，文章的好坏一打眼便看出个差不离。待他翻看张爱玲的手稿时，入目惊艳，令他爱赞不已。

张爱玲开篇写道："请你寻出家传的霉绿斑斓的铜香炉，点上一炉沉香屑，听我说一支战前香港的故事，您这一炉沉香屑点完了，我的故事也该完了。"是真有天赋这回事的，周瘦鹃想。也是老天要让张爱玲走文学这一条路，周瘦鹃阅毕，当下便决定刊登。

一周之后，周瘦鹃方才将此决定告知张爱玲，他评价张爱玲的小说颇有毛姆的风致，也能看得出受《红楼梦》熏染已久。闻言，张爱玲心喜，正是“千里马常有，而伯乐不常有”。周瘦鹃说，“不管别人读了以为如何，而我，是‘深喜之’了”。

小说发表当日，张爱玲特地拜请了周瘦鹃与夫人来姑姑家喝茶。可见，为人处世之道，张爱玲不是不懂，只是并不热衷。当日，周夫人不在，周瘦鹃应承了此事只能孤身前来。一席话，几盏茶，有甜咸俱备的精致西点，面前又是昔年张茂渊与黄素琼每读每泣的周瘦鹃，这不正是少年时候张爱玲心向往之的生活吗。

事到如今，她是终于如愿了。

张爱玲的两篇小说，一共在《紫罗兰》上连载了五期。周瘦鹃还特地为了她的小说撰文推荐。文章里，周瘦鹃丝毫没有避讳张爱玲携故人介绍信前来拜访一事，他之所以如此事无巨细地将与张爱玲的相识过程道来，便是无畏无惧地要从另一个方面证明张爱玲的小说之妙。他笃信，张爱玲的小说经得住读者的挑拣。

连当时《万象》杂志的主编柯灵读到张爱玲的小说也连叹惊为天人，总想着，“张爱玲是谁呢？我怎么能够找到她，请她写稿呢？”正此时，张爱玲带着她的《心经》来了。

至 1943 年底，不过数月的工夫，张爱玲便连续发表了小说《茉莉香片》《心经》《倾城之恋》《金锁记》《封锁》《琉璃瓦》和散文《到底是上海人》《洋人看京戏及其他》《更衣记》《公寓生活记趣》等名篇，一跃成为上海滩最夺目的女作家。

其时，她不过二十三岁。

那么那么年轻。

22 | 婵娟

我不喜欢壮烈。我是喜欢悲壮，更喜欢苍凉。壮烈只有力，没有美，似乎缺少人性。悲剧则如大红大绿的配色，是一种强烈的对照。但它的刺激性还是大于启发性。苍凉之所以有更深长的回味，就因为它像葱绿配桃红，是一种参差的对照……悲壮是一种完成，而苍凉则是一种启示。

——张爱玲，《自己的文章》

盛名之下，必有疲惫。

年轻的时候，会觉得人生漫长无力。总要追寻点什么，才觉得岁月有所附丽。张爱玲所热爱的，从来不是如水平静的庸常生活，从来不是悠然世外的桃源岁月，从来不是男耕女织的俗世烟火。她要的是平凡的路上有传奇，传奇的人生里有安逸。但她不知，有时候，会累。

在上海滩的迅速蹿红给张爱玲的私人生活带来了不小的变化。张爱玲是一个有心经营却不擅经营自己写作事业的女子。除了应对大小杂志社络绎不绝的约稿，她也开始参加上海文坛的社交活动。事事皆在于人，哪怕她那么不热衷于人际关系的周旋，但也得去做。

她先后结识了《紫罗兰》的周瘦鹃，《万象》的柯灵，还有《天地》的苏青。彼时，张爱玲与苏青可谓是上海文坛的两生花，一个冷艳之中有热烈，一个清寂之中有淳厚。苏青这个人，是女子的身体里藏蕴着一种男人的爽利和果决。

那时候的上海，女作家大放异彩。除了最当红的张爱玲和苏青，还有潘柳黛、关露，她们被称为"上海滩四大才女"。自古便有"文人相轻，武人相重"的说法，其实很有道理，女作家也大多自恋甚深，张爱玲也不例外。在另外三人中，张爱玲唯与苏青算是熟识，也曾与潘柳黛有过来往。

苏青，原名冯和仪，浙江宁波人，年长张爱玲四岁。她十九岁考入国立中央大学（今南京大学），一年之后便结婚退学，来到上海。1943 年 4 月，苏青在《风雨谈》杂志上连载《结婚十年》，出版之后风靡上海滩。后来，得陈公博提携，苏青做了上海市政府专员。不久，她深感疲惫，无力周旋官僚机构的种种复杂关系，果断辞职。

1943 年 10 月，苏青在陈公博和周佛海之妻杨淑慧的资助下，独挑大梁，创立天地出版社，也一并推出《天地》杂志。当时，张爱玲在上海滩与之齐名，甚至风头更胜。有张爱玲的杂志，总会大卖。苏青也慕名约稿。正是因为苏青和《天地》杂志的缘故，张爱玲后来结识了令她花开花又败的胡兰成。

与此同时，上海最具实力的月刊《杂志》也向张爱玲抛出了橄榄枝。这本月刊之所以有着其他杂志无法相较的实力，是因为它有一个复杂的政治背景。它附属于新中国报报社，有日本势力作后台。而新中国报报社的社长袁殊、主编鲁风又是中国地下党情报人员。

张爱玲不问政治。她给自己的定位便是一个以写作谋生的人，在意的就只有写作这件事。月刊《杂志》的背景想必张爱玲也是知道的，政治于她而言，犹如浮沫，她并不介意。之后，张爱玲最经典的作品包括《倾城之恋》《金锁记》《红玫瑰与白玫瑰》等都是在《杂志》上首次发表。

1944 年 8 月，《杂志》出版社力捧张爱玲，为她出版了她写作生涯中的第一本书:《传奇》。这是张爱玲的中短篇小说集，囊括她几乎所有的名作:《金锁记》《倾城之恋》《茉莉香片》《沉香屑 · 第一炉香》《沉香屑 · 第二炉香》《琉璃瓦》《心经》《年轻的时候》《花凋》和《封锁》共十篇作品。

书名取作《传奇》，也自有它的寓意。张爱玲说，“书名叫《传奇》，目的是在传奇里寻找普通人，在普通人里寻找传奇”。这句话，一语成谶，也成了她这一生一世最精妙的注脚。文学评论家夏志清更是赞誉其中的《金锁记》为“中国从古以来最伟大的中篇小说”。

在《传奇》出版之后，《杂志》出版社还为张爱玲组织了关于这本书的座谈会，邀请了不少文学界的知名人士。与会者，大多对《传奇》给予了很好的评价。在媒体行业尚不发达的那个年代，这场座谈会对张爱玲的知名度提升大有裨益。

一个月后，《传奇》数度加印之后仍然脱销，一时间洛阳纸贵，《杂志》出版社便趁热打铁推出了《传奇》的再版。1946 年 11 月，上海山河图书公司又推出了《传奇》的增订版。彼时，张爱玲是上海滩炙手可热的女作家。读者与同行们对张爱玲的关注，除了她的作品本身，还漫漶到她的私人生活，衣食住行甚至男女感情。

张爱玲爱美。

这件事在当时几乎世人皆知。有一年，上海的一家报纸登过一张题作“钢笔与口红”的漫画，画的是上海滩最当红的女作家：潘柳黛灵蛇盘身，苏青文质彬彬，张爱玲“奇装炫人”。对服装的独特审美，令张爱玲一度成为上海滩最让人好奇的时髦女子。

从小，她便想“要穿最别致的衣服周游世界”，看到母亲在镜子前，身穿绿短袄别翡翠胸针，心中甚是向往。那时候，她就想着，“八岁我要梳爱司头，十岁我要穿高跟鞋”。可是，十几岁的如花时年，她却因为后母的缘故，只能极尽简朴，令她心中缺憾不已。多年之后，每每忆及当年，仍是唏嘘不已。

对服装文化和衣饰时尚，她都有令人叹服的独到见解。一篇《更衣记》深入浅出，叫人拍案。在最好的时候，她未能穿上最好看的衣裳。成名之后，她收入不菲，能够自给自足，过不错的生活。如此时候，再不打扮，更待何时呢？

她穿柠檬黄袒胸露臂的晚礼服，也穿祖母一辈的复古衣裳。更别说旗袍。上海女作家程乃珊写，“上海女人天生是应该穿旗袍的。……旗袍看似密实，其实最是性感。含蓄之中流闪着几丝只有在线装小说绣像插图中的仕女才有的清幽，因而连带旗袍的性感，都是一种恬淡的靓丽”。

张爱玲在《小团圆》里写，“遮天晚上在月下去买蟹壳黄，穿着件紧窄的紫花布短旗袍，直柳柳的身子，半卷的长发。烧饼摊上的山东人不免多看了她两眼，摸不清是什么路数”。她穿旗袍，就能穿出一种高山流水天地合一的韵味。提及旗袍，仿佛它就是为了张爱玲才有的。

有人问她为何作这样打扮，她却说，“我既不是美女，又没有什么特点，不用这些来招摇，怎么引得别人的注意？”这样的话，除了张爱玲，大概也再不能从旁的女作家口中听到了罢。她是真的时髦，连讲出来的话也不是谁都能学得来、谁都敢学的。

张爱玲所到之处，必令人瞩目。无论是去印刷所，还是烟视媚行于街巷，总有人放下手中的活计，目迎她来，目送她去，周身永远会围绕一群看热闹的孩童，一面追，一面叫。什么才是大明星？当年的上海滩，张爱玲就是。

只不过。

所有狂热来袭之时，她是否有过犹疑？
所有华丽裹身之时，她是否有过忧惧？
所有荣耀簇拥之时，她是否有过惶恐？

23 | 折枝

于千万人之中，遇见你所要遇见的人，于千万年之中，时间的无涯的荒野里，没有早一步，也没有晚一步，刚巧赶上了，没有别的话可说，惟有轻轻的问一声："噢，你也在这里？"

——张爱玲，《爱》

人在世间，
爱欲之中，
独生独死，
独去独来。

佛典《无量寿经》如是说。张爱玲是性情孤介的女子，但这不表示她不惧孤独。爱情，往往始于空虚，始于孤独。可是，人们常常忘记，爱情本身又同样是一件孤独的事情。她以自己为原型写盛九莉，

“归途明月当空，她不禁一阵空虚。二十二岁了，写爱情故事，但是从来没有恋爱过，给人知道不好”。

那个时候，张爱玲想恋爱了。

韶光轻贱，三两下就已过去二十多年。张爱玲写白流苏与范柳原时，那人没出现；写孟烟鹂与佟振保时，那人也不在；写吴翠远与吕宗桢时，那人终于在匆匆赶来的路上。只不过，张爱玲尚在风霭云雾里，一个人倚在门口，想着将来，若有那么一个人，他来时，自己穿什么衣裳去见他。

1944 年，二十四岁的张爱玲遇见了三十八岁的胡兰成。谈论爱情的时候，我们到底在谈论什么？张爱玲一颗心明镜似的，人心龃龉与情感隔膜，在她的笔下是透彻淋漓。男男女女那些事，仿佛对她来讲，如旷野繁花，信手拈来。她也没有想到，自己会被那十里春风吹得颓败潦倒。

就好比，旁人落难的时候，安慰的话人人都能讲上几句。可轮到自己，纵是真心的慰藉也成了虚情的揶揄，怎么也说服不了自己。道理永远都是讲给别人听的，就好比，张爱玲的爱情小说也始终是写给别人看的。少了那一点切身的羁绊，再真切的故事也不是她自己的。她自己的，是连从何处下笔，都尚未明白。

胡兰成，年长张爱玲十四岁。也正是这年岁的落差，让胡兰成有了机会。他哭过、笑过、欢喜过、伤心过，世事经历了那么多，也才有了那一点能与张爱玲秉烛夜话的资格。在张爱玲的面前，有了往事，胡兰成才不会显得那么单薄。

与张爱玲煊赫的身世不同，胡兰成出身寒微，来自浙江嵊县的农村，父亲是茶叶店帮工，母亲是庸常村妇，难有青云直上的际遇。但是，他天资聪颖，少有才名，有一颗不安陋室的心。小学毕业之后，胡兰成去了杭州，在蕙兰中学念书。期间，跟浙江海宁的周承德学了一手好书法。中学未毕业，因编辑校刊见罪于校务主任，被开除。

1925 年，胡兰成娶妻唐玉凤。玉凤比胡兰成大一岁，是胡兰成的发妻。那时候，胡兰成只有 19 岁，尚未见过什么世面，也没有什么能力，婚姻一事自然只能由家里做主。在唐玉凤入门之前，二人不曾见过。直至掀了新娘盖头，他才瞧见新娘的样子。

他说："这一切，于我都是这样的生疏。及至坐床，老嫚给新娘摘下花冠，叫我揭去新娘的盖头帕，一见是穿半旧青布太婆衣，脸上脂粉不施，我心一惊，简直不喜，且连这不喜亦完全是一种新的感情，对自己都非常生疏的。"

何为"连这不喜亦完全是一种新的感情"？我的理解，他所遇的女子，从来没有他不喜欢的。是个女子，他都喜欢。还从来不知道这世上有一种女子，他竟然能够不喜欢。这是在不遮不掩地羞辱吗？也因为从一开始胡兰成这种“嫌弃”的态度，令唐玉凤恍惚幽怨至死。

1926 年，胡兰成去了杭州，在邮政局当邮务生（在蕙兰中学二年级时考取），薪水尚可，日子安稳。谁承想，不过三个月，他便与局长闹翻，丢了饭碗。那个时候，他是一贫如洗。在家两月，闲来无事，实在无聊，胡兰成便起了一念，想北上读书。

路费盘缠都是借的。一路走一路借，也不是一般人能做到的事情。当时，燕京大学有他的两个同学。他便去投奔，但入燕京大学读书哪是那么容易的事情，最终胡兰成书没有正经念成，只能旁听，好处是他竟谋到了一份差事，因一手好书法，他在燕京大学副校长室里抄写了一年的文书。

大约是用一年的工作换得一年的旁听，时候到了，也无人留他，只能离开。归返老家之后，他也不好意思赋闲在家，便又谋出路。期间，去南京寻职未果又去了杭州，在同窗斯颂德家住了许久。斯家待他不薄，先前去北京时，也借了不少钱给他，按理说，他要感激知恩，起码在斯家克己做人才是。

但是，胡兰成偏不。他竟与斯颂德的妹妹斯雅珊眉来眼去，暧昧不清。这事儿纸包不住火，最终还是被斯颂德知晓了。斯颂德心中窝火，想着斯家待你真心，你竟能做出这样没脸面的事，岂能容忍。一封书信，赶走了胡兰成。

不过半年，胡兰成竟又来斯家。这一回，他是要去杭州中山英文专修学校教书。去教书之前，也是在斯家白吃白喝，连胡兰成自己都说自己“厚脸皮”。只是，胡兰成平生第一擅长的事情就是自欺欺人、粉饰错误、从不悔改。

斯家伯母宽容，不计前嫌，没有迁怒他，他便说：“原来人世邪正可以如花叶相忘，我做了坏事情，亦不必向人谢罪，亦不必自己悔恨，虽然惭愧，也不过是像采莲船的倾侧摇荡罢了。”也就是说，凡有过错，自责两日，也就过去了，不必当真。实在是个气人的理论。

1931 年，胡兰成从中山英文专修学校转入萧山湘湖师范教书的时候，唐玉凤来看他。他便直言不讳地嫌弃她，说：“我见玉凤来到，吃了一惊。学校里女同事与同事的夫人都摩登，玉凤却是山乡打扮。”这种毫无争议的虚荣势利，他却不承认，硬说“不是因为虚荣势利”，实在难解。

他还说，“我不满意玉凤，因她没有进过学校，彼时正是‘五四运动’的风气，女学生白衫黑裙，完全新派，玉凤不能比。她又不能烟视媚行，像旧戏里的小姐或俏丫鬟，她是绣花也不精，唱歌也不会”。真正是把唐玉凤贬得一文不值。

感情的事情从来不能强求。胡兰成不喜欢唐玉凤，这不算错，可气的是，唐玉凤的逆来顺受在胡兰成看来，是唐玉凤知道自己配不上他的“感激知恩”。不久之后，唐玉凤就病逝，死的时候只有二十六岁。连最后一面，胡兰成也没有见。

唐玉凤嫁给胡兰成后，胡兰成说过自与她结婚之后，从来没有称心过。这句话唐玉凤一直搁在心中，临死前，才说出了心中的积怨。胡兰成又一次自说自话、自欺欺人、自称圆满，他说，“她临终虽提起我伤她心的那句话，亦是因为她已经谅解了，不过是拿来注销，而想起她自己一生的功行圆满，故又有那一叹”。

也实在是再没有比他更懂得如何让自己好过的人了。可是，若果真如他所言，唐玉凤心量无限，容纳所有，他既不喜爱，也不愧疚，又何来之后那一句——“我是幼年时的啼哭都已还给了母亲，成年后的号泣都已还给玉凤，此心已回到了如天地不仁”。甚至，这“号哭”之真伪都很令人怀疑。

1932年，胡兰成离开杭州，远赴广西南宁，在广西省一中继续教书。一年之后，又因为男女作风的事（强吻女同事李文源）被解聘。1933年，胡兰成转至广西百色，在百色第五中学教书，并娶了第二任妻子全慧文。两年之后，专职转至广西柳州，在柳州四中教书两年。

对胡兰成来讲，他不能没有女人，好赖都得有一个。他说：“我那年二十八岁，不要恋爱，不要英雄美人，唯老婆不论好歹总得有一个，如此就娶了全慧文，是同事介绍，一见面就为定，与世人一式一样的日子。”依照他的意思，全慧文是他饥不择食又无可奈何的选择。嫁给他后，全慧文犹如家中摆设，日日皆是煎熬。

本来，他也能当个本分的教书先生，或许果真能有岁月静好的一生。只是，胡兰成恃才傲物，心中不甘。好在风云乱世，带给了他际遇。1936 年，应第七军军长廖磊之聘，胡兰成兼办《柳州日报》，鼓吹对日抗战必须与民间起兵的气运相结合。

5 月，发生两广兵变，迅即失败，他被第四集团军总司令部监禁三十三天。胡兰成其人，虽薄情寡义，但深谙曲意逢迎之道，又有一纸妙丽文章相佐，自有打动人心的本事。这一点，也不是人人都能学得来的。他写信给白崇禧，讲得诚恳、热烈，于是，他因祸得福，被释放了出来。

1937 年，一身狼狈的胡兰成再次回到家乡。归家途中拜访了当时已在《中华日报》任职的旧日同事。回家之后，他写了两篇文章刊发在了《中华日报》上，反映良好，随后便被聘为《中华日报》的主笔，去了上海。

1938 年，胡兰成又被调派至香港，任《南华日报》总主笔，用笔名流沙撰写社论，同时还在皇后道华人行蔚蓝书店兼事，研究战时国际情势，撰写报告，得到汪精卫夫妇赏识，薪资立刻涨至三百六十元港币，另还有二千元机密费。对汪精卫夫妇的提携，胡兰成感激涕零，决心为之效犬马之劳。次年，胡兰成追随汪精卫回到上海，任《中华日报》总主笔。

1940年年初，胡兰成的社论集《战难，和亦不易》由中华日报社出版。3月30日，汪伪国民政府在南京成立。胡兰成任宣传部政务次长，仍兼《中华日报》总主笔，成为汪伪政权的口舌。当时，汪伪政权骨干有所谓“十二金钗”之名，其中，胡兰成最得汪精卫器重。自此，胡兰成便成为名副其实的汉奸。

做汉奸也有不同的做法，胡兰成与一味媚日之徒又不大相同。他擅长的是一唱三叹的曲意逢迎，不是光明正大的溜须拍马，试图为自己找一条模棱两可的政治出路。但这显然是不切实际的，最后弄得自己身后的正途已然没有退路，眼下的邪路走又得格格不入。

与汪伪政权核心人员周佛海等人的嫌隙渐深之后，又常做出在汪伪政府“越矩”的行径。明面上说些得罪日本人的话，实则是越过了汪精卫直接与日本人掏心掏肺，令汪精卫十分难堪。不久，胡兰成便辞去了《中华日报》总主笔的兼职。1941年，在周佛海等人的挑唆下，胡兰成被免去了宣传部次长之职。

太平洋战争爆发，汪伪政府正是用人之际，胡兰成有才，遂又被再次起用，任命他为“汪伪政权”的行政院法制局长，并随汪伪政府南京代表团去日本访问。1942 年年底，汪精卫单独召见胡兰成时，胡兰成因不赞成对英美宣战，与汪精卫再生罅隙。

1943 年 2 月，法制局撤销，胡兰成转任经济委员会特派委员。是年，11 月，在一次“中日恳谈会”上语出惊人，代表汪伪政府发言却倒打一耙，说汪伪政府命不久矣。又与日本人掏心掏肺，建议实行昭和维新，商量战后如何全身而退。

胡兰成的这篇言论题为《日本应实施昭和维新》，深得日本昭和天皇赞许，后来由日本大使馆一等书记官池田笃纪译成日文送回日本，首相近卫文麿与反对侵华派主角石原莞尔下令印发，规定少校以上军官传阅。胡兰成大出风头。

只是，胡兰成此举也彻彻底底惹恼了汪精卫。是年，12 月 7 日，汪精卫下令逮捕胡兰成，关入政治局牢房。在不知情的人看来，最吊诡的是，胡兰成获释竟是日本方面威逼汪精卫放人的结果。这不得不说胡兰成机智敏锐，一切都在他的算计之中。

1943 年，抗战胜利近在眼前，胡兰成也看得出日军大势已去。此时，如果他仍一味与汪伪政权同流合污，抗战结束之后自己必定没有好下场，汪精卫自身难保的话又有谁来保他。与其如此，不如放手一搏，在日本人面前讨巧卖乖，将来也好给自己留个退路。

果然，胡兰成如愿以偿。

也是在这一年，他遇见了张爱玲。

24 | 喜鹊

我爱你，关你什么事，千怪万怪，也怪不到你身上去。

——张爱玲，《沉香屑 · 第一炉香》

八月其获，十月陨萚。

1943 年 10 月，胡兰成在南京。那日明媚，他闲来无事，坐在院中的藤椅上，难得秋光尚好，他便拾起手边的杂志，是苏青寄来的《天地》月刊。发刊辞写的真是大方，他不禁感慨。真是难为苏青也有这样落笔洒然的时刻，他想。苏青，他是认识的。

平日，未见忙碌的时候，胡兰成也会提笔写几页小品文。因为在杂志《人间》上发表过两篇文章，遂与杂志主编吴易生有了来往，又因为吴易生的缘故，胡兰成结识了苏青。苏青与胡兰成都是浙江人，既是同乡又是同行，皆是以文为生的人，尽管苏青写的是小说，胡兰成写的是社论。

他信手翻着，偏就翻到了那一篇《封锁》。书报杂志他不常看，却不想今次遇到这个小说，读了才不过一二节，他便一阵心惊。阅毕之时，更觉此文有令人拍案叫绝之好。一贯恃才傲物的胡兰成，不知世上竟有如此生花妙笔之人。随即，他便去信苏青盛赞此文，又问她，张爱玲是何人？

苏青回信，只说张爱玲是女子。待下一期《天地》寄至，上面又有张爱玲的文字，这一回，还印上了她的照片。见了照片，胡兰成是一阵心花怒放。尚不曾与之相识，他已然是一回又一回不明所以地暗自高兴着。在《今生今世》里，他这样说："我只觉世上但凡有一句话，一件事，是关于张爱玲的，便皆成为好。"

青春翠竹尽是法身，郁郁黄花无非般若。命运无常，胡兰成被汪精卫逮捕之时，连他自己怕是也不知今次一劫能否顺利熬过。释放归家那日，已是1944年1月24日，正值农历除夕。想必这样一个特殊的时刻，他举目仰看，大约也会心有飘零沧桑之感吧。

胡兰成天生是个情种。大概也只有胡兰成，能在这旦夕祸福之际，还惦念着儿女情长之事。一周以后，胡兰成回到上海。刚下火车，他便去寻苏青。见到胡兰成，苏青也高兴。毕竟相识一场，见他安然无恙，总是一种安慰。胡兰成还记得苏青去街上陪他吃了蛋炒饭，而后，一起去了苏青的寓所。

当下，胡兰成终于忍不住开了口，向苏青寻张爱玲的住址。他要去找张爱玲。也只有胡兰成如此不知顾虑，冒昧前往。苏青犹疑，胡兰成此举到底是有些唐突的。苏青尚有此感，又何况是张爱玲呢。而苏青的这一点“犹疑”也颇值得玩味。

胡兰成的原话是这样写的，“问她要张爱玲的地址，她亦迟疑了一会才写给我，是静安寺赫德路口一九二号公寓六楼六五室[①]”。据说，胡兰成与苏青之间也有过一次床事。在《小团圆》里，文姬的原型是苏青，文姬向盛九莉也提过这次床事。胡兰成之风流成瘾，可见一斑。

此处，胡兰成说苏青“迟疑”，实在显得动机可疑，怎么读都仿佛是在暗示苏青对他那一点意犹未尽、无力隐藏的在乎。写女子时，胡兰成向来下笔仔细，一点风流不会放过，一点丑陋不会提起。偶尔说两句非得坦白不可的话时，也定会用另一种方式去弥补、粉饰。在扬长避短这件事情上，胡兰成可谓天赋异禀。

翌日。胡兰成来访，在张爱玲意料之外。如此，张爱玲定毫无准

① 作者按：张爱玲成名之后搬去了姑姑的楼上独居。

备，自然不能轻易见客。她凡事仔细，尤其在旁人面前，断不能接受自己做出什么令彼此不称心的行径，绝对不愿意给人留下不佳的印象。因此，张爱玲没有给胡兰成开门。

此举，想必令胡兰成诧异。吃了闭门羹，胡兰成心中难免怅然，但他不是知难而退的人。张爱玲越是冷傲，他反倒更觉有趣。离开之前，胡兰成便从门洞里塞进了一张纸条，留下了自己的名姓和电话。如此姿态，他是明摆着硬要闯入张爱玲的世界的。

胡兰成在《今生今世》里写了自己一生经历过的八个女人。唯有写到张爱玲的时候，他未敢将自己的姿态放得太高，虽然谨慎之余仍无法自控地要表现出自己的好，以及旁人对他的神魂颠倒。张爱玲从来不是好惹的。

第二日，张爱玲打去电话，因觉昨日失礼，便欲登门拜访。对胡兰成来讲，再没有比张爱玲主动来找更令他狂喜的事了。当时，胡兰成在上海的家位于大西路美丽园，离张爱玲的爱丁顿公寓不远。电话挂了不久，张爱玲来了。

初见她，胡兰成的心为之一惊。她不是他先前以为的那一种美，不妖娆、不妩媚、不艳丽，只是安安静静地坐在那里，高瘦的身体裹在价值不菲的华裳之下也依然能令他感觉到一种少女似的纯真。

他说："美是个观念，必定如何如何，连对于美的喜欢亦有定型的感情，必定如何如何，张爱玲却把我的这些全打翻了。我常常以为很懂得了什么叫惊艳，遇到真事，却艳亦不是那艳法，惊亦不是那惊法。"

胡兰成是从不曾遇见过像张爱玲那样的女子，什么也不说，也令人觉得她周身尽是诗意，什么也不做，也令人恍惚她始终烟视媚行。胡兰成说，"因为在她面前，我才如此分明的有了我自己"。这样的话简直非伊不娶的口气。

可是，胡兰成的情话永远都是最不值钱的。甜言蜜语对他来说，是张口就来，畅流如水的。张爱玲却不知道。她只觉得胡兰成有好口才，恰恰弥补了自己的不擅辞令。那一日，大部分的时间，都是他滔滔讲着，她静静听着。

看上去，也是至温馨至和谐的一幕。

临走前，胡兰成终于忍不住习惯性地要暧昧几句。他把张爱玲送至弄堂口，并肩走着，他脱口一句："你的身材这样高，这怎么可以？"以而今年轻恋人的思维，这句话听上去似乎毫无意义。可是张爱玲明白，这是胡兰成不遮不掩的勾引。

张爱玲的心，哪里像他想得那样容易打开。闻言，张爱玲当下便已然反感。可是，反感也是一种暗示，起码她因为这句话有了回应。即便这种回应跟胡兰成预估的大相径庭，他也依然开心。两个人的距离，只要有一人上前走近一步，便是缩短了距离。哪怕另一个原地不动，无有靠近，也没有关系。

第二天，胡兰成又去看了张爱玲。那个世道，谋生不易。多年流离，胡兰成感受深切。他原本以为张爱玲日子清苦，却不想初见那日张爱玲一身装束已是讲究至极。这一回，走进张爱玲的住处，胡兰成更是大开眼界。

他说，“她房里竟是华贵到使我不安……一种现代的新鲜明亮断乎是带刺激性。……张爱玲今天穿宝蓝绸袄裤，戴了嫩黄边框的眼镜，越显得脸儿像月亮。三国时东京最繁华，刘备到孙夫人房里竟然胆怯，张爱玲房里亦像这样的有兵气”。

胡兰成写下这段话，已是十余年以后的事情。即便那时，他依然能把张爱玲的房中琐细记得如此清晰仔细，足见当日心之震惊。那日，二人聊得不少，不说推心置腹，起码也有了日暮长谈的情分在。只是一席话下来，胡兰成不由得将姿态放得愈低。

他说，“我向来与人也不比，也不斗，如今却见了张爱玲要比斗起来。但我使尽武器，还不及她的只是素手”。他说的“素手”，是指张爱玲不凭别的，单单她的贵族家世就足以将他的所有比下去。而他看重的这一点，又恰恰是张爱玲最不以为然的。这便是他们的差距。

彼时，张爱玲心中无着落，是已有与人恋爱之心。恰逢胡兰成出现，除了张爱玲不了解的那一点，他风流成性。怎么看，都不能算太差的一个人。他虽不俊俏，却算潇洒；虽不深邃，却算博学；虽不沉稳，但好歹有不算单薄的阅历，也称得上见多识广。

那日一别，胡兰成写了第一封信给张爱玲。他说，自己那封信写得幼稚可笑。写的时候还自以为好，寄出去后便觉得很难为情，在张爱玲面前的一切卖弄只会令他腹中文墨显得捉襟见肘，甚至无知浅薄。好在，他说张爱玲“谦逊”，合她心意。是以，张爱玲回复了他。

她说：

因为懂得，所以慈悲。

25 | 尽欢

在这一刹那，她只有他，他也只有她。

——张爱玲，《倾城之恋》

其实，早前她便听说过他。

也是从苏青那儿，张爱玲知道世上有一个胡兰成，爱重自己的文字。又听说，他身陷囹圄。与苏青见面的时候，还曾一起商量要去救他。苏青打算去找的人是周佛海，周佛海又恰恰与胡兰成嫌隙最深，终是无法，只能作罢。张爱玲上次与他见面之时，跟他讲过的。

在张爱玲最想要来一场恋爱的时候，能有一人愿与之秉烛夜话，足以令她另眼相待。胡兰成口若悬河，无论对与错，深与浅，他总是敢讲。说出来，总比沉默好。后来，胡兰成每隔一天必去看她。这样去了三四回，张爱玲虚掩的心门终是为他缓缓打开。

他们聊《红楼梦》，说《诗经》，讲《聊斋》，论《金瓶梅》，也谈托尔斯泰的《战争与和平》与歌德的《浮士德》。从衣饰说到食物，从食物说到戏曲，从戏曲说到往事。往事不能倾谈，说多了，便成了交心。一交心，总会动情。

其实，从一开始他们便知道彼此是不一样的两个人。无论从学识、品性、格调、审美，甚至可以算上家世背景，张爱玲涵蕴之丰厚皆远远超越胡兰成。胡兰成至多是一颗金石，而张爱玲却有一片宝藏。张爱玲又从来不是娇滴滴只知对他一味崇拜的寻常女子，她冷静、大气、睿智、犀利，活得十分独立、分明。

这一切皆令胡兰成惶恐，甚至“不习惯”。但是，他知道，与张爱玲在一起，能带给自己的名声和眼界，是任何其他女子都无法给予的。张爱玲几乎可以满足他在情感需求方面的一切虚荣心。纵是令他有透支心力的疲惫，他也决计不会放弃。

他说，“在爱玲的面前，我想说些什么都像生手拉胡琴，辛苦吃力，仍道不着正字眼，丝竹之音亦变为金石之声，自己着实懊恼烦乱，每每说了又改，改了又悔”。胡兰成也真是心甘情愿地把自己放到一个至为卑微的位置。

也许从一开始，他便带着一种仰望的心情，去看她，去品她，去爱她。纵然这“爱”的意义，与张爱玲想要的千差万别，他亦能孜孜以求、坚持不懈，颇有一种不成功便成仁的壮烈。并且，这样低眉俯首地去虏获一个女子，是他从未有过的情感体验。他觉得新鲜、有趣，不断刺激着他想要往她的心里走得更深、更远。

张爱玲从他的言行当中，一样也能读出与自己不相匹配的怯懦、犹疑和薄浅。可是，在当时的那样一种情感虚空的心境下，放眼看去，周身男子大抵都是如此，相较之下，反而唯有胡兰成要多出几分别样的趣味，包括他那一点风流成瘾。

胡兰成更勇敢，更有耐心，又十分擅长与女子周旋，深谙谈情说爱之道。甚至，张爱玲知道与他有染的女子甚多。在张爱玲眼中，他显得很是邪魅。也正是有了那一点邪魅，才令张爱玲略有着迷。几番打量下来，张爱玲倒也开始愿意与他在一起。起码，他不至于令自己的恋爱经历乏善可陈。这也是张爱玲在情感需求方面的虚荣心。

她无法与一个平顺庸碌的男子假模假式地表演无人问津的旖旎。她想要的就是一场轰轰烈烈足以铭心刻骨甚至备受瞩目的情感大戏，哪怕不成传奇，也要有大喜大悲的绚丽。就像胡兰成说的，“爱玲从来不牵愁惹恨，要就是大哭一场”。

其实，令她深深迷恋而无法自拔的就是爱情本身那动荡之余还有一点不安的刺激。因此，在胡兰成说起她登在《天地》上的那张照片时，她便主动取出相片赠给他。还在背面写了一段如梦如幻又繁艳纷丽的情话，好让这场令自己拭目以待的情感大戏有个漂亮的开局。

她写：

见了他，
她变得很低很低，
低到尘埃里，
但她心里是欢喜的，
从尘埃里开出花来。

如此绝艳。简直就是张爱玲为自己预设的这场恋爱量身定做的句子。现在，胡兰成既然恰到好处地出现，又做势想要做点什么的样子，还十分懂得令自己欢愉、高兴，也算是天时地利与人和。她便把这几句话一本正经交给他。胡兰成也说，“张爱玲是知道我喜爱，你既喜爱，我就给了你，我把相片给你，我亦是欢喜的”。

胡兰成也实在会说话，每每从南京的家回到上海，便直接去寻张爱玲，进门就说“我回来了”。他迷离的嘴上功夫最令张爱玲称心如意，她要的就是这样一个解风情、知心意的男子，如此这般，才不负自己对这场恋爱的期许。

即便到了这个时候，胡兰成仍说与张爱玲尚未到两相爱悦的程度，拼了命地要把这段关系演绎成好事多磨的样子。而这，又恰恰与张爱玲私心上给自己设定的恋爱剧本不谋而合。要的就是“不鸣则已，一鸣惊人”。她一切的较真，都是针对自己，与人与事无关。

胡兰成虽将一切看在眼里，但永不能猜透张爱玲这个谜底。他说，“她但凡做什么，都好像在承当一件大事，看她走路时的神情就非同小可，她是连拈一枚针，或开一个罐头，也一脸理直气壮的正经。众人惯做的事，虽心不在焉亦可以做的妥当的，在她都十分吃力，且又不肯有一点迁就”。

《圣经》里说，“爱是恒久忍耐，又有恩慈。爱是不嫉妒。爱是不自夸，不张狂”。这一点，张爱玲做到了。既然决定要投身与胡兰成的这段感情，并希望一切都按照自己的剧本进行，她自当要一丝不苟，小心翼翼，让一切悲欢都朝着自己顾盼的方向发展。

张爱玲知道胡兰成有妻，却从来不逼迫、不做作，顶多分别之时讲几句不舍。她也想过结婚的事情，但无论怎样考量，结婚这样的事情并不大适合她，起码不大适合当时的张爱玲。

她甚至毫不在意胡兰成妻妾成群。胡兰成在《今生今世》里说，“我已有妻室，她并不在意。再或我有许多女友，乃至挟妓游玩，她亦不会吃醋。她倒是愿意世上的女子都喜欢我”。是何缘故？胡兰成以为这是因为张爱玲爱他至深、至切。

其实，张爱玲原就毫不在乎，她只一心盯着眼前自己的这场情感大戏。只要自己赏心悦目，她哪里还有闲心去管胡兰成与别的女人旁逸斜出的三心二意。她要求的，就只是在她面前的时候，胡兰成能够把自己的角色扮演到令她满意的程度。

可是，胡兰成却为她离婚了。这是张爱玲没有想到的，她本不想生出事端。值得一问的是，张爱玲果真就是一个听上去并不光彩的第三者吗？当然不是。对于一对结发夫妻的家庭生活，张爱玲从来没有兴趣介入。

能有心介入旁人的家庭，是需要非比寻常的勇气，加上无法隐忍的真情，或者别有居心的目的。这一切皆与张爱玲的恋爱初衷大相径庭。张爱玲之所以能与胡兰成在一起，是因她知道，胡兰成口中的“妻”根本不是糟糠之妻，更枉论是元配。

是他的第三个女人，应英娣。

台湾《印刻文学》曾做过一期“张爱玲与胡兰成”的专题，甫一出版便脱销。其中有一篇华人作家李黎对胡青芸的专访，题为《今生春雨 · 今世青芸》。忆及六叔的红粉情事，胡青芸说，胡兰成长相不好看，但女人都喜欢他。关于应英娣和六婶全慧文，胡青芸也说了一些事情。

应英娣是个舞女，长得俏丽，又有一副好嗓音，莺莺燕燕婀娜婉转，是胡兰成喜爱的典型。当年，娶了全慧文辗转去香港的时候，胡兰成也是风流如旧，常有美妇与之黏腻。全慧文看在眼里，很不好受，每每问他为何这般，他却说，香港女人都这样轻浮。

长此以往，令全慧文大受刺激，内心煎熬，受不住压力，最后弄得精神有疾。是为女子，都有“愿得一人心，白首不相离”之念想，嫁给胡兰成，实在是真心错付。像全慧文这般脆弱的女子，哪里是胡兰成的对手。疯了倒也好，人生难得糊涂，或许如此，反而她还有那么几日内心光明的时候。

虽然，全慧文替胡兰成生了四个孩子，但是他与她的一纸婚姻终究是形同虚设。回到上海之后，他与应英娣结识，两人眉来眼去，过往从密，结秦晋之好。换做旁人，顶多是暗通款曲，胡兰成却做得光明正大。毕竟全慧文精神状况很不明朗，哪里还有力气去干涉他寻花问柳。

不过，胡青芸承认，虽然胡兰成在外面有女人，对全慧文其实蛮好。糟糠之妻不下堂，这点名声胡兰成还是需要的。对胡兰成来讲，全慧文病了是一桩好事。她能在家里安生待着，对自己又不妨碍，两全其美。他想，对全慧文好，反倒能显得自己是个正人君子，何乐而不为呢？

当时，胡家的人死的死散的散，全慧文因为精神问题自然也无法打理家事，家中便由侄女胡青芸掌事。胡青芸是个雷厉风行的女子，对胡兰成的私人生活也比较了解。应英娣是舞女出身，见过世面，生活上也不大节俭。胡兰成与应英娣在一起，花费甚多。为此，胡青芸特地找过胡兰成。

胡兰成与应英娣当时在一家名叫“新新公司”的旅馆同居。胡青芸去旅馆找他，责备他顾自在外风流潇洒不顾家。当下，便要他回家。胡兰成不舍得应英娣，胡青芸思虑之后便拍板决定，说带她一起。随后，她又理直气壮地对应英娣约法三章：“带你回去，但不许干涉我家里的事情，更不许虐待婶婶。”

真是令人暗自叫好。

胡青芸之骁勇果决可以想见。当时，胡兰成被汪精卫逮捕，也是在胡青芸的奔走之下，他才有机会被释放。当时，胡青芸听闻胡兰成被关，连忙向日本大使馆求救。与胡兰成交好的池田笃纪、清水董三斡旋营救，由日本大使与日本军方联手向汪伪施压，才救出胡兰成。因此，在胡兰成面前，侄女胡青芸的话颇具分量。

没有与全慧文离婚，又娶了应英娣，也不似旧日还有个妻妾之别。若说胡兰成的好处，可能就在于，他把自己的每个女人都当作“妻”。因此，得知胡兰成又恋上张爱玲，应英娣恼羞成怒，与胡兰成打闹纠缠，最后一气之下，二人离婚收场。

不知是不是因为应英娣舞女身份的缘故，在《今生今世》当中对她记述不多。他说，“应小姐原是我前妻，昔年为了张爱玲，发脾气离开了我。她是个柔和硬气人，待人心思好，我问了她的别后种种，彼此敬重，如兄弟姊妹的亲……我一生就是对好人叛逆，对应，对爱玲。可是我不后悔”。

在与应英娣离婚之后，胡兰成找来侄女胡青芸与张爱玲的密友炎樱作证，与张爱玲结婚。胡兰成说：“我为顾到日后时局变动不致连累她，没有举行仪式，只写婚书为定，文曰：‘胡兰成张爱玲签订终身，结为夫妇’。”这几句为张爱玲所写，而后，胡兰成又加了那最是情深的两句。

正是：

愿使岁月静好，现世安稳。

倾谈六 | **岁月是美人迟暮**

26 | 色戒

也许每一个男子全都有过这样的两个女人，至少两个。娶了红玫瑰，久而久之，红的变了墙上的一抹蚊子血，白的还是“床前明月光”；娶了白玫瑰，白的便是衣服上的一粒饭黏子，红的却是心口上的一颗朱砂痣。

——张爱玲，《红玫瑰与白玫瑰》

桐花万里路，
连朝语不息。
心似双丝网，
结结复依依。

新婚燕尔之际，胡兰成与张爱玲也算是鸾凤和鸣，颇有一种“树里闻歌，枝中见舞”之妙。只是，婚姻是一种磨砺。以胡兰成往日的经验来看，他从来不是一个能给予别人“岁月静好，现世安稳”的男子。不过，他的虚荣心驱使他非娶张爱玲不可。

张爱玲之于胡兰成而言，几乎是他情史当中一道常人无法逾越的标杆。世间只有一个张爱玲，却唯被他娶回了家，这怎能令他不骄傲、不自豪、不炫耀呢。可是，婚姻对张爱玲来讲，是她意料之外的一个难题，她从来不懂也未想过如何去做一个贤妻良母。

胡兰成说，“我不肯使她的生活有一点因我之故而改变。两人怎样做亦不像夫妻的样子，却依然一个是金童，一个是玉女”。读到这段话时，不禁令人咂舌。张爱玲是玉女没错，年近四十风姿平庸的胡兰成竟也敢把自己比作金童，实在让人匪夷所思。

他不愿意张爱玲为自己改变。听上去，是颇有风度。其实，他不过是希望张爱玲在他身边能恒久维持自己贵重不凡的姿态，任何时候都能珠光宝气地惊艳四座才好。这就是张爱玲在他心中最大的好处。只是，而今结婚了。结婚这件事，对张爱玲来讲，当然高兴，只是欣悦之余又实在措手不及。

结婚，是一个承诺。张爱玲从未曾在这段关系当中预设过结婚的事情。她不想要，别人也给不了。在《小团圆》里，张爱玲把自己当时的态度说得非常明确，以胡兰成为原型的邵之雍表达了想要结婚的意思，盛九莉便讲，“我现在不想结婚，过几年我会去找你”。

她从未想过会与胡兰成一生一世。可是，结婚的承诺是一个非比寻常的诱惑，会让你以为自己与所谓“恒久”“永远”之类的东西靠得很近。张爱玲能把小说里的男女琐细写得通透无比，也能在绝大多数时候保持理性，但这不表示，她是个无懈可击的人。

是为女人，她必有柔软时刻。

结婚之后，二人又猛然发现了彼此这段关系哪里有点不对。从胡兰成的角度来讲，他想要看到的是张爱玲超凡脱俗不接地气的那一面，可是自己又生拉硬拽，把张爱玲套入了婚姻的泥沼。想一想，很容易就后悔。从张爱玲的角度来说，结婚一事打乱甚至推翻了她为这段关系在心中拟写的剧本，也很惶恐。

好在，他们之后短暂分离，为这段关系留下缓冲的空间。1944 年 11 月 10 日，汪精卫去世，死在日本名古屋帝国大学附属医院。南京伪政府一片哀鸣。抗日战争进入尾声，日军颓势不可逆转。大小汉奸心知肚明，前路迷惘，已然无望。胡兰成，在池田笃纪的斡旋下，接手主持《大楚报》。未几，他便离开上海，前往武汉。

在《小团圆》里，张爱玲写到，邵之庸离开之前，曾提了一个大手提箱，放到了盛九莉的住处，里面是满满一箱子的钱。盛九莉原当是邵之庸的办报经费，没有多想，却不料这一箱钱他没有带走。当下，时局实已明朗，以邵之庸的身份自保已是不易，因此，盛九莉方才意识到这一箱钱是邵之庸留给她的。

满目山河空念远，不如怜取眼前人。胡兰成有一点很好，他始终活在当下。当下，他与谁在一起，便对谁好。有张爱玲的时候，他待她不能算差。只是，这不妨碍他践行自己的人生哲学，转身之后还有旁人。譬如，武汉之行，他又结识了生命中的第五个女人：周训德。

去武汉时，胡兰成还带去了三个人：沈启无，任副社长；关永吉，任总编辑；潘龙潜，任编撰主任。彼时，武汉空袭密集，条件艰苦，同行之人常有抱怨，胡兰成却说，“我有张爱玲，虽然她也远在上海，我必不像他们的有怨怼与贪欲”。此言一出，令人大笑。仿佛不存在他与周训德这回事。

当时，胡兰成一行人由武汉汪伪汉阳县县长张人骏安排在县立医院暂住。汉阳医院与《大楚报》报社之间，隔着一条汉水。胡兰成则须得每日渡水去《大楚报》，早出晚归。不足一月时间，胡兰成结识医院护士周训德，并迅即与之恋爱。

对于胡兰成来讲，同时拥有几个女人仿佛是再正常不过的事情。在胡兰成心里，昔日，张爱玲不计较应英娣的存在，想来今次也是无碍。1945 年 3 月，胡兰成回到上海与张爱玲见面的时候，他还将此事拿来讲与张爱玲听，裸裎相对的同时又似乎在炫耀什么——你看，所有女人都爱我。

他说，“我与爱玲说起小周，却说的来不得要领。一夫一妇原是人伦之正，但亦没有好花开出墙外，我不曾想到要避嫌，爱玲……亦糊涂得不知道妒忌”。张爱玲哪里当真是不妒忌，她只是在思考，以何种方式应对。昔日的应英娣与今日的周训德，大不相同。因此，今次张爱玲与胡兰成有了一纸婚约，已是正经夫妻。

后来，张爱玲便也说了自己亦有旁人在追求。是一个外国人，还说每月可以贴钱给张爱玲。这件事大抵是真的，张子静在回忆录中说过长姐曾与他闲谈时提过有个外国人想请她跳舞。只是，与胡兰成讲说此事，张爱玲的心境颇有些复杂。

她从来不是刨根问底、纠缠不休的女子。从前如此，现在也是一样。唯一不同的，是心境。这一回，她有些伤心，也很令她自己出乎意料。婚姻这件事，到底是折磨人。纵然人人都知道它于爱情来讲并无什么实质的意义，不过单单这形式，已然令人目眩神迷。

张爱玲还是妒忌了的。

闻言，胡兰成很是不快。张爱玲就是要让他也尝尝这滋味。可是，胡兰成是什么人，他知道张爱玲做不出来越矩的事情，不过只是嘴上过瘾，与他的行径有本质的区别。他从来没有吃亏，反倒经此一事，能从中看到张爱玲与日俱增的爱意，便觉得很好。

在上海，胡兰成与张爱玲在一起月余。期间，他送侄女胡青芸到杭州结婚。之后，重返武汉，与周训德一如既往。周训德也不十分出挑，却好年轻，只有十七八岁，俏皮又灵动，远不似张爱玲一般深邃。与张爱玲一起，他时时处于下风。与周训德在一起，则事事皆由他掌控，令他愉悦又轻松。可是，时局瞬息万变。

他与周训德终是无果。

就此，二人分离。

1945 年 8 月 15 日，日本投降。抗战结束，世事皆与昨日不同了。天地之间，胡兰成无路可退，惶遽不安。岁月对他来讲，已不是掩耳盗铃就能平安度过的。有些事情，与男欢女爱截然不同，不是你不想承担便能躲过去的。此时，国民党政府恢复统辖，胡兰成大祸临头。

被逼入绝境的胡兰成妄图作困兽之斗，教唆国民党二十九军军长邹平凡占领武汉宣布独立，又从日方要来万余武装部队，想以此与国民党政府讨价还价。不料，武汉只“独立”了十三日，便分崩离析。是再无路可退了。混在日本伤兵之中，胡兰成乘日船逃离武汉。此生，他是再无安稳。

去时，薄暮苍寂，暝色荒愁。

27 | 花凋

生在这世上，没有一样感情不是千疮百孔的。

——张爱玲，《留情》

张爱玲是给过胡兰成机会的。

1945年9月，从武汉逃离之后，胡兰成流窜至南京，又去了上海。在上海，胡兰成曾到张爱玲处住了一夜。后又逃到诸暨，诸暨距离他老家不远。他大约也想回去看看，但哪里是他想看就能看的。幸亏，当年的杭州斯家在诸暨有座家宅，胡兰成得以有地方歇脚、逗留。

斯宅就在诸暨五指山下，“村前大陆通嵊县西乡，居民约三百家，且是好溪山。民国以来，斯家人多出外做官，山场田地耕作亦肯勤劳，所以村中房舍整齐，沿大路一段店铺栉比，像个小市镇。桥头祠堂，墙壁上写有四个赭红大字——“肃清汉奸”。

斯宅就在祠堂转弯处的溪畔。

收留胡兰成实在是冒了极大的风险。之所以斯家愿意收留他，也算是他昔年自己种下的福报。几年前，斯颂德因为嫖妓身染淋病，后来又被家里人送去疯人病院。当时，胡兰成身为汪伪政府的高官，收入不菲，斯颂德患病期间，胡兰成赠资以助，承担了不少费用。可是，斯颂德终究还是去世了。

胡兰成对斯家也算有恩，今次他落难，斯家人不能不救。更何况，斯家诸人皆是好品性，不会冷眼旁观。没想到，胡兰成禀性难移，仿佛这一生一世全是为了为女子而活，生死不离红粉艳情。这要说的，便是胡兰成生命中的第六个女人：范秀美。

范秀美是斯家的姨奶奶，也就是斯颂德的庶母。虽然范秀美是孀居的寡妇，但在胡兰成眼中，也自有她的好处。他说，“她其实是个亮烈人，从端正里出来温柔安详，立着如花枝微微倾斜，自然有千娇百媚”。他是任何时候，皆能与女子成其好。

范秀美豪气，待他是肝胆相照。说起来，斯家老爷去世之后，她这一生便已然没有什么指望了。深闺寡妇终归是寂寞的，能有这样一个沧桑历尽又略有味道的男子在身旁，即便两相敬重，哪怕不作他想，她也心中快乐。只是，风声渐紧，斯宅也不再安全，胡兰成不得不筹谋离开。

在范秀美的帮助下，胡兰成一直隐匿于杭州、金华、诸暨等地。只是徘徊各地，总不是个办法。最终，范秀美决定把胡兰成藏到远在温州的娘家。一路苍寂，范秀美不弃不离。如此，晓行暮宿，长亭短亭，即便如此落魄，身旁亦有半老红颜作陪，胡兰成不由就心生绮念。

两人在抵达丽水的时候，结为夫妻。胡兰成是风月老手，他开了口，范秀美毫无拒绝的道理。讲到这桩事，胡兰成说，“这在我是因感激，男女感激，至终是唯有以身相许”。女子以身相许，常有耳闻。不承想，胡兰成也可以。这几句话写得实在叫人啼笑皆非。

他又说：“我心里亦想将来能团圆，如若不能，我亦是真心真意的做过人了。今生无理的情缘，只可说是前世一劫，而将来聚散，又人世的事如天道幽微难言。”如此可见，与范秀美，他也是从未想过要与之长久共度的。

或可归咎是世道，可听上去，他与范秀美的婚姻也显得居心可疑。仿佛如此，便能更好地让范秀美死心塌地，为他卖命，护他周全。这一点，从张爱玲后来找他，他厉声厉色的表现也能佐证一二。

何以对张爱玲的出现如此紧张愤懑呢？

缘故有二。一来，张爱玲名声响亮，所到之处足以令人起疑会与胡兰成有关，对他来讲很不安全。二来，令人不禁怀疑他是因为担心张爱玲的出现惹恼范秀美，连他的最后一根救命稻草也被弄丢掉，这是他绝对不愿看到的情形。

1946 年 2 月，张爱玲来找。彼时，胡兰成与范秀美已抵达温州，化名张嘉仪。见到张爱玲，他说，“我一惊，心里即刻不喜，甚至没有感激。夫妻患难相从，千里迢迢特为来看我，此是世人之事，但爱玲也这样，我只觉不宜”。在他心中，张爱玲就该始终不落凡尘，维持在他心中的女神形象。

既如此，当初又何必与她结婚？

张爱玲在温州待了大约二十日。当时，胡兰成已然臭名昭著，能冒险来找，张爱玲必有要事。因为胡兰成前途未卜，今日尚在她能寻到的地方，来日呢，她实在惶恐他就莫名消失不见，令她一生不安。如是，她是要在他消失之前，把这段关系当中所有的不明不白，向他寻个结果。

她是万事皆要干脆利落，在感情上也是如此，绝对不能不明不白。昔年，没有结婚，任凭胡兰成如何寻花问柳，她皆不大在意。如今，已然不是这样的情况。至今才来，她也是要给自己时间来思量清楚。结婚一事未在自己掌控之中，而她对婚姻显然是敬畏的。这便是她思考的结论。

当时，胡兰成未向张爱玲言明自己与范秀美的关系。敏慧的张爱玲，不可能毫无察觉。只是，她心中尚有关于周训德的疑虑，实在也已无心在思索范秀美与他的事情。他不说也好，她权当不知。其实，从张爱玲自己对范秀美的不闻不问也能看出，她是无心再与他走下去了。

正好。在张爱玲要求胡兰成做出选择的时候，胡兰成说，“我待你，天上地上，无有得比较，若选择，不但于你是委屈，亦对不起小周。人世迢迢如岁月，但是无嫌猜，安不上取舍的话”。一如既往，说些他最擅长的模棱两可的话。

他是不愿意选，尽管他知道此生与周训德能否再见也未可知。又或是，张爱玲来找，令她在他心中的女神形象幻灭，他也有了放手之心。如此，也好。张爱玲的一颗心也终于可以尘埃落定。年华不再缱绻，到了她该离开的时候了。不久，张爱玲回到上海。

与他的以后，在她心中日渐明晰。

1946 年 4 月，胡兰成与范秀美离开温州回到诸暨，躲在斯家楼上整整八个月。因为无事，胡兰成开始撰写《武汉记》。据胡青芸回忆，期间，范秀美怀孕，要去上海堕胎，便带着胡兰成的字条去上海找胡青芸照应。抵达上海之后，胡青芸给范秀美安排住处，寻医就诊，却不想范秀美连手术费也没有。

此时，范秀美又拿出胡兰成写给张爱玲的字条，上书“看毛病，资助一点”，仅此而已。胡青芸带她去找张爱玲。张爱玲爽快，阅毕纸条，当即便取出一支金镯子递给胡青芸，说，“当掉，换钱给范先生做手术”，也不问是何手术。其实，是何手术，张爱玲已然了无兴趣。要钱，给她便是了。

这桩事在胡兰成的笔下，竟只成了这么潦草的一句——“秀美偏又身上有异，只得借故一人去上海就医，那里有青芸招呼，她是凡我这个叔叔所做的事，对之无奈，而又皆是好的”。且不论他与张爱玲的事，单此一件，胡兰成品性之劣，显而易见。

在胡兰成流亡期间，张爱玲时常给他寄钱。这件事在胡兰成眼中只是张爱玲对他的爱之表述。其实，未必全然如此。在胡兰成逃亡之前曾给张爱玲留下一箱钱，这对张爱玲来讲，是有压力的。在人情金钱上，张爱玲从来都要两讫，凡事皆似刀截般分明，绝对不拖泥带水。对于胡兰成，除了钱，她一点一点还清，再不亏欠他任何。

胡兰成欠她的，却一生也还不完。

是年年底，胡兰成决定离开斯家，再去温州。虽不知未来路途逶迤何方，但始终蜗居于斯家终归是不好的。此行，胡兰成取道上海，又在张爱玲处宿了一晚。这一晚，胡兰成依然无知无觉，不单斥责张爱玲昔日去温州看他时，触犯乡下人的生活习惯，还一并将他与范秀美的事告知张爱玲。

如此这般，令人骇然。自己一无是处，反倒盛气凌人，对张爱玲指指点点，言谈之间也丝毫不去顾虑张爱玲的感受。最令人愤懑的是，胡兰成的一切行径在他的笔下，都能删繁成简，甚至本末倒置，变成另一种样子。次日，胡兰成离开上海，登船驶往温州。

胡兰成的交际手腕非是常人可比的。若不是如此，昔日他也不会在短短两三年间，从一介布衣变成汪伪政府要员。用学者余斌的话说，“胡兰成骨子里是个旧式的中国文人，满脑子进退出处、江山新朝、布衣卿相之思”。

1947 年年初，他写信给北大教授冯文炳，并结识刘景晨。又与时在四川北碚勉仁书院的梁漱溟通信。其时，胡兰成也开始撰写《山河岁月》。这些事情，范秀美是不懂得，他唯有与张爱玲分享。殊不知，此时此刻的张爱玲已是心意决绝。是年，5 月，他一封信去，却石沉大海。

1947 年 6 月 10 日，胡兰成终于收到回信，却不想张爱玲书信一封，与之相诀：“我已经不喜欢你了。你是早已不喜欢我了的。这次的决心，我是经过一年半的长时间考虑的，彼时惟以小劫故，不欲增加你的困难。你不要来寻我，即或写信来，我亦是不看的了。”

她与他之间，也就是这样了。

28 ｜私语

相爱着的人又是往往地爱闹意见，反而是漠不相干的人能够互相容忍。

——张爱玲，《茉莉香片》

孤独是什么？

孤独，是一根烟的迷惘，是一杯酒的惆怅；孤独，是一盏日光的涣散，是一袭月色的流亡；孤独，是前世的一句情话，是今生的一份念想；孤独，是一种绝望，是一种期望；孤独，是爱或不爱的人生之光。关于张爱玲跟胡兰成的这场乱世之恋，孤独是最好也是唯一的注解。

与胡兰成相诀，张爱玲不是不痛苦的。在《小团圆》里，她借盛九莉之口说，“那痛苦像火车一样轰隆轰隆一天到晚开着，日夜之间没有一点空隙。一醒过来它就在枕边，是只手表，走了一夜”。到底是有三年的情分在。

只是，这段感情经历对张爱玲来讲，是美好不足，伤心有余。不过，事到如今，张爱玲也不遗憾。她不是活在过去的女子，情始情终，她比谁都看得明白。就像胡兰成在说《张爱玲与左派》一文中说的：“她要的东西定规要，不要的定规不要。”更何况，在她以为自己一颗心最潦倒的时候，还有桑弧。

遇见桑弧，是她离乱之中最大的慰藉。

1946 年 8 月，张爱玲与桑弧相识。两人之间的缘分始于柯灵。昔日，张爱玲曾在柯灵主编的《万象》月刊发表过《心经》《琉璃瓦》和《连环套》等作品。虽然张爱玲后来与《万象》月刊中断了合作，但是她与柯灵一直都有来往。多年之后，柯灵对初见张爱玲时的情形依然历历在目。

他说，“张爱玲穿着丝质碎花旗袍，色泽淡雅，也就是当时上海小姐普通的装束；腋下夹着一个报纸包，说有一篇稿子要我看看，那就是随后发表在《万象》上的小说《心经》，还附有她手绘的插图。会见和谈话很简短，却很愉快”。

两年前，张爱玲的代表作品《倾城之恋》被改编为舞台剧。创作舞台剧本的时候，张爱玲也曾求教于柯灵。柯灵为了张爱玲话剧《倾城之恋》上演四处奔走，最后由大中剧团在卡尔登戏院上演。张爱玲感念在心，事后还送了他一匹宝蓝色的绸袍料。他也拿来做了皮袍面子，穿在身上很是亮眼。

只是，遗憾因为后来《万象》月刊登载了一篇署名迅雨（后证明是翻译家傅雷的化名）关于《连环套》的批评文章，令张爱玲与《万象》月刊生出嫌隙，并果断腰斩《连环套》，未再续写供稿。又因与《万象》老板平襟亚发生稿酬纠纷，最终导致张爱玲与《万象》月刊中断了合作。

1946年8月，经由柯灵介绍，张爱玲与电影导演桑弧、电影宣传龚之方相识。当时，桑弧在家中宴请文艺界各路名士，张爱玲、柯灵、炎樱皆收到邀约。此时，因为胡兰成的缘故，张爱玲面临较大的政治压力，受到各方指责，心情抑郁。

能出去走走，自然是好的。虽然，张爱玲一如既往地沉默寡言。她不懂政治，未曾料到，胡兰成会成为自己此生重大的政治污点。如此倒也不算不堪，最令她难言的是，不值得。背负骂名之下，这段感情却未见对她有甚慰藉。

后来，桑弧与龚之方又登门拜访，有意与张爱玲合作，请她为桑弧与当时著名的电影人吴性栽合伙创办的文华影业公司撰写电影剧本。盛情难却，张爱玲虽无剧本写作经验，但仍是应承了下来。

这一年，由于胡兰成的连累，张爱玲几乎没有发表作品，经济状况不大理想。剧本收入，也能解她燃眉之急。并且，胡兰成流亡途中，张爱玲寄给他的钱也有一部分是来自于她的编剧收入。龚之方说："她对胡兰成，真是仁至义尽了。"

运命宽宏。张爱玲与桑弧合作的第一部电影《不了情》（导演桑弧，编剧张爱玲，男主角刘琼，女主角陈燕燕）轰动上海滩，令桑弧声名大噪，张爱玲也以另一种方式重回读者视野。电影《不了情》也成为文华影业公司的创业之作，奠基作品。随后，二人再度联手，推出电影《太太万岁》。

这部电影讲的便是俗世烟火中的喧闹和寂静。不曲折，不离奇，一切焦点皆在当下，皆是日常，皆是平淡，皆是简单。张爱玲在《太太万岁题记》里说，"《太太万岁》里的太太没有一个曲折离奇可歌可泣的身世。她的事迹平淡得像木头的心里涟漪的花纹"。

电影上映期间，各大小报流传出张爱玲与桑弧相恋的绯闻。龚之方却一口咬定，两人之间只有友谊，绝对无私情。也是，张爱玲与桑弧的来往可谓是君子之交，既情深义重，又光明磊落。可是，经龚之方这么一讲，反倒有些欲盖弥彰的意思。

在《小团圆》里，盛九莉与以桑弧为原型的燕山之间，全然不像龚之方说的那么回事。且不说别的，单单盛九莉得知燕山结婚时的那几段描写，彼此心中隐忍潜藏的情愫便昭然若揭。是有一种细水长流的痛漫漶开来。

> 这天他又来了，有点心神不定的绕着圈子踱来踱去。
>
> 九莉笑道："预备什么时候结婚？"
>
> 燕山笑了起来道："已经结了婚了。"
>
> 立刻像是有条河隔在他们中间汤汤流着。
>
> 他脸色也有点变了。他也听见了那河水声。

分明是相爱的，不是么？

其实，龚之方自己曾亲自撮合过张爱玲与桑弧。有一次，他去看张爱玲，闲聊几句便暗示了自己的来意。那时候，张爱玲与胡兰成的恋情虽已沸沸扬扬，但知道两人有过婚约之事的实在寥寥无几。是以，龚之方以为张爱玲与桑弧，郎才女貌，若有结果，也算佳偶天成。

张爱玲听到此事，也并未一口回绝。这大不是张爱玲的作风。她犹豫了。可是又不能答应，她便摇了摇头，又摇了摇头，而后再一次地摇了摇头。只叫龚之方，别再说了，别再说了，别再说了。再说下去，怕是张爱玲要伤心了。她分明知道，李家（桑弧，本名李培林）的人是轻视自己的。

桑弧，年长张爱玲四岁。他是个孤儿，自幼与哥哥姐姐一起长大，性格内向拘谨。长兄如父，长姐如母，桑弧对他们只有敬重和顺从，从不忍心忤逆。从上海华商证券交易所润安字号的学徒考到沪江大学新闻系，这一路对桑弧来讲，已实属不易。原本有个记者梦，只因家人以为这样不够安稳，桑弧便又考到了中国实业银行。

连工作的事情，桑弧都是如此乖顺地听从哥哥姐姐的话，又何况是男婚女嫁这样的人生要事呢。那时候，有胡兰成的事情在前，张爱玲几乎要陷入一种“声名狼藉”的窘境，想要李家的人心无芥蒂地接受张爱玲，怕是不大可能。她也不奢望旁人高看自己。

胡兰成，是二人之间一层没有说破的隔膜。面对张爱玲，桑弧总有不安，他想着那一段沸沸扬扬的过去她大约还未曾放下，生怕自己不经意间表露的一点情谊唐突了她。张爱玲自尊心又强，自知身处于“文化汉奸”的嫌疑中，她亦不愿自己从胡兰成那里蹚过的脏水，轻贱了桑弧。

她与他，终究是无疾而终。

对桑弧，张爱玲大约是有遗憾的吧。在《小团圆》里，连同盛九莉自己在内的每个人都被张爱玲剥皮拆骨，一字一句毫不留情。唯独燕山不是，他青衫磊落，他温润如玉，他谨慈慎善。他们，还未开始，就已结束。当真是，“相濡以沫，不若相忘于江湖”。

她说：

雨声潺潺，像住在溪边。
宁愿天天下雨，以为你是因为下雨不来。

29 | 流言

日子过得真快——尤其对于中年以后的人，十年八年都好像是指缝间的事。可是对于年青人，三年五载就可以是一生一世。

——张爱玲，《半生缘》

1946年，张爱玲遇到太多事情。

恋情告急。
名誉受损。
写作幽滞。

好在否极泰来，电影剧本成功之后，她又得知母亲即将归来。自1939年，黄素琼与美国男友出国去往新加坡做皮草生意后，由于战乱一度失联。今次，黄素琼归来，才知道她在男友死于炮火之后又辗转去了印度，还做过当时与甘地积极推动印度独立的尼赫鲁（印度独立之后首任总理）姐姐的秘书。谋生不易。

此番，黄素琼归来，令张爱玲百感交集。据张子静回忆，“我母亲回国那天，我表哥陪我姑姑及我姐姐去码头接船。表哥看到我母亲走下船，戴着墨镜，很瘦，形容憔悴……我姐姐在一旁不作声，只是眼眶红了。那天我母亲带回数十个箱子，里面大多是皮件”。

1947 年 6 月，张爱玲写信与胡兰成诀别之后就与姑姑张茂渊一起搬离了爱丁顿公寓，移居至梅龙镇巷弄内的重华公寓二楼 21 号。她们姑侄二人向来清寡避世。张子静说，“那幢公寓外观不如爱丁顿雄伟，室内也小得多。显见姑姑与她（张爱玲）的经济状况不如以往了”。

黄素琼回国之后，依然与张爱玲、张茂渊姑侄同住。另一头，张志沂与孙用蕃夫妇已十分潦倒，住进了一间 14 平方米的小屋（今江苏路 285 弄 28 号）。孙用蕃嫁给张志沂的时候，张家还有 19 处不动产，事到如今却已是这样一般寒苦的模样。

张子静曾劝说母亲留在上海定居，找一处房子与张爱玲同住，以后他回上海也可有个安身之处。不料，黄素琼十分淡漠地说，“上海的环境太肮脏，我住不惯，还是国外环境比较干净，不打算回来定居了”。而张子静，最终也在这间陋室，度过了自己的一生。

1947年，张爱玲也开始重新发表作品。彼时，龚之方创办了杂志《大家》。张爱玲先后发表小说《华丽缘》《多少恨》（以电影《不了情》剧本改编）。只可惜，《大家》杂志出版三期，便夭折。不过，这并不是龚之方与张爱玲在出版方面的第一次合作。

虽然前一年张爱玲几乎没有文字作品面世，但是她仍然做了一些事，譬如，11月她推出了《传奇》增订版。出版方是上海山河图书公司。出版公司的老板便是龚之方。合伙人另外还有在小报界被称为“江南第一支笔”的唐云旌。张爱玲增订再版《传奇》的主要目的是澄清自己“文化汉奸”的传闻。

她在序言里说：

我自己从来没想到需要辩白，但最近一年来常常被人议论到，似乎被列为文化汉奸之一，自己也弄得莫名其妙。我所写的文章从来不涉及政治，也没有拿过任何津贴。想想看我唯一的嫌疑要么就是所谓‘大东亚文学者大会’第三届曾经叫我参加，报上登出的名单内有我；虽然我写了辞函去，（那封信我还记得，因为很短，仅只是‘承聘为第三届大东亚文学者大会代表，谨辞。张爱玲谨上。’）报上仍旧没有把名字去掉。

至于还有许多无稽的谩骂，甚而涉及我的私生活，可以辩驳之点本来非常多。而且即便有这种事实，也还牵涉不到我是否有汉奸嫌疑的问题；何况私人的事本来用不着向大众剖白……但一直这样沉默着，始终没有阐明我的地位，给社会上一个错误的印象，我也觉得对不起关心我的前途的人。所以在小说集重印的时候写了这样一段作为序。

1948 年年底，黄素琼再度出国，此次分别便是永诀，她再未回来。母亲离开之后，张爱玲与姑姑张茂渊从重华公寓搬至帕克路（今黄河路）的卡尔登公寓 301 室，两人各有独立的套间。也是在这里，张爱玲创作了自己平生的第一部长篇小说《十八春》。

1949 年 5 月 27 日，上海解放。资深文艺匠人夏衍开始主持上海的文艺工作。是年，6 月，为整顿上海小报捕风捉影的风气，夏衍找到龚之方和在小报界颇具影响力的唐云旌，让二人组织成立一个严谨积极的小报班底。是以，有了《亦报》。

此时，龚之方便再次向张爱玲约稿。由于“文化汉奸”的嫌疑，张爱玲仍身处风口浪尖，为谨慎起见，张爱玲坚持使用笔名写作，取名“梁京”。1950 年 1 月，张爱玲开始在《亦报》连载长篇小说《十八春》。连载不久，便受到夏衍的注意。

龚之方回忆，“《十八春》连载之后，有一天夏衍把我找去，问我‘梁京’这个作者的背景。我只好告诉夏衍，‘梁京’就是张爱玲。他听了很高兴，说这是个值得重视的人才”。1951 年 7 月 24 日，上海召开了第一届文艺代表大会，夏衍担任主席，张爱玲应邀赴约。

是年，8 月，夏衍出任新成立的“上海人民艺术剧院”首任院长，后又创立“上海电影剧本创作所”兼任所长，副所长正是张爱玲的至交柯灵。彼时，夏衍看重张爱玲，有意邀之担任创作所的编剧，却因为张爱玲的“政治污点”遭到部分人的反对。

人言可畏。流言之毒，对张爱玲来讲，是一点一点细碎又缓慢的折磨。岁月流沙，烟火与共。张爱玲想要的生活始终都是一种山水不欠的干脆利落。不想，事到如今，她所有的快乐都被流言一点一点剥夺。日子不再澄亮，张爱玲对上海日渐失望。

1951 年，张爱玲仍以“梁京”为笔名在《亦报》连载了中篇小说《小艾》，并出版了长篇小说《十八春》的单行本，广受读者欢迎。据说，曾有读者因为经历与顾曼桢相似，读到《十八春》后各种酸楚感同身受，便打听到了“梁京”的住处，痛哭流涕。然而，此时张爱玲作了一个改变一生的决定。

她要华丽转身，离开上海。

1952 年 7 月，张爱玲以向香港大学申请复学获准的名义，离开了上海。彼时，张爱玲也不知道，此去竟是永诀。张爱玲离开的时候，没有通知旁人，甚至还与姑姑约定不相通信。她终是将自己逼迫成一个遗世独立的女子。

得知姐姐离开却未能见上一面，张子静伤心欲绝。他说，“我走下楼，忍不住哭了起来”。张子静知道，至此，张家是彻彻底底的破碎离散了。登上驶往香港邮轮的那一刻，张爱玲仿佛真切地听到了顾曼桢对沈世均说的那一句：“我们回不去了”。

就像韦应物写的：

今朝此为别，
何处还相遇？
世事波上舟，
沿洄安得住。

身后往事累累，如风啸聚。
眼前流年如水，永不复回。

30 丨沉香

要做的事情总找得出时间和机会；不要做的事情总找得出借口。

——张爱玲，《张爱玲私语录》

再回香港，已过十年。

香港这座城，繁华如旧、喧嚣如旧、迷离如旧。十年之前，她是美玉无瑕；十年之后，她已洗尽铅华。人生好像一部小说，她不经意间埋下的伏笔，历经了漫长的孤寂与忍耐，终有柳暗花明、两相映照的时刻。岁月沉浮，张爱玲浪里前行，日渐脱离了孤注一掷的坚决。

1952年，张爱玲抵达香港，随身积蓄不多，便住进了香港基督教女青年会。在这里，是不用支付住宿费用的。她开始知道懂得为生活之琐细谋划、打算，自己给自己周全。“岁月静好，现世安稳”，从来不能指望旁人。这一年，张爱玲三十二岁。

后来，美国驻港总领事馆新闻处（简称“美新处”）招募翻译，张爱玲顺利受聘。她需要一份工作缓解眼下的经济压力。她的工作是将西方文学名著翻译成中文，这对英文水准很高的张爱玲来讲，不是难事，也算不上辛苦。只是，张爱玲的兴趣似乎不大。

期间，张爱玲翻译过欧内斯特·海明威的《老人与海》、玛乔丽·劳林斯的《鹿苑长春》、华盛顿·欧文的《睡谷骑士》以及马克·范·道伦编辑的《爱默森选集》等作品。张爱玲进行翻译工作的时候，也受美新处委托，开始用英文写作长篇小说《秧歌》。

关于翻译的工作，她后来说，“我逼着自己译爱默森，实在是没办法。即使是关于牙医的书，我也会照样硬着头皮去做的”。还有一次，她向宋淇、邝文美夫妇诉苦道，“译华盛顿·欧文的小说，好像同自己不喜欢的人说话，无可奈何地，逃又逃不掉”。

不久，张爱玲来港的消息不胫而走。虽然在上海的时候，张爱玲昔日荣光日渐式微，但是在香港，她依然拥趸不少。因此，时常有人慕名来访，令她十分困扰。好在此时张爱玲结识了治家之余也用笔名为美国新闻处做翻译的邝文美。晤谈之下一见如故，终成莫逆。

邝文美，香港作家、翻译家，笔名有“方馨”“章明”等。毕业于上海圣约翰大学文学系，与张爱玲相识之时在美新处工作，以“方馨”一名，翻译文学作品。丈夫宋淇，笔名林以亮，浙江吴兴人，1940 年毕业于燕京大学西语系，1949 年移居香港，专任香港中文大学翻译研究中心主任。

在宋淇、邝文美夫妇的帮助下，张爱玲搬到了一处距离宋家不远的公寓。公寓虽十分狭小、简陋，却安静。浮世喧嚣，难得安静。再没有什么比安静更宝贵的了。能有一个安静的下午阅读，一个安静的夜晚写作，一个安静的黎明散步，对她来说，已然足够。

她要的，越来越少。

人生兜兜转转，又绕回原地。跋山涉水，千回百转，每一次的相遇都是重逢。十年前，她在香港，有炎樱和战乱；十年后，她在香港，有文美和安宁。结识邝文美，几乎是张爱玲此生最美的际遇。还有什么比遇见一个懂得自己的人，更值得欣悦的呢？

她对邝文美说：“只要这样，同你在一个城市，要见面的时候可以见面——即使忙得不能常常见面也不要紧——我就放心了。我真怕将来到了别的地方，再也找不到一个谈得来的人……可是自从认识你，知道这世界上的确有人可以懂得我的每一方面，我现在反而开始害怕。”

在邝文美的面前，张爱玲只觉一切言语皆是虚妄。张爱玲的每一丝情绪，喜悦的、伤感的、焦虑的、无奈的，邝文美都懂。在陌生人面前，张爱玲是拘谨的，甚至会沉默寡言，看上去是那样冷傲艰涩的女子。可是，遇到知音，她便摇身一变，可以妙语连珠，可以谈笑风生，可以飞觥献斝。

彼时，炎樱去了日本，张爱玲也曾去了一趟日本找她。当时，张爱玲已动了赴美的念头，她以为在炎樱的帮助下从日本到美国或许更便捷有效。在没有遇见邝文美的时候，炎樱几乎是张爱玲最重要的友人，也是她青春岁月的见证。无奈时岁迁变，两人终究是失了年少时候对彼此的热忱。

其实，在炎樱心里未必不喜爱张爱玲，只是张爱玲敏感又犀利。去日本寻炎樱之时，张爱玲的生活处于低潮期，炎樱任何一点不经意的冷漠都令张爱玲如鲠在喉。这是她天性中带来的怀疑。更何况是而今已亲历过胡兰成背叛的自己。三个月后，张爱玲未能如愿从日本赴美，怅然而归。

恰逢美国政府在 20 世纪 50 年代到 60 年代初，实施了一系列的难民法。其中，1953 年颁布的《难民救济法》规定，在三年内发放 20.5 万签证给难民以及美国公民、侨民的亲属；在这项法令中为来自亚洲国家的难民设立了 3000 个名额，并专为华人设立名额 2000 个，但所持护照必须由国民党“政府”或其授权的机构颁发，同时华人还可以利用远东地区的名额。

得知此消息后，张爱玲立刻提出了申请。只是该法令还规定申请者需要有一个美国公民做担保人，因此，张爱玲便请她所工作的美新处负责人理查德·麦卡锡为自己做了担保。

彼时，夏衍曾托人带了一封信给张爱玲，心中对张爱玲的离开表示遗憾，他希望张爱玲能回上海，若是不愿意，留在香港也好。这封信给张爱玲些许安慰，却已于事无补。上海之于张爱玲，恰如她与胡兰成的恋情，欢喜、心酸融杂共生，每一次回首都仿佛重又历尽一生。

最好的眷恋，是心相望、身相忘。

1953年，张志沂在上海病逝，死在那间14平方米的小房子里。这一生，他也算好命。家产败光不久，他便撒手走了，也没有受太多的罪。只是遗憾，他临死之前也未能再见到自己唯一的女儿。重重往事盈盈在目，念及此，不知张志沂心中是否闪过片刻的悔不当初。

在张爱玲的赴美申请被批准之前，张爱玲的第一部英文长篇小说《秧歌》在美新处的帮助下，顺利在美国出版，受到《纽约时报》《星期六文学评论》《时代周刊》《先驱论坛报》等主流媒体的关注，先后都发表了关于《秧歌》的好评文章，只是销量远不如张爱玲昔日作品炙热，不免令人黯然。

随后，张爱玲又在美新处的委托下创作了长篇小说《赤地之恋》（后被翻译成英文）。1954年，《秧歌》被翻译成中文后，两部小说曾于《今日世界》杂志连载。由于这两部作品都是在美新处给定的框架内（包括小说的主旨和故事的走向）创作，因此，张爱玲写得并不满意。

她对邝文美说，“1943年《传奇》出版——第一本书‘快乐得简直可以飞上天’。《秧歌》永远不能比——虽然当日出书易（没有人写，谁都能出），现在难”。

对于《赤地之恋》，她说得更是直接。她讲：“写《赤地之恋》真怨。Outline（大纲）公式化——好像拼命替一个又老又难看的妇人打扮——要掩掉她脸上的皱纹，吃力不讨好。一样替人化妆，为什么不让我找个年轻的美女做对象？”

有一次，著名影星李丽华来找。李丽华是越剧名伶李桂芳之女，代表作《假凤虚凰》与张爱玲的《不了情》《太太万岁》同是文华影业公司出品。1948年来到香港发展。彼时，李丽华创立了丽华影业公司，打算自资拍片，因此慕名来找张爱玲创作剧本。

只是遗憾，当时的张爱玲把全部心思都放在《赤地之恋》的写作上，又在申请移民，委实腾不出时间来写剧本。与李丽华也只能在宋家匆匆一见，未能成事。不过，两人后来在纽约仍有着相聚的时刻。

在香港，张爱玲驻留了三年。赴美申请被批准之后，她只带最简单的行李，远渡太平洋。人生理应一切从简，所有繁华皆是云烟，返璞归真的寂静才是人生的终局。行李当中，有一本家族相册，是离开上海时姑姑托付给她的。这本相册，也成为她对自己前尘往事最好的总结和忆念。

1955 年，秋。

张爱玲离港赴美。

登上驶往美国的“克利夫兰总统号”邮轮的时候，身后只有宋淇、邝文美夫妇相送。彼时情形，虽说不上寂寥，但想来也颇伤感。这一走，张爱玲不知自己有生之年是否还能归来，也不知与宋淇、邝文美再见是何年何月了。清坚决绝的表象之下，定然是有几分难舍的。

1955 年 10 月 25 日。邮轮驻留日本，张爱玲给邝文美写信说：“直到你们一转背走了的时候，才突然好像轰然一声天塌了下来一样……喉咙堵住了，眼泪流个不停……认识你以来，你的友情是我的生活的 core（核心）。我绝对没有那样的妄想，以为还会结交到像你这样的朋友，无论走到天涯海角也再没有这样的人。”

就这样，不断告别。
似浮萍，她总飘零。
就这样，不断出发。
似秋风，她总孤清。

就这样，半生已过。
似落日，心终寂静。

倾谈七 | 岁月是不悔人生

31 | 陌上

有许多小事情，其实没有什么，搁在心上难过，说出来就好了。

——张爱玲，《张爱玲私语录》

纽约。

这座城市，就像白先勇在《纽约客》中写的：“纽约是一个道道地地的移民大都会，全世界各色人等都汇聚于此，羼杂在这个人种大熔炉内，很容易便消失了自我，因为纽约是一个无限大、无限深，是一个太上无情的大千世界，个人的悲欢离合，飘浮其中，如沧海一粟，翻转便被淹没了。”

1955 年，张爱玲从旧金山入境美国。下船之后，她便坐火车到了纽约。在纽约，张爱玲是无根的飘萍。往昔的盛名开始藏匿，往昔的惆怅开始风化，往昔的不确定与不相信也从这里开始归零。她两袖清风地站在纽约繁华之下，开始自己比烟花寂寞的下半生。

她知道，在这里——可能会窘困，必定要孤独，无疑有空虚。她一早就预料到了。只是，这一切都不重要，她需要一份安静和自由，需要一个没有噪杂、脱离政治的创作环境，需要一种如在旷野来去洒然的磊落生活。——说什么过往，骷髅的磷光。

胡兰成曾说，“爱玲是美貌佳人红灯坐，而你如映在她窗纸上的梅花”。“你”说的是炎樱。是连炎樱，胡兰成也不想放过。无奈炎樱心有分寸，对他置之不理。说起来，在遇到邝文美之前，炎樱待张爱玲实算最真心的一个人。

炎樱交际甚广，友朋甚多。或许是因为这样的缘故，张爱玲渐渐失去了一点“争宠”的耐心，方在日后与之淡了来往。因为在乎，张爱玲在炎樱的身上，显得有些较真。她是恨不能自己与亲近之人的每一段关系都了无瑕疵，可是谈何容易呢？

在张爱玲抵达纽约之前，炎樱也离开日本到了美国。以炎樱活泼讨喜的性格，无论在香港、上海，还是纽约，都能如鱼得水。在张爱玲抵达纽约之后，是炎樱帮她找的住处。住在一所由纽约救世军办的职业女子宿舍。虽然宿舍条件简陋，但是张爱玲并不介意。

对住的地方，她向来不大讲究。

安顿之后，张爱玲便想了却心中一桩夙愿——拜访胡适。胡适半生游历，宦海浮沉，终是对政治彻底失去了兴趣。彼时，胡适摆脱时局之困，寄居美国，受聘为普林斯顿大学葛思德东亚图书馆馆长。在来美国之前，张爱玲出版《秧歌》之时，曾寄书赠予胡适，建立了联络。

其实，早在胡适的父亲一辈，便已与张家有来往。据说，张爱玲的祖父张佩纶曾经帮过胡适的父亲胡传一个小忙，具体何事已无从考据。到胡适一辈，他也与黄素琼、张茂渊相识。张爱玲在《忆胡适之》一文讲，他们三人还曾同桌打过牌，也算缘深。

对胡适，张爱玲自幼心中便存有一份崇敬。少年时候，张家有《胡适文存》，父亲很是钟爱。后来，又被姑姑拿走，迟迟不还。向来不屑舞文弄墨的张茂渊也是真且钦佩胡适，方才有这一份“窃书”的心意。张爱玲是研读过《胡适文存》的。

看到胡适考证、推荐了《醒世姻缘》《海上花》，张爱玲又去读这两部书。当年，香港保卫战期间，张爱玲当防空员，驻扎在冯平山图书馆内。彼时，她发现了一部《醒世姻缘》，爱不释手，忍不住一连几日都在阅读，为之着迷到几乎不舍得抬头的地步。

忆及当时，她说，“房顶上装着高射炮，成为轰炸目标，一颗颗炸弹轰然落下来，越落越近。我只想着：至少等我看完了吧”。后来，张爱玲翻译《海上花》必定也有当时受胡适影响的缘故。

之前，张爱玲的小说《秧歌》出版，她便特地寄赠胡适。令她受宠若惊的是，胡适回信中说，他将《秧歌》仔细阅读了两遍，对待这部书态度十分认真、严谨，还贴心地为她作了圈点和眉批。对张爱玲的写作水准，胡适也是爱赞有加，甚至要向张爱玲索要她昔日的著作。

1955 年 11 月，初至纽约，张爱玲便在炎樱的陪伴之下去拜见了胡适。张爱玲说，“那条街上一排白色水泥方块房子，门洞里现出楼梯，完全是港式公寓房子，那天下午晒着太阳，我都有恍惚起来，仿佛还在香港”。胡适家中陈设简单，却有一片优雅和古意。

胡适身穿长袍，十分慈蔼。妻子江东秀也十分端丽。江东秀讲话的安徽口音令张爱玲倍感亲切，胡适也是安徽人。张爱玲说过，她的母语，是被北方话和安徽话的影响冲淡了的南京话。张爱玲的祖上李鸿章便是安徽人。她与胡适夫妇也算是半个同乡。

在胡适面前，江东秀始终有一种谦逊的生涩。用张爱玲的话说，“我想她也许有些地方永远是适之先生的学生，使我立刻想起读到的关于他们是旧时婚姻罕有的幸福的例子”。胡适与江东秀之间说来话长，是另外的故事了。只是，看着胡适夫妇伉俪情深的情状，不知张爱玲干涸的心中是否重又有过刹那的盼望。

之后，张爱玲曾单独去看过胡适一次。在胡适的书房里，两人晤对清谈。书房，对于一个作家来讲，简直就是内心世界的一个侧影。胡适的书房简洁之中见恢宏，恰如胡适本身。张爱玲说，“跟适之先生谈，我确是如对神明。较具体的说，是像写东西的时候停下来望着窗外一片空白的天，只想较近真实”。令她受益匪浅。

在纽约，张爱玲与胡适一共会面三次。最后一次，是胡适来看张爱玲。由于当时住在救世军的职业女子宿舍，条件简陋，胡适屈尊来看，令张爱玲颇是惶恐。可是，胡适满口说好，言语之间，只有关切，没有敷衍。离别的时候，他们在大门外的台阶上迎风说话。

张爱玲记得，那日的天气很冷，胡适裹着围巾将脖子缩在半旧的黑色大衣里，背影看上去十分宽厚，看过去好似一座铜像。又有大风从赫贞江（今纽约的哈德逊河）吹来，周身物事一派萧索。可胡适却望着河面上氤氲的雾气，笑眯眯地看怔住了。

1955 年，感恩节。胡适顾念张爱玲只身异乡，曾有意邀请她共餐。不承想，那一日张爱玲吃坏了肚子。回到宿舍便呕吐不止。终是未能应胡适之邀赴约。这件事对张爱玲来讲，是莫大的遗憾。不承想，如此一来，她此生竟再无机会与胡适相见。

一个是昨日一呼百应的文化领袖。
一个是昔时名噪一时的旷世才女。

就这样无声相遇又告别。
来不及说一声珍重再见。

几年之后，胡适去了台湾，并死在那里。昔日，她对胡适说想要翻译《海上花》，可是，终于等她翻译之时，他却是已不在。一生面临多少回离别与死亡，便是经历多少次涅槃与重生。北岛说，纽约的日出，如同着火，“高楼大厦燃烧，千百块玻璃呈血红色，黑鸟盘旋，好像一幅末日景象”。

不知，她在纽约，可有末世之感？

32 | 远方

我要你知道，这世界上有一个人是永远等着你的，不管是什么时候，不管在什么地方，反正你知道，总有这么个人。

——张爱玲，《半生缘》

1956年，她离开纽约。

这一年，对张爱玲来说，是迷惘与欣悦交织的一年。彼时，张爱玲尚未觅得一个安静的住处，写作上有些力不从心，生活过得并不顺遂。因此，2月，她向位于新罕布什尔州彼得堡市的爱德华·麦克道威尔文艺营提出申请，很快获得批准。

爱德华·麦克道威尔文艺营，始建于1907年，由美国著名音乐家爱德华·亚历山大·麦克道威尔与他的夫人玛丽安·格里斯沃德·内文斯在新罕布什尔州彼得堡市一同创建，专门提供艺术家到此进修创作。1908 年，爱德华病逝之后，夫人玛丽安继续经营此处。

当年，与麦克道威尔夫妇相交甚广的艺术家们仍然把此处当成他们的活动中心，聚集此处进行艺术创作。据说，美国作曲家艾伦·柯普兰那首举世闻名的芭蕾舞曲《阿帕拉契亚之春》的部分内容便是在爱德华·麦克道威尔文艺营创作完成的。

1956 年 3 月，张爱玲来到彼得堡。

彼时，天很冻人，一路长达七八个小时的颠簸令张爱玲十分疲惫。那日，天光晦涩，寒风袭人。路旁只见干枯大树耸立，汽车一路啸行，碾过满地残雪，有一种莫可名状的逼人的肃穆，令人惶惑。直到看见远处的山顶别墅，一点一点昏默的灯光漫漶而来，张爱玲知道，目的地到了。

在这遥远异乡，张爱玲终于找到一个可以写作的安身之所。此处，没有从前，没有以后，只有当下的苍茫与孤独。她知道，自己已无退路，只能依赖一支笔，为自己赢得更广袤的自由。只是，她不晓得，在这里她会遇见今生久未相逢的静好与安稳。

由于文艺营旨在为艺术家们提供一个良好创作环境，在文艺营里艺术家们须得以创作为重点。因此，有个规矩——共进早餐之后，艺术家们要回到各自的工作间专心创作，午餐则由专人放在各自的工作间门口，下午四点以后方能自由交流。

一个寻常的傍晚，他们相遇。

这一天是1956年3月13日。

他叫，费迪南·赖雅。

有时候，一段关系的未来和终局从一开始就有征兆。譬如，张爱玲与胡兰成，相识之时便是做戏一般地一唱三叹，跌宕婉转。最后，也果然是迂回之中离散。张爱玲与赖雅的相遇便有一种与世无争的平缓从容，是真正有一种静好与安稳在里头，彼此一颗心都是干净又澄明。

那日，别墅大厅里，人影晃动，声音嘈杂。有西式糕点和鸡尾酒的连绵缱绻之香，有文学与艺术的交织共生之美。然后，一个东方佳人，一个西洋绅士，他们穿过人群四目相对。不过，这一刹那也是蜻蜓点水一般，倏忽而过。谈不上一见钟情，但他们记住了彼此。

似乎，张爱玲是有些恋父情结的。她自己也说过这样的话——“我一向是对于年纪大一点的人感到亲切，对于和自己差不多岁数的人有点看不起。”说不定，这是她与胡兰成能成就一段往事却与柯灵擦肩的缘故之一也未可知。

次日，两人再相见，也便有了说话的由头。这一说，竟说了许久。她觉得赖雅这个老头很是风趣可爱。自幼，不曾体尝父亲的顾爱，内心终有缺失。是位女子，她也想遇得良人，能有不俗的气质、深厚的阅历、宽大的臂膀。赖雅博学、幽默、乐观、有涵养，用张爱玲的话说是“饱藏强烈能量”。

怎么看，他都是不错的选择。

费迪南・赖雅，1891 年出生于美国费城的一个德国移民家庭。年长张爱玲二十九岁。少有文名。1908 年，考入宾夕法尼亚大学，就读于文学专业。1912 年秋，又考入哈佛大学攻读硕士学位。两年后毕业，又曾任教于麻省理工大学。后辞职，成为一名自由撰稿人。

赖雅学识渊博，口才出众，在人群里总是光彩照人。为人又洒脱、豪爽，交识了不少文人名士。包括著名诗人华莱士・史蒂文斯、著名作家詹姆斯・乔伊斯、诺贝尔文学奖获得者辛克莱・刘易斯以及戏剧界巨擘贝尔托・布莱希特等都是他的好友。1916 年至 1920 年，是他的创作高潮期，在美国报刊发表作品甚多。

1917 年 7 月，他与美国著名女权运动家瑞贝卡・赫维奇结婚。那时，赖雅年轻，崇尚自由，放浪不羁。瑞贝卡也为自己的女权事业东奔西走。两人聚少离多，诞下女儿菲丝不久，便协议离婚。离婚之后，赖雅四处旅行，一边走，一边写，足迹遍及法国、德国、英国、土耳其等地。

1931 年 8 月，赖雅受好友好莱坞著名怪才导演约翰·休斯顿之邀开始为好莱坞撰写剧本。这一写就写了十二年。虽然业界对赖雅的剧本十分认可，但是赖雅生性活跃，即使在做了 12 年的编剧一行，也不够专注。在他的编剧和写作生涯里，不乏佳作，却未能给他带来如期的盛名。

1943 年，赖雅遭遇意外，摔断了腿，又曾轻度中风，自此，身体愈来愈差，事业也急转直下。1954 年，他第二次中风。年轻时，不吝钱财，又深信马克思主义，救济过不少人。此时，赖雅已过六十岁，生活却大不如前，颇有些落魄潦倒的意味，令人唏嘘。

1955 年，他申请到去麦克道威尔文艺营写作的机会。不承想，在这里他会遇见孤身一人的绝代才女张爱玲，陪伴他走完余生。东方女性之美，在西洋男子眼中，总是别有韵味，仿佛穷尽一生也探究不尽。张爱玲，在赖雅的眼中亦似一个谜。

两月时间，二人感情渐深，形似伴侣。只是不久，赖雅在文艺营的时间期限已到。是年，5 月 14 日，赖雅离开，去纽约州北部的耶多文艺营。临别时分，张爱玲心中伤感。有些话她可以说，比如喜欢、比如爱；有些话她却开不了口，比如不要走、比如留下来。张爱玲骨子里的那一种硬气，令她一再疏于柔婉。

好在，老天不忍让他们分离。

是年，7 月。张爱玲发现自己怀孕。这件事对于张爱玲来讲，许是毕生最大的考验。她从来不擅打理生活，照顾自己这件事她始终没有办法做好。她总是能够出其不意地毁掉生活琐细当中所有的井然有序。因此，无论她去哪里，她总尽可能带最少的行李。

对待孩子，她简直手足无措。不得已，她只能将此事写信告知赖雅，寻求帮助。赖雅回信，劝说张爱玲堕胎。只是，张爱玲尚未收到回信，便已心急如焚，去找赖雅。在怀孕这件事上，后人非议众多，有人讲说是张爱玲有意为之，欲以此利用赖雅帮她安定美国。

当日的赖雅已不是从前。用张爱玲的话说，是“穷途潦倒……而且年纪比我大得多，似乎比我更没有前途”。若说利用，如果存心作为，以她的敏锐和机智，大可以选择一个条件更为出色的美籍男子。但是，张爱玲并没有这样做。

甚至，赖雅离开文艺营的时候，张爱玲见他贫苦，担忧他日后生活，还拿出自己所剩不多的积蓄赠予赖雅。与赖雅交往，张爱玲未必没有私心，但“利用”一说实是唐突。见到赖雅之后，二人商议，打掉了孩子。倒是在堕胎这件事情上，张爱玲显得自私无疑。

她不喜欢孩子，也从未想过要当一个母亲。连自己都照顾得一塌糊涂，她凭什么能照顾好一个嗷嗷待哺的婴儿呢。连张爱玲自己都说在生活上她是“低能”的。更何况，当时她和赖雅的经济状况皆不理想。终究，她是葬送了自己此生唯一一次成为母亲的机会。

彼时，赖雅已从耶多文艺营搬至萨拉托卡泉镇的一家旅馆暂住。见到张爱玲来，赖雅喜出望外。因为怀孕的事情，张爱玲忧心忡忡，赖雅却不以之为困扰。在堕胎这件事情上，二人达成一致，赖雅便迅速向张爱玲求婚。赖雅是个尊奉享乐主义的人，任何困阻都无法妨碍赖雅对生活的热爱。

1956年8月，张爱玲嫁给赖雅。婚后，二人日子虽清贫，却充实。8月19日，张爱玲在写给邝文美的信中说，“这婚姻说不上明智，但充满热情……我很快乐和满意”。还有什么能比赖雅带给她快乐更重要的事情呢？当下，也只有他能给予她安心。

她年轻时候一心执迷的情感大戏，胡兰成也算演绎得颇见“功底”。那一段感情，热烈过、冷漠过，欢愉过、伤痛过，热烈过、流散过，已然足够。如果说与胡兰成的感情，张爱玲竭力演绎的成分居多，那么与赖雅，张爱玲理应算是用心经营了。

是年，10月。赖雅重回麦克道威尔文艺营后再次中风，张爱玲悉心照料他的日常起居。在这件她最不擅长的事情上，张爱玲付出着史无前例的努力。对于爱，她已然过了热烈的年纪。认识赖雅的时候，张爱玲已经三十六岁。而今，她是当真需要一份静好与安稳，需要过一段平实的日子。

正道是：

凄凄复凄凄，
嫁娶不须啼。
愿得一心人，
白头不相离。

33 | 苍凉

生与死的别离，都是大事，不由我们支配的。比起外界的力量，我们人是多么小，多么小！可是我们偏要说："我永远和你在一起；我们一生一世都别离开。"——好像我们自己做得了主似的！

——张爱玲，《倾城之恋》

无论有多坎坷，日子总要过下去。

婚后，张爱玲与赖雅的生活仍不宽裕。在美国，张爱玲的写作事业发展得始终不大顺利。期间，张爱玲创作了中篇小说 *Pink Tears*（后译成中文版《怨女》），虽数度修改，但仍未能顺利出版。只发表了中篇小说 *Stale Mates*（后译成中文版《五四遗事》）和散文 *A Return to the Frontier*（后译成中文版《重返边城》）。

那时候，张爱玲的经济来源主要是编剧费用。当时，宋淇已在电影懋业公司做制片。由于张爱玲有创作剧本的成功经验，因此，为了缓解张爱玲的经济压力，宋淇邀请张爱玲为电懋写剧本，支付她最高的创作费用。

从1956年起，张爱玲相继为电懋写了《情场如战场》《人才两得》《六月新娘》《桃花运》《小儿女》《南北一家亲》等多部电影剧本。都是本轻利重的上乘作品，反响很好。其中，《情场如战场》更是打破了当时国语片的卖座纪录。

生活虽然艰涩，但算很安稳。

1957年，英国传来噩耗。张爱玲的母亲黄素琼病危住院。黄素琼病中给张爱玲写信，她对女儿说，“现在就只想再见你一面”。然而，张爱玲未让母亲如愿。看上去，实在有些绝情。其实，也是有缘故可循。张爱玲是爱憎异常分明的人。

昔年，黄素琼一再出国，对子女所尽之责，少之又少。且不论是否如意，弟弟张子静尚有一个家。张爱玲却没有。多年来，不是与姑姑为伴，便是孤自一人。少女心事无处可讲，情中甘苦亦无人可诉。这一切，不恰恰应该就是黄素琼要扮演的角色吗？

但她没有。

张爱玲从不否认自己的私心。当初，被后母陷害遭生父禁闭，逃离出来的时候，黄素琼尚要她考虑清楚，告诉她自己是没有什么钱的。在培养张爱玲成为名媛淑女的路上，母女之间芥蒂渐深。是一点一点地，磨蚀了彼此的爱。

如今，轮到张爱玲选择。

她已为生计所累，日日皆要奔忙，哪里还有时间与金钱飞洋越海，去英国见她呢。自然，有心，一切都不是妨碍。可是，张爱玲没有。她不是不愿成全母亲，实在是因为她的母亲与旁人的不同，远不能给予她足够的情感羁绊作为尽孝的动力。

虽然她未与母亲见最后一面，但是仍有写信、寄钱以聊表慰藉。她对邝文美说，“我没法去，只能多多写信，寄了点钱去，把你于《文学杂志》的关于我的文章都寄了去，希望她看了或者得到一星星安慰。后来她有个朋友来信说她看了很快乐”。她能给母亲的，也只有这一点安慰和快乐了吧。

一个月后，黄素琼去世。

父亲走了，母亲也不在了。虽然他们给予张爱玲的温暖少之又少，但是这个世界上与她最亲的人，终究是所剩无几了。彼时彼刻，说不难过是不可能的。只是那一点伤心，与明日复明日切切实实的生之艰涩来比，终究也是意义不大的了。

1958 年，张爱玲申请到去南加州亨廷顿·哈特福基金会居住了半年。半年之后，她与赖雅搬去了旧金山。1960 年，张爱玲成为美国公民。此时，赖雅的身体已是每况愈下。除了经济方面的压力，张爱玲也一并要照顾赖雅，与此同时，与赖雅的女儿菲丝的来往也令她分心。

她在这种“咬啮性的小烦恼”的困扰之中，身心俱疲。昔日，纵是生活窘困，尚有赖雅成日的笑容调剂，给予她力量。如今，他已日渐颓败成另一副模样。生活重压之下，张爱玲的身体无时无刻不在提醒她，自己正在迅速老去。她决定，要来一次远东之行。

1961 年，张爱玲不顾病中的赖雅反对，执意要走。见证了他们夫妻二人生活的炎樱与菲丝都说，赖雅日益陷入了一种对张爱玲的“痴爱”与依赖当中。张爱玲的突然离开，令赖雅惶恐不已。他是那样恐惧失去她。是年，秋，张爱玲离开美国。

这一趟远行，张爱玲的目的地是台湾和香港。其实，此行她除了想从沉重的生活中抽身舒缓，也是要为以张学良为原型计划创作的长篇小说《少帅》搜集资料和素材。这一次，张爱玲颇有些破釜沉舟的意思，大刀阔斧，很想有所作为。

1961 年 10 月，张爱玲抵达台北。当时，张爱玲在香港美新处的上司理查德·麦卡锡已被调派至台湾美新处，担任处长。由于台北的《现代文学》杂志社的骨干（包括白先勇、刘绍铭、王文兴等人）对张爱玲十分崇敬，意欲邀请她前来观摩，恰好张爱玲与理查德是故识，理查德遂促成此事。

在台北，由于张学良尚被软禁，不谙政治的张爱玲未能如愿搜集到完备的素材，只能悻悻然在当地文学青年的陪同下四处旅行。原本，她计划打算从花莲到台东、屏东，参观当地十分特别的矮人祭，然后到高雄，再回台北。不料，刚到台东火车站，便接到理查德的电话，说赖雅中风昏迷，请她马上回台北。

得知赖雅又一次病倒，张爱玲心急如焚，匆匆赶回台北。抵达台北之后，得知赖雅病情有所稳定，她才略有心安。赖雅一再催促张爱玲回家，无奈张爱玲连回家的机票费用也没有，对台北之行的不完满又心有不甘，最后，她仍执意去了香港，也算是无奈的选择。

在香港，与宋淇、邝文美相见，令张爱玲倍觉心酸。几年过去，她竟一无所成地与挚友重逢，怎能叫她心中不惆怅。很快，宋淇便给张爱玲带来一个将《红楼梦》改编成电影剧本的工作。张爱玲对《红楼梦》情有独钟，这项工作令她喜不自胜。

为了这个剧本，张爱玲在香港驻留长达五个月时间。可是，最终结果却令她失望之极。剧本上交之后，电影公司迟迟没有答复，最后竟不了了之，令张爱玲几个月的写作付诸东流，变得毫无意义。这件事，也一度令张爱玲与宋淇之间产生龃龉。

再没有比写作不被认可更令张爱玲伤心的了。在这世上，一切的不公允张爱玲都可以承受。挫折、苦难、贫穷、疾病，都无法将她击溃。唯独写作不行。美国几年的写作生涯，诸多不顺，常常碰壁，张爱玲咬牙熬过。心想，是他们不解自己作品当中的中华之美。没想到，在香港，她竟遭遇同样的景况。

失意之下，张爱玲结束了行程。

1962 年 3 月 16 日，她飞回美国。此时，赖雅已搬离旧金山，在华盛顿租了新房。张爱玲在香港期间，赖雅将此事写信告知过她，还在信中附上了自己给新家绘制的蓝图。似乎这个新家，令她很是满意。当时，在给赖雅的回信中，她说自己仿佛已看到赖雅坐在壁炉前的模样，像只巨大的玩具熊。

言语之间，尽是温馨。

还好。她还有赖雅，还有一个家。

34 | 余韵

年轻的人想着三十年前的月亮该是铜钱大的一个红黄的湿晕，像朵云轩信笺上落了一滴泪珠，陈旧而迷糊。老年人回忆中的三十年前的月亮是欢愉的，比眼前的大、圆、白；然而隔着三十年的辛苦路望回看，再好的月色也不免带点凄凉。

——张爱玲，《金锁记》

岁月荏苒，世事嶙峋。

她一直在写。

在华盛顿，张爱玲一度依赖变卖母亲去世后留给自己的一箱首饰古董过活。彼时，风烛残年的赖雅，写作方面无大进展，只有每月五十二美元的社会福利金。日子一日比一日窘困。不久得知，香港电懋公司老板陆运涛因飞机失事丧生，宋淇也离开了电懋，张爱玲的生活越发艰辛。

理查德·麦卡锡回到美国之后在美国之音广播电台工作，张爱玲得知消息之后，无奈之下向他求助。理查德介绍张爱玲入电台改编广播剧。这项工作对张爱玲来讲，与昔日的翻译工作无异，有些委屈张爱玲的一支笔。只是，生活重压之下，她能做出的选择寥寥无几。

她先后改编了台湾作家陈纪滢的《荻村传》、苏联作家亚历山大·索尔仁尼琴的《伊凡生命中的一天》等小说作品。理查德一如宋淇，开给张爱玲最高的酬金，帮助她解决了不少急困。

那几年，她辗转于自身的怅惘与赖雅的枯朽之间，身体与精神都处于透支的状态。久病床前无孝子，又何况是这一对忘年夫妻呢。想必，依张爱玲凉薄的性情，对赖雅的拖累也是心中有怨的。张爱玲一度曾想将赖雅托付给他的女儿菲丝，未能如愿。

张爱玲始终处于一个自私却不能彻底的状态。她是，心中常有怨，却总无法恨。一念之间，也还是与赖雅走过了那几年。那几年，对张爱玲来讲，恰如她在《对照记》中说的一般："时间加速，越来越快，越来越快，繁弦急管转入急管哀弦，急景凋年倒已经遥遥在望。"

1966年，张爱玲四十六岁。大洋彼岸，忽然掀起一阵"张爱玲热”。对于张爱玲来讲，这无疑是雪中送炭的一件事。随着作品被皇冠出版社相继出版，她的收入激增，生活大有改善。了解并爱赏张爱玲的人也越来越多。张爱玲暌违多年，终于重回读者视野。

这件事，夏志清无疑是她的贵人。夏志清，原籍江苏吴县（今苏州）。1921 年，生于上海浦东。上海沪江大学英文系毕业。1948 年，考取北大文科留美奖学金，赴美深造。1952 年，获耶鲁大学英文系博士学位。1962 年，应聘为哥伦比亚大学东亚语文系副教授，1969 年，升任为教授。

1961 年，夏志清的英文代表作《中国现代小说史》由耶鲁大学出版社出版。这部书在中国现代文学研究上具有开创性的意义。书中，夏志清对张爱玲倍加推崇，所述篇幅比鲁迅还要多上一倍。他盛赞张爱玲是“今日中国最优秀最重要的作家”，说《金锁记》是“中国从古以来最伟大的中篇小说”，说《秧歌》是“不朽之作”。

奇巧的是，皇冠出版社创始人平鑫涛正是当年与张爱玲闹出稿费纠纷的《万象》老板平襟亚的侄子，也是著名作家琼瑶的丈夫。在平鑫涛的力推之下，张爱玲在台湾出版了《怨女》《秧歌》《流言》《张爱玲短篇小说集》，并改写《十八春》为《半生缘》连载并出版。

1966 年 9 月，由于夏志清好友刘绍铭的推介，张爱玲被迈阿密大学聘为驻校作家，驻校时间约定为七个月。当时，菲丝拒绝张爱玲的委托看护父亲，张爱玲雇请了两名黑人女佣。无奈赖雅已半身不遂，生活全然不能自理，最终，张爱玲放心不下，只能将赖雅也接到迈阿密大学，亲自照料。

1967 年，又在夏志清的斡旋之下，张爱玲离开迈阿密大学之后，成为哈佛大学雷德克里夫女子学院的驻校作家。是年，10 月 8 日，在张爱玲的陪伴下，赖雅走完自己人生的最后一程。对张爱玲，赖雅心中无怨。能有她在人生的晚年慰老温贫，之于赖雅而言，已是莫大的福分。

她对他不离不弃。
他与她生死相依。

赖雅病逝之后，在美国，张爱玲当真是孤自无依。从前是一个人来，现在是一个人过，将来也是要一个人走。赖雅的死对于张爱玲而言，不是一种打击，而是一种击溃。她彻彻底底变成了一个遗世独立的临水照花人。对任何人、任何事，她变得都充满了戒心。

1969 年，夏志清再次伸手援助，张爱玲来到柏克莱加州大学，在学校的中国研究中心任职。薪资待遇皆算不错，又有台湾大规模作品重印的版税，张爱玲的生活变得十分宽裕。然而，此时此刻，这些钱资是姗姗来迟。赖雅走了，那样一个爱财的张爱玲忽然不知今时今日钱有何用。

在加州，张爱玲的职位原本属于夏志清的哥哥夏济安。1965 年，夏济安去世，改有庄信正接替。彼时，庄信正另有他就，因此，夏志清向负责人陈世骧举荐了张爱玲。也是这时候，张爱玲与庄信正相识。在旁人看来，夏志清对张爱玲有恩，想必张爱玲会与之过往从密。

但是，事实并非如此。

此时，张爱玲的性情比早年更为孤僻。与人与事皆保持清醒的距离。不愿靠近旁人，亦不愿有人靠近。哪怕是对夏志清，张爱玲也始终有一种莫名的冷漠和疏离。夏志清不介意，他宽厚、包容、体谅。但是，这不表示每个人对张爱玲都有同等的度量和耐心。

不久之后，张爱玲见罪于陈世骧被解雇。当时，研究中心还有三名留美的研究生与张爱玲一起共事，分别是陈少聪、刘大任和宋楚瑜。宋楚瑜后来成为台湾亲民党主席。说起张爱玲的孤僻，陈少聪也是历历在目。

后来，他在《与张爱玲擦肩而过》一文中说，“她经常目不斜视，有时面朝着墙壁，有时朝地板。只闻窸窸窣窣一阵脚步声，廊里留下似有似无的淡淡粉香”。虽说是写张爱玲孤僻，但是读来却有一种只闻其声不见其人的幽寂之美。想必，陈少聪对张爱玲心中也是崇敬的。

自此以后，她再未工作。

1973年，张爱玲定居洛杉矶。以后的日子，张爱玲的生活全部依靠稿费和版税为生。其时，张爱玲在台湾文坛一如当年她在十里洋场，是首屈一指的作家。“张爱玲”三个字也几乎成为一种文学图腾，令无数读者与出版商争先追捧。可是，谁也不知道，在美国，她离群索居，如世外之人。

她自己也说：

我有时觉得，我是一座孤岛。

35 | 未央

人老了大都是时间的俘虏，被圈禁禁足。它待我还好——当然随时可以撕票。一笑。

——张爱玲，《对照记》

她说：

人生恨事：

（一）海棠无香。

（二）鲥鱼多骨。

（三）曹雪芹《红楼梦》残缺不全。

（四）高鹗妄改——死有余辜。

这是宋淇、邝文美整理张爱玲语录时写下的句子。在《红楼梦魇》中，张爱玲的原话是："有人说过'三大恨事'是'一恨鲥鱼多刺，二恨海棠无香'，第三件不记得了，也许因为我下意识的觉得应当是'三恨《红楼梦》'未完。"

无论如何，张爱玲对《红楼梦》（准确来讲是《红楼梦》前八十回）之痴迷显见无疑。邝文美说，"她嗜书如命，也是个彻头彻尾的'红楼梦迷'，甚至为了不能与曹雪芹生在同一时代——因此不能一睹他的风采或一听他的高论——而出过'怅望千秋一洒泪，萧条异代不同时'的感慨"。

避居的那些年，张爱玲做了三件事：一是写作《小团圆》，二是翻译《海上花》，三是沉迷并研习《红楼梦》。对待《红楼梦》，张爱玲如同一个虔诚的信徒，前后耗费了十年光阴，方得一册《红楼梦魇》。1976年，张爱玲写完《小团圆》。1977年，二十四万字的《红楼梦魇》由台湾皇冠出版社出版。

也不知写《红楼梦魇》的时候，张爱玲是否会忆及十四岁那年写的那篇《摩登红楼梦》。那时候，父亲还在，尚有温柔。父亲还为她拟了六个好正经好雅致的回目。然而，岁月如刀，总是一刀一刀割下去，终是让她的回忆变得鳞伤遍体。

较之于研习《红楼梦》，翻译《海上花》对张爱玲来说，看上去要轻松些。鲁迅说《海上花》是清代"侠邪小说"压卷之作，赞其

“平淡而近自然”。胡适也称其为“吴语文学的第一部杰作”。遗憾的是，那几年张爱玲频繁搬家，导致《海上花》的英译本丢失。不过，这并没有妨碍张爱玲继续推广《海上花》。

后来，她缩写《海上花》，将六十四回原本浓缩至六十回，又把原本当中难懂的吴语方言改写成流畅白话，也做了不少用心的注解。1981 年，张爱玲的国语浓缩本《海上花》在《皇冠》杂志刊发，随后，也出版了单行本。

20 世纪 80 年代，张爱玲的生活几乎与世隔绝。搬家之频繁程度令人咂舌。用她自己给夏志清信中的话说，“我这几年是上午忙着搬家，下午忙着看病，晚上回来常常误了公车”。浮生一梦，几度清欢。张爱玲终是闭锁了心门。深居简出，与世无争。

就像王维写的：

晚年唯静好，
万事不关心。

1983 年。某日，张爱玲又要搬家，先前她总会劳烦庄信正帮忙，今次庄信正已身在纽约，爱莫能助。因此，庄信正便打了一通电话，委托洛杉矶的朋友——建筑师林式同，前去帮忙。彼时，林式同对张爱玲并不熟悉，碍于情面，他不得不帮张爱玲这个忙。

一来二去，林式同与张爱玲友谊渐深。他也成了张爱玲人生最后十余年，联络最为密切的人之一。林式同说，从1984年8月到1988年3月这三年半的时间里，张爱玲大约每周要搬家一次。是何缘故呢？张爱玲总说所到之处总有虱子，令她难受。

虱子大约也是有的，只是，每周搬家一次，也仍然未能寻到一个令张爱玲觉得没有虱子的合适之处，甚至每个月都要花掉两百美元专门购买杀虫剂。听上去，实在不大合理，颇令人费解。或者，她所畏惧的从来只是“虱子”一般的生之琐碎与累赘。

她甚至想过要搬去沙漠。可是，天地无依的孤静又令人煎熬。她执迷的，大概不是哀静如死的荒芜与空荡。她热爱的，是大隐隐于市，是闹中取静的交错与层次。她想要的，是当一个俗世烟火的旁观者，身在其中，心在其外。——她能看得到世人，但世人无法捕捉她。

1991年，张爱玲的姑姑张茂渊去世。她说过这样的话：“一个人死了，可能还活在同他亲近爱他的人的心——等到这些人也死了，就完全没有了。”姑姑去世的消息，是姑父李开第写信告之张爱玲的。那日，她是否曾倚窗落泪，叹山河岁月空惆怅，叹日月韶华已惘然。

1991年7月，张爱玲搬到洛杉矶西木区罗彻斯特大道206号公寓。

房东是伊朗人。在这里，张爱玲用了一个越南名字 Phong，她说同公寓的中国房客太多，怕被发现，引来无聊的麻烦。对房东解释说："因为有许多亲戚想找我借钱，谣言说我发了财。而 Phong 又是我祖母的名字，在中国很普遍，不会引起注意。"在这间公寓里，张爱玲度过自己这一生的最后几年。

是年，7 月，《张爱玲全集》由台湾皇冠出版社出版。包括《秧歌》《赤地之恋》《流言》《倾城之恋》《第一炉香》《半生缘》《张看》《红楼梦魇》《海上花开》《海上花落》《惘然记》《续集》《余韵》《对照记》《爱默森选集》十五种。

1992 年 2 月 17 日，林式同收到一封张爱玲的信。令林式同惶恐的是，信中附上了一纸遗书。张爱玲请林式同作为自己死后的遗嘱执行人。当时，林式同十分不安。他觉得，张爱玲比自己的母亲年轻得多，母亲尚且安好，张爱玲何来此举呢？

之后的两年，林式同因为工作的缘故常常东奔西走，不在洛杉矶。林式同跟张爱玲讲，当他不在的时候，凡事皆可以找他妻子帮忙。但是，张爱玲从未这样做。1993 年，张爱玲生前最后一部作品《对照记》发表。1994 年，张爱玲凭借《对照记》荣获台湾《中国时报》文学奖"特别成就奖"。

为此，张爱玲特地拍了一张照片。照片中，她一身仙气，清癯如鹤。只是左手捏住的报纸上赫然写着："主席金日成昨日猝逝"的字样，令人看得胆颤心惊。种种一切，皆似征兆。她知道，自己的生命将走至尽头。独来独去，独生独死。

1995年9月8日午间，林式同接到张爱玲伊朗房东女儿的电话。她说："你是我知道的唯一认识张爱玲的人，所以我打电话给你，我想张爱玲已经去世了！"一道晴天霹雳，令林式同如梦初醒。当林式同看到张爱玲的那一刻，世界因之暗灭。

他说："张爱玲是躺在房里唯一的一张靠墙的行军床上去世的，身下垫着一床蓝灰色的毯子，没有盖任何东西，头朝着房门，脸向外，眼和嘴都闭着，头发很短，手和腿都很自然地平放着。她的遗容很安详，只是出奇的瘦，保暖的日光灯在房东发现时还亮着。"

1995年9月19日，张爱玲遗体火化。

1995年9月30日，张爱玲骨灰海葬。

这一天，是她七十五周岁的生日。她走了。走得平和从容，走得寂静安然。人生如沧海一粟，热烈时已迈向淡灭，喧嚣时已度入无声，华丽一时转身是苍凉一世。死亡使一切人平等。时至今日，她终于能够阖眼休憩，得自在，得安宁。不管世事洪荒，不管沧溟万里。今生今世，就是这样了。至此，世间再无张爱玲。

无法言说更多了。

如有来生，愿你安好。

附　录 | **与张爱玲有关**

附录 1 | 张爱玲访谈录

苏青张爱玲对谈记

——关于妇女、家庭、婚姻诸问题

主办者：记者

对谈者：苏青 张爱玲

时间：民国三十四年二月廿七日下午

地点：张爱玲女士寓

前言

当前上海文坛上最负盛誉的女作家，无疑是张爱玲和苏青。她们都以自己周围的题材从事写作，也就是说，她们所写的都是她们自己的事。由女人来写女人，自然最适当，尤其可贵的，似乎在她们两位的文章里，都代表当前中国知识妇女的一种看法，一种人生观，就是在她们个人的谈话中，记者也常可以听到她们关于妇女问题的许多的独特的见解，因此记者特约苏张两女士举行对谈，以当前中国的妇女、家庭、婚姻诸问题为对谈题材。对谈的结果非常好，更难得的是她们两位对于记者所问的，都提供了坦白的答案。记者愿意在这里向读者们郑重介绍以下的对谈记录，并向参加对谈的苏张两君表示谢意。

记者：今天预定对谈的是妇女、家庭、婚姻诸问题，承蒙你们两位准时出席，非常感谢。今天对谈的题目范围甚广，我想先从妇女职业问题谈起吧！苏青女士已从家庭妇女变成了职业妇女，同时在苏女士的文章里似乎时常说职业妇女处处吃亏，这样说来，苏女士是不是主张妇女应该回到闺房里去的？

苏青：妇女应不应该就职或是回到家庭去，我不敢作一定论。不过照现在的情形看，职业妇女实在太苦了，万不及家庭妇女那么舒服。在我未出嫁前，做少女的时候，总以为职业妇女是神圣的，待在家庭里是难为情的，便是结婚以后，还以为留在家里是受委屈，家庭的工作并不是向上性的，现在做职业生活比家庭生活更苦，而且现在大多数的职业妇女也并不能完全养活自己，更不用说全家了，仅是贴补家用或个人零用而已，而外界风气也有转变（可以说是退潮的时期），对之并不感到如何神圣而予以尊视，故目下我们只听到职业妇女嫁人而没有听到嫁了人的妇女定愿无故放弃家庭去就职的。这实在是职业妇女最大的悲哀。

记者：所谓职业妇女的痛苦是不是指工作的辛苦？

职业妇女的苦闷

苏青：是呀，工作辛苦是一端，精神上也很痛苦。职业妇女，除了天天出去办公外，还是兼做抱小孩洗尿巾生煤球炉子等家庭工作，不像男人般出去工作了，家里事务都可以交给妻子，因此职业妇女太辛苦了。再者，社会人士对于职业妇女又决不会因为她是女人而加以原谅的，譬如女人去经商，男人们还是要千方百计赚她的钱，抢她的帽子，想来的确很苦痛。还要顾到家庭，确很辛苦。

张爱玲：不过我觉得，社会上人心险恶，那本来是这样的，那是真实。如果因为家庭里的空气甜甜蜜蜜，是一个比较舒适的小天地，所以说家里比社会上好，那不是有点像逃避现实么？

苏青：从感情上讲，在家里受了气，似乎无关紧要，一会儿就恢复了，但在社会上受了气，心里便觉得非常难过，决不会容易忘怀的。

张爱玲：嗳，真的！有一次我看见个阿妈打她小孩，小孩大哭，阿妈说："不许哭！"他抽抽噎噎，渐渐静下来了。母子之间，僵了一会，他慢慢地又忘了刚才那一幕，"姆妈"这样，"姆妈"那样，问长问短起来，闹过一场，感情像经过水洗的一样。骨肉至亲到底是两样的。

苏青：不知怎样，在家里即使吃了亏，似乎可以宽恕，在社会上吃了亏，就记得很牢。

张爱玲：我并不是根据这一点就主张女子应当到社会上去，不应当留在家庭里。我不过是说：如果因为社会上人心坏而不出去做事，似乎是不能接受现实。

记者：你们所谓“人心险恶”，恐怕不过是女性方面的看法。以男性来说，他们是必须要到社会上去的，因为要生活。而女性则不然，因为她们还有一个家庭可以作通逃额，像男人就无法逃回家庭去，女人因为还有家庭可回，所以觉得人心太险恶了。其实社会人心的险恶，向来如此，男性是一向遭遇惯了的。职业妇女的吃亏恐怕还是由于社会轻视女性的见地，但是女性也有占便宜处，像跑单帮女人就处处占便宜。我想请问一句，就是妇女应不应该就职？

苏青：我讲，虽不定是“应该”，但已确定是“需要”的。不过问题是职业妇女除做事外还得兼顾家务，不像男职员的工作那未单纯。家务工作尤其浪费时间，我觉得烧三个人吃的菜比烧一个人的菜，工作并不加重多少，但每一家都各自烧菜，许多妇女的时间精神都浪费在这上面，所以我主张职业妇女的家庭工作应该设法减少，譬如解决管理孩子问题可以组织里弄托儿所，关于洗衣，如有价廉而工作好的洗衣店，那洗衣又何必自己动手呢？同样的，烧饭也不必一定要亲自动手，要吃饭，上公共食堂不就得了？当然，偶然高兴，自己烧一次菜，也不会觉得讨厌。我总觉得家庭里不必浪费而浪费的时间太多了，像上小菜场的讨价还价，以及轧电车等等。假使商店都是划一价钢的，女人就不必跑来跑去去拣，或是到处讨价还价了，岂不爽快。

张爱玲：我觉得现在，妇女职业不是应该不应该的问题了。生活程度涨得这样高，多数的男人都不能够赚到足够的钱养家，妇女要完全回到厨房里去，事实上是不可能的，多少就需要一点副业，贴补家用。

苏青：我所谓职业妇女太苦，综括起来说：第一是必需兼理家庭工作，第二是小孩没有好好的托儿所可托。第三是男人总不大喜欢职业妇女，而偏喜欢会打扮的女人，职业妇女终日辛辛苦苦，结果倒往往把丈夫给专门在打扮上用功夫的女人夺去。这岂不冤哉枉也！

张爱玲：可是你也同我说起过的，常常看到有一种太太，没有脑筋，也没有吸引力，又不讲究打扮。因为自己觉得地位很牢靠，用不着费神去抓住她的丈夫。和这样的女人比起来，还是在外面跑跑的职业女性要可爱一点，和社会上接触得多了，时时刻刻警醒着，对于服饰和待人接物的方法，自然要注意些。不说别的，单是谈话资料也要多些，有兴趣些。

记者：职业妇女也可以考究打扮的呀？

张爱玲：就是太吃力了，又要管家，又要做事，又要打扮。职业妇女同时还要持家，所以，如果她只能做比较轻的工作，赚的钱比男人少，也不能看不起她，说男女没有同等能力，男女平等无望那样的话。比较轻的工作，我的意思是时间比较短的，并非不费力。有些职业，很不吃力，可是必须一天到晚守在那里，那还是妨碍了家庭工作。

苏青：的确，像女佣人的工作时间就是不合理的，像我家的女佣便三年不曾回家过，夫妇之道固然没有，就是她私生活也是没有的。

记者：张小姐家女佣人怎样？

张爱玲：我们的阿妈早上来，下午回去，我们不管她的膳宿，不过她可以买了东西拿到这里来烧。我不很喜欢佣人一天到晚在眼前，吃饭的时候还立在旁边代人盛饭。

苏青：有次我到朋友家里去吃饭，添饭的佣人还是一个小孩，他只对我直视，我真难过极了。

张爱玲：尤其是剩下的菜，如果是给佣人吃的，要时刻注意，多留下一点，吃得很不舒服。

苏青：我听见过一个笑话：有一次一个人吃鱼，一面吃完了，再翻过一面来，立在旁边的仆人眼见鱼不剩了，气急起来，把笔在嘴唇上抹了两撇胡子，主人问他干嘛？他说："你顾自己的嘴巴，不用管别人的嘴了。"

用丈夫的钱是一种快乐

记者：现在一个职业妇女所赚的钱，恐怕只够买些零星东西，或是贴补家用吧？

张爱玲：是的，在现在的情形下，恐怕只能做到这样。

记者：从一个女性来看，是用自己赚来的钱快活呢，还是用别人的钱快活？

苏青：那我要说，还是用别人的钱快活。

记者：为什么呢？

苏青：用母亲或是儿子辛苦赚来的钱固然不见得快活，但用丈夫的钱，便似乎觉得是应该的。因为我们多担任着一种叫作生育的工作。故觉得女子就职业倒决不是因为不该用丈夫的钱，而是丈夫的钱或不够或不肯给她花了，她须另想办法，或向国家要求保护。

张爱玲：用别的人钱，即使是父母的遗产，也不如用自己赚来的钱来得自由自在，良心上非常痛快。可是用丈夫的钱，如果爱他的话，那却是一种快乐，愿意想自己是吃他的饭，穿他的衣服。那是女人的传统的权利，即使女人现在有了职业，还是舍不得放弃的。

苏青：女人有了职业，还有一个好处，就是离婚时或是寡居时，小孩可以有保障，譬如我从小就没有父亲，母亲又没有职业，所以生活不大好，假使母亲当时是职业女性也许就生活得更好。

记者：男子和女子的工作效能有没有差别？

张爱玲：当然，一般女人的程度是比较差的……

苏青：做戏女人可没有差吧！

张爱玲：就连做戏，女人如果生得美，仿佛就使演技差一点，也可以被宽容的吧？这样的例子很多，尤其在银幕上。

苏青：我总不很相信，从前有一位文友对我说，“你们女人总不会拉黄包车呀”，我就回答道：“我是不能够，但是你就能够吗？”

职业女性的威胁——丈夫被别人夺去

记者：我看你们总以为专会打扮的女人是职业妇女的威胁，其实将来风气也许会变，一般人都会重视职业妇女，而专会打扮的女人也许反而不时髦了。

张爱玲：可是男人的天性总不见得变得这样快。

苏青：我看到某刊物上有这样的记载（当然我也并不一定认为可靠，但无论如何总是一种有趣的讽刺），说莫斯科有一次会议里讨论到妇女的打扮问题，结果女的方面不主张打扮，男的方面都举手欢迎打扮。还有一次听到商店里有化妆品出售，虽然理论家大声疾呼，叫女人们千万别轻自堕落，但女工们还是拥挤着去争买，后来闹到红军出来维持秩序才休。

张爱玲：有些女人本来是以爱为职业的。

苏青：她们是专家。普通的职业妇女恐怕竞争不过她们。

记者：专门以“爱”为职业的女子恐怕只是少数人吧？

张爱玲：并不少。

苏青：正当的妇女很辛苦的工作，以爱为职业的女人很容易把她们的丈夫抢了去，这对于兼做社会工作的女人真是太吃亏了。还有卖淫的制度不取消，男人尽可独身而解决性生活，结果会影响到女性方面的结婚问题。

张爱玲：家庭妇女有些只知道打扮的，跟妓女其实也没有什么不同。

苏青：做妓女真是最取巧的职业。犹如以武力来抢取别人用劳力获得的财富。

记者：如何可以消灭这制度呢？

苏青：这是很困难的。

科学育儿法

记者：苏青女士在某一篇文章里曾说过科学育儿法，究竟什么是科学育儿法呢？

苏青：我以为母亲管小孩并不是完全没有害处，倘若小孩生胃肠病，吵着哭，做母亲的，总心软，喂给他吃，可是倘若交给别人，就可以实行科学管理，不给他吃。一般的母亲没有常识，就说我，从小他们就常给我吃豆酥糖，所以现在牙齿弄得很坏，假使能采用科学管理，就不会这样。

母亲的感情

记者：女人常说，男人都不可靠，你们以为怎样？

苏青：我并不存在什么偏见，只不过在一切都不可靠的现社会里，还是金钱和孩子着实一些。

记者：这样说，养孩子是女人比较好的投资了？

苏青：我并不觉得顶好，不过我们宁愿让感情给孩子骗去，而不愿意受别的不相干的人的骗。

被屈抑的快活

记者：苏女士是不是觉得男女一切方面都该完全平等？

苏青：假使女人在职业及经济上与男人太平等了，我恐怕她们将失去被屈抑的快乐，这是有失阴阳互济之道的，譬如说以性心理为例吧，男的勇敢，女的软弱，似乎更可以快活一些，倘若男女一样的勇敢，就兴趣全失的了。我有这样感觉，倘若同男的一块出去，费用叫我会钞，我就觉得很骄傲，可是同时也稍微有些悲哀，因为已经失去被保护的权利了。这并不是女人自己不争气，而是因为男女有天然（生理的）不平等，应该以人为的制度让她占便宜来补足，叫我请客，便有不当我是女人的悲哀。假如我有，则我倒是很希望自己的丈夫常请人家客的。

张爱玲：一般人总是怕把女人的程度提高，一提高了，女人就会看不起男人。其实用不着担忧到这一点。如果男女的知识程度一样高（如果是纯正的而不是清教徒式的知识），女人在男人之前还是会有谦虚，因为那是女性的本质，因为女人要崇拜才快乐，男人要被崇拜才快乐。

苏青：假如女人的程度太提高了，男的却低，女人还是悲哀的，我就独怕做了女皇，做了女皇谁又配做我的配偶呢？

张爱玲：前两天在报上看到关于菲律宾的一个岛上，女权很高，因为一切事情都由女人来做，男人完全被养活，懒得很，只知道斗鸡赌博。那样的女权我一点也不羡慕。

苏青：我说只要男女同样做事就该同样被尊重，固不必定要争执所做事情的轻重，男人会当海军会造兵舰并不比女打字员高贵，就是管小孩处理家务的女人，也同样的出着劳力。不过这也得有保障才行，法律该有明文规定：男女的职业虽然不同，但是职业的地位是平等的。现在有人说“管家就是职业”，可是普通职业可以解职，而女人这职业是终身的，倘若丈夫中途变心时，又该怎么办呢？

女人最怕“失嫁”

记者：现在再谈婚姻问题吧。目前上海女人的结婚方式是怎样的？

苏青：目前结婚的方式还是不一律，有的新式，有的旧式，有的半新半旧。大多数是先经介绍，后交朋友然后再订婚。

记者：本期《杂志》里有篇文章，叫《女大不嫁》，说到现在女性择配困难，以前总是中学女生想嫁大学生，大学生想嫁留学生，现在战事发生，没有了留学生的来源，于是大学女生就难有对象，譬如一家做生意人家，要娶个大学毕业的女生做媳妇，总觉得不妥。

苏青：在十年前，革命空气浓厚，大家心理上总以为娶新式老婆好，现在是停滞退潮时候，以为娶个旧式老婆反而实惠，新式女子只能找个把来做做情人，所以知识女子更吃亏了。

记者：假使你有个妹妹，要你替她择配，你会提出什么条件呢？

苏青：女人以“失嫁”为最可怕。过时不嫁有起生理变态的危机。不过知识浅的还容易嫁人，知识高的一时找不到正式配偶，无可奈何的补救方法，说出来恐怕要挨骂，我以为还是找个把情人来补救吧，总较做人家的正式的姨太太好。丈夫是宁缺毋滥，得到无价值的一个（整个），不如有价值的半个甚至仅三分之一。不过这样一来，社会对私生子应该承认他的地位。这样说来，似乎太便宜了男人，不过照目前（希望仅限于目前）实际情形而论，男人也有他的困难，因为在习惯和人情上，不能牺牲他的第一个妻子（假定她是不能自立的，也无法改嫁的）。而知识妇女自有其生活能力，不妨仅侵占别人感情而不剥夺别人之生活权利。自然能够绝对不侵占更好，不过现代男人多数早婚，而职业妇女常常迟嫁。这是过渡时代的无可奈何的办法。原是不足为训的，而且每人的结婚倘仅限一次实在太危险，因为年青人观察力差，而年老了又要色衰。我的主张是尽自己能力观察，观察停当（自以为停当）就结婚，虽然总想天长地久，不过就不久长也罢，多嫁几次只不过是自己的不幸，既非危害民国的事，亦无什么风化可伤也。

记者：现在的婚姻制度恐怕不能说合理吧？离婚在事实上又很困难……

苏青：离婚不成问题，至于小孩，依我说最好由父亲出钱，归母亲抚养。假如男的不出钱，不妨就带他们去做“拖油瓶”，据说范文正公便是做“拖油瓶”出身，他的继父姓朱，似乎后世也并不因此就看轻他。做继父的与孩子接触不多，实在没有讨厌他们的理由……

张爱玲：一半，男人也是为了面子关系。

苏青：但是慢慢儿就会好的。我总觉得孩子与女人关系来得密切，并未碍着男人什么事。而后母管养前妻子女便不行，因为他们是时时接触的，容易发生冲突。

张爱玲：离婚后的小孩也并不如一般人想象的那么痛苦。

记者：一夫一妻制到底是否合理？

苏青：比较合理，但不能严格执行，其间应该有伸缩余地。譬如说，这次战后我恐怕又要盛行多妻了（法律虽不允许，亦不忍严禁）。原因倒不一定是战死的人太多，而是有许多男人活着也讨不起老婆。将来无生活能力的女人必定求着去当人家姨太太，有生活能力的女人只好非正式的向别人分润些爱情。这话又该给人家骂为无志气，但希望有志气的女人们速速自去断绝生殖机能吧。

记者：在现社会，早婚还是相当流行的……

张爱玲：早婚我不一定反对，要看情形的。有些女人，没有什么长处，年纪再大些也不会增加她的才能见识的，而且也并不美，不过年青的时候也有她的一种新鲜可爱，那样的女人还是赶早嫁了的好。因为年青，她有较多的机会适应环境，跟着她丈夫的生活情形而发展。至于男人，可是不宜于早婚，没有例外。一来年青人容易感情冲动，没有选择的眼光，即使当时两个人是非常相配的，男的以后继续发展，女的却停滞了，渐渐就有距离隔膜。而且年青人很少能够经济独立，早婚，妻子一定是由父母赡养，养成依赖的心理，于将来的前途有碍。

大家庭与小家庭

记者：关于家庭制度，两位看，是所谓小家庭制度好呢，还是旧式的大家庭好？

苏青：小家庭也苦，孤零零的，依我说顶好是跟岳父母同居，岳母与女婿，一定相处得很好，而婆婆和媳妇因为婆婆感到做母亲的太凄凉，所以会嫉妒媳妇的。

张爱玲：这方法真好。我从没有想到，可是听了实在感到好。

记者：倘使老夫妇只养几个男孩子不是太寂寞了么？

苏青：这当然也要看情况来决定。

同居问题

苏青：还有，夫妻有同居的义务一条，我认为不妨自由些，想起这样长时期的同居生活，实在也是很可怕的。或同居或不同居，一方感到需要时只可向对方提出要求，倒不必因法律规定是义务而要求强制执行也。像外国人般分床分寝室还比较好一些。但最好还是像朋友一样，大家往返，不至于每个人在婚便没有一刻的私生活可过。我说女人再嫁比初嫁难，就是因为一回想到从前住在笼里的生活也就有些怕起来了。再有社会的舆论不要对男女问题太感兴趣，夫妻是否日日同居或夜夜同床尽可由他们自己去决定，分居并不碍着众人什么事，同居亦不见得肯分惠什么给众人也。

记者：男女结了婚的人省，还是未结婚的省呢？

张爱玲：从前英文有句话说“Two can live as cheaply as one”（编者按：两个人过日子不比独身费钱）。从前是结婚比较省钱，现在似乎情形两样了。独身的人生活简单，大家都这样想，所以不留人吃饭也没人见怪，结了婚的人，就有许多不能够避免的应酬。

谁是标准丈夫

记者：依照女人的见解，标准丈夫的条件怎样？

苏青：第一，本性忠厚。第二，学识财产不在女的之下，能高一等更好。第三，体格强壮，有男性的气魄，面目不要可憎，也不要像小旦。第四，有生活情趣，不要言语无味。第五，年龄应比女方大五岁至十岁。

张爱玲：常常听见人家说要嫁怎样的一个人，可是后来嫁到的，从来没有一个是像她的理想，或是与理想相近的。看她们有些也很满意似的。所以我决定不要有许多理论。像苏青提出的条件，当然全是在情理之中，任何女人都听得进去的。不过我一直想着，男子的年龄应当大十岁或是十岁以上，我总觉得女人应当天真一点，男人应当有经验一点。

记者：今天真是“畅聆高论”了，这次对谈就到这里结束吧，真是谢谢你们两位！

原载1945年3月10日《杂志》月刊第14卷第6期

附录 2 | 张爱玲年表

1920 年 / 出生

9 月 30 日（农历八月十九），张爱玲出生于上海公共租界西区的麦根路 313 号（今静安区康定东路 87 弄）临近苏州河的一幢建于清末的仿西式豪宅中。本名，张煐。

1922 年 / 2 岁

张爱玲的父亲张志沂任天津津浦铁路局英文秘书，全家搬到天津 32 号路 61 号大宅。

1924 年 / 4 岁

张爱玲开始接受私塾教育。同年，张爱玲的姑姑张茂渊赴英国留学，母亲黄素琼改名黄逸梵，陪同张茂渊一起出国。

1928 年 / 8 岁

黄素琼从英国回国，张家搬回上海。

1930 年 / 10 岁

张爱玲进入黄氏小学读书，将本名“张瑛”改为“张爱玲”。同年，张爱玲的父母离婚，张爱玲跟随父亲生活，住在上海宝隆花园（今延安中路 740 弄 10 号），张爱玲的母亲黄素琼和姑姑张茂渊住在法租界白尔登公寓（今陕西南路 213 号）。

1931 年 / 11 岁

张爱玲进入位于上海白利南路（今长宁路 1187 号）美国圣公会主办的贵族学校圣玛利亚女校就读，并开始阅读《红楼梦》。

1932 年 / 12 岁

张爱玲在圣玛利亚女校的校刊上发表了她的短篇小说处女作《不幸的她》，次年，又在该校刊上发表了她的第一篇散文《迟暮》。

1934 年 / 14 岁

张爱玲的父亲张志沂与民国政府前总理孙宝琦之女孙用蕃结婚，并在上海国际饭店举行婚礼。张爱玲与父亲的关系日益恶化。

1937 年 / 17 岁

张爱玲中学毕业。同年，因与后母孙用蕃发生口角，被父亲虐打，并遭囚禁长达半年之久。

1938 年 / 18 岁

张爱玲逃离张家，投奔母亲黄素琼。

1939 年 / 19 岁

张爱玲获得伦敦大学奖学金，准备前往英国留学，因第二次世界大战爆发被迫改变计划，转而去了香港大学，在文学院就读。在香港大学求学期间，张爱玲结识了好友——炎樱（Fatima Mohideen）。

1941 年 / 21 岁

是年，12 月 8 日太平洋战争爆发。同年 12 月 25 日日军占领香港。张爱玲与死神擦肩，令她十分爱重的佛朗士教授死于战火。

1942 年 / 22 岁

张爱玲中断学业，离开香港。回到上海，张爱玲租住于赫德路爱丁顿公寓（今常德公寓），并转入上海圣约翰大学就读，两个月之后因为经济窘困而辍学。同年，张爱玲用英文写作并发表不少作品。

1943 年 / 23 岁

是年，春。张爱玲见到著名作家周瘦鹃，获得赏识，在周瘦鹃主编的《紫罗兰》杂志发表《沉香屑 · 第一炉香》《沉香屑 · 第二炉香》，之后作品频繁出现在各大杂志，连续发表《倾城之恋》《心经》《金锁记》等代表作品，声名鹊起，惊艳上海文坛。

1944 年 / 24 岁

张爱玲与汪伪政府高官、作家胡兰成相识，并与之交往。是年，8 月，张爱玲与胡兰成在上海秘密结婚，写下婚书："胡兰成与张爱玲签订终身，结为夫妇。愿使岁月静好，现世安稳。"不久，胡兰成前往武汉办报，寄居医院期间，又与 17 岁的女护士周训德相恋，并与之同居。

1945 年 / 25 岁

抗战胜利，胡兰成化名张嘉仪，逃往温州一带，隐匿于杭州、金华、诸暨等地。流亡期间，与斯家孀居的姨奶奶范秀美相识，并结婚。

1946 年 / 26 岁

是年，2 月，张爱玲前往温州探望胡兰成，彼此之间产生嫌隙。同年，张爱玲与电影导演桑弧合作，创作了《不了情》《太太万岁》等剧本，大获成功。

1947 年 / 27 岁

是年，6 月 10 日，张爱玲写信与胡兰成分手，结束恋情。

1949 年 / 29 岁

张爱玲以“梁京”为笔名在《亦报》连载长篇小说《十八春》，受到读者的热烈欢迎。

1950 年 / 30 岁

是年，夏，张爱玲加入上海文艺代表团到苏北农村参加土改两个月时间，由于无法写出政府要求的“歌颂土改”的作品，颇感困惑。与胡兰成的感情史，也令张爱玲面临较大的政治压力。

1951 年 / 31 岁

张爱玲出版长篇小说《十八春》，上海《亦报》出版社出版。同年 11 月 4 日至次年 1 月 24 日，在《亦报》连载中篇小说《小艾》。

1952 年 / 32 岁

张爱玲以“继续因战事而中断的学业”为由，离开上海，避居香港。在香港期间，张爱玲任职于美国新闻处，开始创作小说《秧歌》与《赤地之恋》，并结识毕生挚友宋淇、邝文美夫妇。在宋淇的支持下，张爱玲成为电懋公司主力编剧之一，剧本收入成为张爱玲的主要经济来源。

1953 年 / 33 岁

是年，英文版《秧歌》在美国出版，《纽约时报》《星期六文学评论》《时代》周刊相继发表评论。同年，张爱玲的父亲张志沂在上海病逝。

1955 年 / 35 岁

是年，秋，张爱玲离开香港，乘“克利夫兰总统号”邮轮远赴美国。

1956 年 / 36 岁

是年，3 月。张爱玲加入爱德华 · 麦克道威尔文艺营，并结识年长自己 29 岁的美国作家、编剧费迪南 · 赖雅。同年，7 月，张爱玲发现自己怀孕，后与赖雅商议之后堕胎。同年，8 月，张爱玲与赖雅结婚。

1957 年 / 37 岁

张爱玲的母亲黄素琼病逝于英国。

1960 年 / 40 岁

张爱玲成为美国公民。

1961 年 / 41 岁

张爱玲到台湾和香港寻求机遇。在台北，张爱玲为创作以张学良为原型的长篇小说《少帅》搜集资料和素材。在香港，张爱玲将《红楼梦》改编为电影剧本，最后未被录用。同年，赖雅不断中风，最终瘫痪。

1966 年 / 46 岁

张爱玲受邀担任迈阿密大学驻校作家。

1967 年 / 47 岁

是年，10 月 8 日，赖雅去世。同年，张爱玲离开迈阿密大学之后，成为哈佛大学雷德克里夫女子学院的驻校作家，并将《海上花》翻译成英文。

1969 年 / 49 岁

张爱玲移居加州，受聘于柏克莱加州大学。

1973 年 / 53 岁

张爱玲定居洛杉矶，于寓所深居简出。

1991 年 / 71 岁

张爱玲的姑姑张茂渊病逝于上海。同年，7 月，《张爱玲全集》由台湾皇冠出版社出版。

1995 年 / 75 岁

张爱玲于洛杉矶西木区罗彻斯特大道 206 号公寓去世。是年，9 月 8 日，张爱玲遗体被发现。9 月 19 日，张爱玲遗体火化。9 月 30 日，张爱玲骨灰海葬。

图书在版编目（CIP）数据

愿此生岁月静好：张爱玲传 / 王臣 著. —北京：东方出版社，2015.5
ISBN 978-7-5060-8227-3

Ⅰ. ①愿… Ⅱ. ①王… Ⅲ. ①张爱玲（1920～1995）—传记 Ⅳ. ① K825.6

中国版本图书馆 CIP 数据核字 (2015) 第 121815 号

愿此生岁月静好：张爱玲传
（YUAN CISHENG SUIYUE JINGHAO:ZHANG AILING ZHUAN）

作　　者：王　臣
产品经理：刘晓立
责任编辑：王莉莉　刘晓立
出　　版：东方出版社
发　　行：人民东方出版传媒有限公司
地　　址：北京市东城区朝阳门内大街 166 号
邮政编码：100706
印　　刷：北京智力达印刷有限公司
版　　次：2015 年 7 月第 1 版
印　　次：2015 年 7 月第 1 次印刷
印　　数：1-19 000 册
开　　本：640 毫米 ×880 毫米 1/16
印　　张：17
字　　数：185 千字
书　　号：ISBN 978-7-5060-8227-3
定　　价：49.80 元
发行电话：（010）64258117　64258115　64258112

『看张』经典作品集

因为懂得，所以慈悲

王臣 作品

人民东方出版传媒
People's Oriental Publishing & Media
東方出版社
The Oriental Press

目录 Contents

我的姊姊——张爱玲

张子静

她的脾气就是喜欢特别：随便什么事情总爱跟别人两样一点。就拿衣裳来说罢，她顶喜欢穿古怪样子的，记得三年前她从香港回来，我去看她，她穿着一件矮领子的布旗袍，大红颜色的底子，上面印着一朵一朵蓝的白的大花，两边都没有纽扣，是跟外国衣裳一样钻进去穿的，领子真矮，可以说没有，在领子下面打着一个结子，袖子短到肩膀，长度只到膝盖，我从没有看见过这样的旗袍，少不得要问问她这是不是最新式的样子，她淡漠地笑道："你真是少见多怪，在香港这种衣裳太普通了，我正嫌这样不够特别呢！"吓得我也不敢再往下问了。我还听人说，有一次，她的一个朋友的哥哥结婚，她穿了一套前清老样子绣花的袄裤去道喜，满座的宾客为之惊奇不止，上海人真不行，全跟我一样少见多怪。

还有一回我们许多人到杭州去玩，刚到的第二天，她看报上登着上海电影院的广告——谈瑛做的《风》，就非要当天回上海来看不可，大家伙怎样挽留也没有用，结果只好由我陪她回来。一下火车就到电影院，连赶了两场，回来我的头痛得要命，而她却说："幸亏今天赶回来看，要不然我心里不知道多末难过呢！”

家里从前有一个小丫头，名字叫小胖，又胖又笨，长得又难看，姊姊一向讨厌她，有一天不知道怎么高兴起来，一早起来就弹琴教小胖唱《渔光曲》，小胖实在太笨了，怎样也学不会，“云儿飘在天空，鱼儿藏在水中”，她老唱做“云儿藏在水中，鱼儿飘在天空”，从 8 点钟教到 11 点，好容易把两句教会了，可是把我父亲吵醒，骂了一顿，她大哭一场。就这样不了了之，她没再教过小胖。

她不大认识路，在从前她每次出门总是坐汽车时多，她告诉车夫到哪里去，车夫把车子开到目的地，她下车进去，根本不去注意路牌子。现在她不坐汽车，当然路名应该熟得多了，可是有一次讲起看书事情，她劝我到工部局图书馆去借，我问她怎么走法，在什么路上，她说路名我不知道，你坐电车到怎么样一所房子门口下来，向左走没有几步路就是。你不要觉得奇怪，我们国学大师章太炎先生也是不认识路的，大概有天才的人，总跟别人两样点吧。

她能画很好的铅笔画，也能弹弹钢琴，可她对这两样并不十分感兴趣，她还是比较喜欢看小说。《红楼梦》跟 Somerset Maugham 写的东西她顶爱看，李涵秋的《广陵潮》，天虚我生的《泪珠缘》，她从前也很喜欢看，还有老舍的《二马》《离婚》《牛天赐传》，穆时英的《南北极》，曹禺的《日出》《雷雨》也都是她喜欢看的，她现在写的小说一般人说受《红楼梦》跟 Somerset Maugham 的影响很多，但我却认为上述各作家给她的影响也多少都有点。

她的英文比中文好，我姑姑有一回跟我说："你姊姊真本事，随便什么英文书，她能拿起来就看，即使是一本物理或化学。"她是看里面的英文写法，至于内容，她不去注意，这也是她英文进步的一个大原因。她的英文写得流利，自然，生动，活泼，即使我再学十年，也未必能赶得上她一半。

她曾经跟我说："一个人假使没有什么特长，最好是做得特别，可以引人注意。我认为与其做一个平庸的人过一辈子清闲生活，终其身，没没无闻。不如做一个特别的人做点特别的事，大家都晓得有这么一个人，不管他人是好是坏，但名气总归有了。"这也许就是她做人的哲学。

原载《飙》，1944 年 10 月

记张爱玲

汪宏声

民国二十五年秋，笔者受圣玛利亚女校之聘，任所谓中文部教务主任之职，兼授高中国文。圣玛利亚女校（校内师生简称之为圣校）为上海著名美国教会女子中学之一，与中西女塾同负贵族化声誉。当时的教会学校在课程编制上与国人自办的公私立学校不同，全部课程分为英文中文两部，英文部所包括的课程是英语、数、理、西洋史、地，以及圣经等科目，所采用者尽是英文课本，并且大部分由英美人（如圣校则是以英美国籍的老小姐居多）担任教授；中文部所包括的课程只有国文及本国史地三项，担任教授的先生初中以下是师范毕业，年龄在卅以上的中国小姐，初中以上则多半是前清科举出身的老学究。当时所有的教会学校大率注重英文，而轻视国文，尤以圣约翰大学一袭的各校为最著（圣约翰大学为美国圣公会所设立，圣玛丽女校、圣约翰青年中学、桃坞中学等皆其一系）。例如圣校的英文教师每人都有一间布置得颇为讲究的书室（学生但称之曰密司 ×× 的斯得迭），而男性国文教师的休息室则就是——说来可笑——就是门房间！

在这样的学校环境里产生出来的毕业学生，往往是装束入时，每晚出入于舞厅大饭店之门的社会交际花或是买办阶级与外交官的太太之类，英语说得熟极而流，而欲以本国文字发表则是连一张便条也写不通的（圣校毕业生在母校任教职者，她们的请假字条常常写成“××因病故请假一天！”）。

可是当今以最新颖风格写小说散文而蜚声文坛的张爱玲，却是圣玛利亚女校的毕业生，说起来是颇为奇特的事。

“五卅”前后，教会学校当局对于轻视国文一点，也渐知觉悟，当时圣约翰大学曾聘孟宪承、钱基博两位先生负改进国文系之责，即是这种趋势的发轫。（民国）廿五年秋，圣校乘一位任职达十余年之久的国文主任退休之机，改聘笔者继任，预期对于该校的所谓中文部（实在只是国文课程）有所改进。

笔者知道这样根深蒂固的轻视国文习惯，不是一朝一夕造成的，也非一朝一夕所可铲除的，而且经过调查之下，发现这种风气之造成，大部分是过去国文教师自己放弃责任的结果，譬如说英美教师知道学生举行各种英语练习的课外活动如讲演、戏剧等时，国文教师不知群起仿效，而只是畏怯退缩，反而把应该学国文的时间都牺牲掉。所以笔者任事之后，除了将课程大加改订外，更在图书馆添置大量中国书报杂志，奖励课外阅读，一方面努力为学生争取用本国语言文字发表的机会与活动。

任教以后的第一期作文，我就在黑板上写了两个题目，叫学生去任作一题，并且声明如自己另有愿意发表的思想，尽不妨自由命题，应用任何体裁。这一个办法学生皆惊奇不止，因为她们过去做惯了说立志、说知耻等等准八股，看见了我的“学艺叙”（圣校学生大部分习钢琴与歌唱，学艺叙就是叫她们把习琴习唱的经过与感想写下来），与“幕前人语”（学生皆喜观电影，此题实即影评一则也）两题，已经觉得异样非常，至于自由命题云云，更是手足无措了。下课铃响，作文簿一本本交上来，批阅结果，成绩果是意料中的糟极，大部分是短短二三百字，似通非通，而最大症结则在只知作文乃是在数十分钟内将三数百字联将起来交卷完事，而不知思想为何物，更不知思想应如何发挥，可是一本文卷却引起我的注意了，这是仅有的自己命题的文卷，题曰《看云》。写来神情潇洒，词藻瑰丽，可是别字很多，仿佛祖、祈等应该从示的字都写成从衣，从竹的写成从草之类。题下的署名则是张爱玲。

此时我上课还不到两星期，点名册上的姓名十九还不能与面貌联系起来，所以也不知张爱玲是瘦是胖是俊是俏。发还文卷的一天，我挨卷唱名，学生依次上讲台领卷。唱到张爱玲，便见在最后一排最末一个座位上站起一位瘦骨嶙峋的少女来，不烫发（我曾加统计，圣校学生不烫发者约占全数五分之一弱，而且大半是虔诚的基督教徒或预科生——小学五年级程度），衣饰并不入时，——那时风行窄袖旗袍，而她穿的则是宽袖——走上讲台来的时候，表情颇为板滞。我竭力赞美她文章写得好，并且向全班朗读了一遍，还加以种种的说明，特别指出思想应以真实为上，形式不应再被过去呆板的规范所束缚。像爱玲（圣校的习惯，教师呼学生是只名而不姓的）那样的作文，才称得起是写文章等等的话，而爱玲则仍旧保持着她那副板滞的神情。

张爱玲的文名在校内逐渐传布，教员休息室里也常常以爱玲为话题，于是我知道爱玲因了家庭里某种不幸，使她成为一个十分沉默的人，不说话，懒惰，不交朋友，不活动，精神长期的萎靡不振。说起懒惰，她是出名欠交课卷的学生。教师问她，总是一个“我忘啦！”说的时候把两个手掌摊着，一副可怜相，使人对她生毫无办法之感。她在教室里总是坐在末一排，不听讲，手里的铅笔则不停地在纸上画着，仿佛是很用心地记笔记的样子，可是实在她在画教师的速写样。教师也不常和她计较，因为她考试的时候是稳拿 A 或甲的。

她不知修饰，她的卧室是最零乱的一间。圣校的学生卧室里都有一口放鞋子的柜，不穿的鞋子禁止放在床底下，必须放在柜里。舍监先生检查卧室时发现有不放在鞋柜里的鞋子，便拿来放在卧室门前的走廊里示众。学生见了往往引以为耻。爱玲的旧皮鞋（没有高跟的）是常常被展览的，可是她毫不在乎，至多说一声：“啊哟！我忘了放在柜里啦！”

若是有人遇见圣校的学生，而问起张爱玲的学校生活，她一定回答说：“喔！爱玲，‘我忘啦！’。”

我因了爱玲《看云》一篇作文而向学生指示的一番话，收了颇为良好的效果。学生自己命题的作文渐渐多了，内容与形式都渐渐丰富起来了。最后我答应她们如能写得较长的话，可以在课外作。结果出乎意外的好。

交来的文卷没有准八股了。除了小品文外，也有小说、诗歌，甚至于剧本，可是张爱玲却仍旧保持着她一贯沉默的态度，文章虽然还是绚烂瑰丽的文章，却总是缺少热情。于是我便利用一个课外活动名叫国光会的组织，发动出版一种卅二开的小型刊物，题名曰“国光”。理想中的编者应该是张爱玲，可是她只答应投稿。

第一期《国光》有一篇张爱玲的小说曰《霸王别姬》，大概是受了我在课上介绍历史小品之后根据《项羽本纪》写的，技巧之成熟使全校师生为之吃惊。我在上课时大加赞赏，说爱玲的《霸王别姬》与郭沫若的《楚霸王之死》相比较，简直可以说一声有过之而无不及，并且对她说，应该好自为之，将来的前途，是未可限量的。

可是爱玲并不因了这番激励而有所奋勉。她一贯地懒惰，还是什么都“我忘啦！”我记得有一次她欠交了一期作文，我催她，她说“我——”，我不等她说下去，便接着说“——忘啦！”她笑笑，隔不多久，她交来一篇。我一看，却就是《霸王别姬》的上半篇。原来她是要把这一篇充两期作文哩！所以最近在报上看到了平襟亚先生与爱玲的一番“灰钿”交涉，我若有所悟，想起了《霸王别姬》充两期作文的一桩公案，“夫子”不禁“莞尔”了。

不到一年，圣校产生了极浓厚的文艺空气，国文不再是被轻视的功课了。那时上海的话剧运动开始蓬勃起来，笔者率领学生在卡尔登参观了几次中旅的公演，并在校内组织了剧团，举行了数度盛大公演。《国光》也继续出版，张爱玲投稿很少，我虽常加鼓励，都是以“我忘啦！”了之。只记得有一次收到了不署真实姓名的打油诗，是嘲笑两位男教师的。

其一：

橙黄眼镜翠蓝袍，
步步摆来步步摇，
师母裁来衣料省，
领头只有一分高。

其二：

夫子善催眠，
嘘嘘莫闹喧，
笼袖当堂坐，
白眼望青天。

投稿者我知道是张爱玲。圣校的校规是十分严肃的，我想这样严肃的空气用少许风趣调剂一下，至少是无害的，所以毅然准许刊登出来。第一首嘲笑的对象是姜适君先生，姜先生人很随便，看见了一笑置之。可是第二首的对象某先生却大不以为然了。他气愤愤向美国校长告发，校长便请我和编者谢振同学前去问话，并且定夺了三个办法，其一是由我和编者向某先生书面道歉，其二是《国光》停刊，另外一个则是张爱玲不准毕业。我为息事宁人起见，采取了第一个办法，某先生也自知太认真，以“算啦！算啦！”了事。

《国光》出了约十数期，存书甚多，可是（民国）廿六年暑假战事发生，圣校便从此不能回沪西原址上课，所有的书籍都不知去向了。前天在笔者家里的乱纸堆里发现了爱玲一篇《论卡通画之前途》的原稿。记得爱玲在《天地》上发表一篇自传式的文章上有一段述及她过去对华尔脱·迭斯耐的憧憬和希望，看与此文相印证……

爱玲毕业于（民国）廿六年之夏。此后有一年不闻她的消息，这是动乱的一年，圣校在大陆商场上课，兵荒马乱，不知消息的人正多着，偶尔在作文课上忆起这一位天才女子的一声“我忘啦！”外，也就茫然过去了。（民国）廿七年夏圣校假座贝当路美国礼拜堂举行毕业典礼，爱玲莅临参加，还是那样弱不禁风的样子。我和她寒暄了几句，并且仿佛说了若有时间，不妨多写写之类的话。不久知道她上香港去了。又不久，看见了她在《西风》征文当选的《天才梦》。我便转言和她通信的某同学请她不妨写一些童话。因为我以为生活经验欠丰富而想象力丰富的作家，童话是最适宜不过的写作对象，尤其是女子；这是我的错误，无怪她的答书是说不想写童话，盛意颇感云云。近来看到她在各杂志上发表的作品，证明她生活的体验是再充实没有了。我只有衷心表示欣服！

香港战事爆发后，她回上海，投考圣约翰大学。结果是国文不及格，入补习班，我听了颇为愤愤。因为我知道近几年来圣约翰大学多收学生，程度已较前大为低落，尤以国文为烈，而入学考试则俨乎其然地拒人于千里之外。如张爱玲的国文入补习班，则请问有些大人先生应编入何年级！后来一想，也许爱玲还是“我忘啦”的脾气，考试过于敷衍，所以如此，这种抱不平也懒得去打了。

现在知道爱玲不再“忘啦”，厚厚的一册《传奇》，便是最严肃的证明，我欣慰，我钦服，我的“好自为之”等等的话，不是白说的了。

我今天记张爱玲，同时我怀念着她的同班同学张如瑾君。如瑾是较爱玲更为努力的学生。我在圣校造成了极浓厚的文艺空气之后，如瑾写了一篇长篇《若馨》，我代她交给良友赵家璧兄，只因战事没有出版。后来她自己印了数百本。可是一直到现在她不再写，听说她结婚了，我对她已经不再希望。爱玲在毕业年刊上的调查栏里，关于“最恨”一项，她写：“一个有天才的女子忽然结了婚。”爱玲是有天才的，我希望她暂时——我只好希望暂时——不结婚！

原载《语林》，1944年12月第1卷第1期

记张爱玲

潘柳黛

张爱玲到香港来，好像是四年前春天的事。她来之后几个相熟的朋友看见我时，都把她来的事告诉我，并且问我跟她碰见过没有？当时，我住在九龙，没有事情很少出门，而听说张爱玲是住在香港半山的一家女子宿舍，如果不是她特意来看我，或是我特意去看她，我知道我们是很少机会能够在那地遇见的。尤其张爱玲的脾气，在这几个人当中，比较是有点怪的。她不像丁芝那么念旧，也不像张宛青那么通俗，更不像苏青的人情味那么浓厚，说她像关露，但她却比关露更矜持，更孤芳自赏。关露还肯手捧鲜花，将花比人；希望能够表现得相得益彰。张爱玲的自标高格，不要说鲜花，就是清风明月，她觉得好像也不足以陪衬她似的。

张爱玲的被发掘，是苏青办《天地月刊》的时候，她投了一篇稿子给苏青。苏青一见此人文笔不凡，于是便函约晤谈，从此变成了朋友，而且把她拉进文坛，大力推荐，以为得力的左右手。果然张爱玲也感恩知进，不负所望，迈进文坛以后，接连写了几篇文章，一时好评潮涌，所载有声，不久就大红大紫起来。

张爱玲的家世是望族，不只是望族，而且据说还是“贵族”。“贵族”或“平民”虽然和写文章不发生关系，但是当时张爱玲在发表文章之余，对于她自己的身怀“贵族血液”却是“引以殊荣”，一再加以提及，裨众周知。

读者或问，张爱玲的“贵族血液”是怎么一笔账呢？说来话长，原来听说张爱玲的爸爸讨的老婆是李鸿章的外孙女，换句话说：就是李鸿章的女儿，嫁给了某姓之后，生了一个女儿，这女儿长大之后，嫁给了姓张的男人，这姓张的男人又生了一个女儿，这女儿就是张爱玲。这意思也就是说明张爱玲是李鸿章的外重孙女。李鸿章既然入过清廷，对“太后老佛爷”行过三跪九叩礼，口称道：“奴才李鸿章见驾”，受过那拉氏的“御旨亲封”。那么她的父亲既要了李氏的外孙女，所谓“外甥像舅”，张爱玲在血液上自然不免沾上那点“贵族”的“仙气儿”了。当时张爱玲以这点“贵族仙气儿”来标榜她的出身，许多人虽不以为然，但念她“年幼无知”，也还没怎么样。最可笑的却是当时文坛上有一个大名鼎鼎，颇受汪精卫赏识的作家胡兰成，本来一向是专写政治论文的，但由于他赏识了张爱玲的文章，便因而赏识了张爱玲，并且托“仙风道骨”的邵洵美介绍相识，惊为天人，所以不惜挥其如椽之笔，写了一篇《论张爱玲》。文中除了把张爱玲的文章形容成“横看成岭侧成峰”外，更把她的身染“贵族血液”也大大的吹嘘了一番。

谁知以这篇文章做导火线，便引起了我和张爱玲以后的误会。原来在当时，苏青、张爱玲和我本来都是很熟的朋友。时相往来的，平话对于她的标榜“贵族血液”，我从来未置一词过。但是这次忽然看了一向两眼朝天的胡兰成，竟用政论家的手笔，写了这样一篇神魂颠倒的软绵绵的捧场文章，居然也一再强调张爱玲的“贵族血液”，便不禁一时心血来潮，以戏谑的口气，也发表了一篇《论胡兰成论张爱玲》的游戏文章，以“幽他一默”的姿态，把胡兰成和张爱玲都大大的调侃了一场。我记得说的最重的是先把胡兰成的独占当时“政论家第一把交椅”的事，大大捧场了几句。便自使断章取义，问胡兰成对张爱玲的赞美“横看成岭侧成峰”，是什么时候“横看”？什么时候“侧看”？这还不算，最后把张爱玲的“贵族血液”调侃得更厉害了。我记得当时我举了一个例说，胡兰成说张爱玲有贵族血液——因为她的父亲讨的老婆是李鸿章的外孙女，她是李鸿章的外重孙女——其实这点关系就好像太平洋里淹死一只鸡，上海人吃黄浦江的自来水，使自说自话说是“喝鸡汤”的距离一样，八竿子打不着的一点亲戚关系。如果以之证明身世，根本没有什么道理，但如果以之当生意眼，便不妨标榜一番。

而且以上海人脑筋之灵，行见不久将来，“贵族”二字，必可不胫而走。连餐馆里都不免会有“贵族豆腐”“贵族排骨面”之类出现（这篇文章发表不久，陈蝶衣兄主持的大中华咖啡馆改组卖上海点心以后，果然反以“潘柳黛女士”笔下的“贵族排骨面”上市），最后并以“正是：且看论人者，人亦论其人”为我文《论胡兰成论张爱玲》

之结尾。当时我是只顾好玩，说得痛快，谁知以后不但胡兰成对我不叫应了，就是张爱玲也“敬鬼神而远之”，不再与我轧淘。以后隔了十年。再到香港来时，据说有人向她谈起我，她还余怒未消地跟人说：潘柳黛是谁？我不认识她。

我在前文已经说过。关露的心境，是受了老处女的影响，已经变成孤芳自赏，移情于花草鸟兽了。但张爱玲却是除了也有这样一点心理以外，她还受了美国噱头主义的影响，时常在别人冷不防时抓住机会，把自己表现一下，这是张爱玲和关露不同的地方。但也是张爱玲比关露更聪明的地方。

张爱玲的外国（英国）文根基很好，据说她以前就到香港来过，而且还曾在某一英文书院读过书。

后来她在上海时，又一度攻读于圣约翰大学，虽然没有毕业，但教会学校的神髓被她领会到了。所以在处世待人的手法上，有时虽不合于中国人的习惯，但是却因合乎“外国人”脾气。比方与人约会，如果她和你约定的是下午三点钟到她家里来，不巧你若时间没有把握准确，两点三刻就到了的话，那么即使她来为你应门，还是照样会把脸一板，对你说：“张爱玲小姐现在不会客。”然后把门嘭的一声关上，就请你暂时尝一尝闭门羹的滋味。万一你迟到了，三点一刻才去呢，那她更会振振有词地告诉你说：“张爱玲小姐已经出去了。”她的时间观念，是比飞机开航还要准确的。不能早一点，也不能晚一点，早晚都不会被她通融。所以虽然她是中国人，却已经养成了标准的外国人脾气。

张爱玲喜欢奇装异服，旗袍外边罩件短袄，就是她发明的奇装异服之一。有一次，我和苏青打个电话和她约好，到她赫德路的公寓去看她，见她穿着一件柠檬色袒胸露背的晚礼服，浑身香气袭人，手镯项链，满头珠翠，使人一望而知她是在盛装打扮中。

我和苏青不禁为之一怔，问她是不是要上街？她说："不是上街，是等朋友到家里来吃茶。"当时苏青与我的衣饰都很随便，相形之下，觉得很窘，怕她有什么重要客人要来，以为我们在场，也许不太方便，便交换了一下眼色，非常识相地说："既然你有朋友要来，我们就走了，改日再来也是一样。"谁知张爱玲却慢条斯理地道："我的朋友已经来了，就是你们两人呀！"这时我们才知道原来她的盛装正是款待我们的，弄得我们两人感到更窘，好像一点礼貌也不懂的野人一样。

还有一次相聚，张爱玲忽然问我："你找得到你祖母的衣裳找不到？"我说："干吗？"她说："你可以穿她的衣裳呀！"我说："我穿她的衣裳，不是像穿寿衣一样吗？"她说："那有什么关系，别致。"张爱玲穿着奇装异服到苏青家去，使整条斜桥弄（苏青官式香闺）轰动了，她走在前面，后面就追满了看热闹的小孩子。一面追，一面叫。

她为出版《传奇》，到印刷所去校稿样，穿着奇装异服，使整个印刷所的工人停了工。她着西装，会把自己打扮成一个十八世纪少妇，她穿旗袍，会把自己打扮得像我们的祖母或太祖母，脸是年轻人的脸，服装是老古董的服装，就是这一记，融合了古外古今的大噱头，她把自己先安排成一个传奇人物。有人问过她为什么如此？她说：“我既不是美人，又没有什么特点，不用这些来招摇，怎么引得起别人的注意？”——怪不得朋友们告诉我，说这次在香港碰见张爱玲，张爱玲的穿着一如常人，一点也没有特别的地方，想见她是引人注意的目的已经达到，不需再以奇装异服为号召了吧？听说她现在在美国，过的也是平平常常的日子。在中国卖弄美国噱头，到美国再去卖弄中国噱头，我想聪明的张爱玲很可能已经放下剪刀，拿起厨刀，在美国朋友面前，正在大力表演她的“祖传秘制”“李鸿章杂碎”的“贵族”烧法呢。

原载《南北极》（香港），1975 年 3 月第 58 期

评张爱玲

胡兰成

一

张爱玲先生的散文与小说，如果拿颜色来比方，则其明亮的一面是银紫色的，其阴暗的一面是月下的青灰色。

是这样一种青春的美，读她的作品，如同在一架钢琴上行走，每一步都发出音乐。但她创造了生之和谐，而仍然不能满足于这和谐。她的心喜悦而烦恼，仿佛是一只鸽子时时要想冲破这美丽的山川，飞到无际的天空，那辽远的、辽远的去处，或者坠落到海水的极深去处，而在那里诉说她的秘密。她所寻觅的是，在世界上有一点顶红顶红的红色，或者是一点顶黑顶黑的黑色，作为她的皈依。

她赞叹越剧《借红灯》这名称，说是美极了。为了一个美丽的字眼，至于感动到那样，这里有着她对于人生之虔诚。她不是以孩子的天真，不是以中年人的执著，也不是以老年人的智慧，而是以洋溢的青春之旖旎，照亮了人生。

我可以想象，她觉得最可爱的是她自己，有如一支嫣红的杜鹃花，春之林野是为她而存在。因为爱悦自己，她会穿上短衣长裤，古典的绣花的装束，走到街上去，无视于行人的注目，而自个儿陶醉于倾倒于她曾在戏台上看到或从小说里读到，而以想象使之美化的一位公主，或者仅仅是丫环的一个俏丽的动作，有如她之为“借红灯”这美丽的字眼所感动，至于愿使自己变成就是这个美丽的字眼那样。这并不是自我恋。自我恋是伤感的，执著的，而她却是跋扈的。倘要比方，则基督在人群中走过，有一个声音说道：“看哪，人主来了。”她的爱悦自己是和这相似的。

正如少年人讲话爱抢先，觉得自己要说的话太多太兴奋到不可抑止，至于来不及也没有空隙容许他倾听对方的说话，而常常无礼地加以打断一样，张爱玲先生由于青春的力的奔放，往往不能抑止自己去尊重外界的事物，甚至于还加以蹂躏。她知道的不多，然而并不因此而贫乏，正因为她自身就是生命的泉源。倒是外界的事物在她看来成为贫乏的，不够用来说明她所要说明的东西，她并且烦恼于一切语言文字的贫乏。这使她宁愿择取古典的东西做材料，而以图案画的手法来表现。因为古典的东西离现实愈远，她愈有创造美丽的幻想的自由，而图案画的手法愈抽象，也愈能放恣地发挥她的才气，并且表现她对于美寄以宗教般的虔诚。

她一次对我说，她喜欢新派的绘画。新派的绘画是把形体作成图案，而以颜色来表现象征的意味的。它不是实事实物的复写，却几乎是自我完成的创造。我想，是因此之故，特别适宜于她的年龄与才华的吧。她曾经给我看过她在香港时的绘画作品，把许多人形画在一幅画面上，有善于说话的女人，低眉顺眼请示主人的女厨子、房东太太、舞女等等。她说是因为当时没有纸，所以画在一起的，但这样的画在一起，却构成了古典的图案。其中有一幅是一位朋友替她涂的青灰的颜色，她赞叹说："这真如月光一般。"我看了果然是幽邃，静寂得使人深思的。

她的小说和散文，也如同她的绘画，有一种古典的，同时又有一种热带的新鲜的气息，从生之虔诚的深处并激出生之泼剌。她对于人生，恰如少年人的初恋，不是她的对象真有这样美，这样崇高，却是她自己的青春创造了美与崇高，使对象圣化了。

和她相处，总觉得她是贵族。其实她是清苦到自己上街买小菜。然而站在她跟前，就是最豪华的人也会感受威胁，看出自己的寒伧，不过是暴发户。这决不是因为她有着传统的贵族的血液，却是她的放恣的才华与爱悦自己，作成她的这种贵族气氛的。

贵族气氛本来是排他的，然而她慈悲，爱悦自己本来是执著的，然而她有一种忘我的境界。她写人生的恐怖与罪恶，残酷与委屈，读她的作品的时候，有一种悲哀，同时是欢喜的，因为你和作者一同饶恕了他们，并且抚爱那受委屈的。饶恕，是因为恐怖，罪恶与残酷者其实是悲惨的失败者，如《金锁记》的曹七巧，上帝的天使将为她而流泪，把她的故事编成一支歌，使世人知道爱。而《花凋》的女主角受了一生的委屈，委屈到死，则作者把她写成一个殉道者，而以“永恒的爱，永恒的依依”作为她的大理石的墓的题词。读它的时候，我记起了被系时作的诗中的两句：“这是泪花晶莹的世界，然而是美丽的。”作者悲悯人世的强者的软弱，而给予人世的弱者以康健与喜悦。人世的恐怖与柔和，罪恶与善良，残酷与委屈，一并被作者提高到顶点，就结合为一。他们无论是强者，是弱者，一齐来到了末日审判，而耶和华说：“我的孩子，你是给欺侮了。”于是强者弱者同声一哭，彼此有了了解，都成为善良的、欢喜的了。

她就是这样，“因为懂得，所以慈悲”。基督在鸡鸣之前祈祷三次：“主啊，如果可以移开这杯子，让它移开吧。”而终于说：“既是主的意思，我将喝干它。”于是他走向十字架，饶恕了钉死他的人们，并且给钉死在他旁边的两个强盗祝福。她就是这样，总觉得对于这世界爱之不尽。

她的这性格，在和她接近之后，我渐渐了解了。初初一看，似乎她之为人和她的作品是不相似的。因为，倘以为她为骄傲，则骄傲是排斥外界的；倘以为她为谦逊，则谦逊也是排斥外界的；而她的作品却又那么的深入人生。但我随即发现，她是谦逊而放恣。她的谦逊不是拘谨，放恣也不是骄傲。一次她说：“将来的世界应当是男性的。”那意思，就是她在《沉香屑》里说的“那是个淡色的，高音的世界，到处是光与音乐”。她还是孩子的时候，就曾经想以隋唐的时代做背景写一篇小说，后来在回忆中说道：“对于我，隋唐年间是个橙红的时代。”她还是十几岁的时候写过一篇《霸王与虞姬》，有这样的句子：借项羽的口说道：“我们是被猎了，但我倒转要做猎者。”从这些地方都可以看出她具有基督的女性美，同时具有古希腊的英雄的男性美。她的调子是阴暗而又明亮的。她见了人，很重礼数，很拘谨似的，其实这礼数与拘谨正是她所缺乏的，可以看出她的努力想补救，带点慌张的天真，与被抑制着的有余的放恣。有一次，几个人在一道，她正讲究着礼数，却随即为了替一个人辩护，而激越了，几乎是固执地。她是倔强的。

因为她倔强，认真，所以她不会跌倒，而看见了人们怎样的跌倒。只有英雄能懂得英雄，也只有英雄能懂得凡人，跌倒者自己是不能懂得怎样跌倒的。她的作品的题材，所以有许多跌倒的人物。因为她的爱有余，她的生命力有余，所以能看出弱者的爱与生命力的挣扎，如同《倾城之恋》里的柳原，作者描写他的无诚意，却不自觉地揭露了他的被自己抑制着的诚意，爱与烦恼。几千年来，无数平凡的人失败了、破灭了，委弃在尘埃里，但也是他们培养了人类的存在与前进。他们并不是浪费的，他们是以失败与破灭证明了人生爱。他们虽败于小敌，但和英雄之败于强敌，其生死搏斗是同样可敬的。她的作品里的人物之所以使人感动者，便在于此。

又因为她的才华有余，所以行文美丽到要融解，然而是素朴的。

讲到她的倔强，我曾经设想，什么是世界上最强的人呢？倘使有这样一个人，他被一种从未经验过的烦恼重重地迫着，要排遣它是不能，倘竟迫倒了他呢，他也将感谢它，然而也不能。他试试喝醉，想使自己软弱些，也还是想要失败而不能。有如半马人齐龙被他的学生赫格尔斯的毒箭射中，而他是得了不朽的，在苦痛中怎么也死不掉。他祈祷大神宙斯取回他的不朽，让他可以死去，结束苦痛。这是强者的悲哀。但这样的人还不是最强者，因为他的悲哀里没有喜悦。

而她，是在卑微与委屈中成就她的倔强，而使这倔强成为庄严。如《金锁记》里的长安，她的生命里顶完美的一段终于被她的母亲加上了一个难堪的尾巴，当她的爱人童世舫告辞的时候，她这样写：长安“静静地跟在他后面送了出来。她的藏青长袖旗袍上有着浅黄的雏菊。她两手交握着，脸上显出稀有的柔和。世舫回过身来道：‘姜小姐……’她隔得远远地站定了，只是垂着头。世舫微微鞠了一躬，转身就走了。长安觉得她是隔了相当距离看这太阳里的庭院，从高楼上望下来，明晰亲切，然而没有能力干涉。水井，树，曳着萧条的影子的两个人，没有话——不多的一点回忆，将来是要装在水晶瓶里双手捧着看的——她的最初也是最后的爱”。这真是委屈，然而是最强的抗议。是这样深的苦痛，而“脸上显出稀有的柔和”，没有一个荷马的史诗里的英雄能忍受这样大的悲哀，而在最高的处所结合了生之悲哀与生之喜悦。

因为，她是属于希腊的，同时也属于基督的。她有如黎明的女神，清新的空气里有她的梦思，却又对于这世界爱之不尽。

起先，我只读了她的一小部分作品，有这样的担心，以为青春是要消失的，她对于人生的初恋将有一天成为过去，那时候将有一种难以排遣的怅然自失，而她的才华将枯萎。现在，我不再这么想了。我深信她的才华是常青的。何以呢？就因为她不仅是希腊的，而且是基督的。

二

论到她的作品，我想先从《倾城之恋》说起。白公馆的流苏小姐二十岁上离了婚，回娘家，住七八年，哥嫂骗光了她的钱之后，用教训，也用冷言热语要将她逼走。而她也终于出走了，抱着受了委屈的心情，拼着接受罪恶的挑战，在罪恶中跋涉，以她的残剩的青春作命运的一掷。但也并非全由于负气，还更由于直到现在才分明地使她吃惊的古老的家庭的颓败生活，埋葬了一代又一代的青春，没有同情，没有一点风趣的残剩，是这么一种凄凉情味，使她的出走类似逃亡。这种颓败的气氛，以前她是没有感觉到的，因为她是此中长大的。第一次感觉到，大概是在结婚之后丈夫的家里。男家和她的娘家白公馆应是同等门户，只因为于她是生疏，她以生人的眼看出了这种颓败的气氛，但不能如这次的分明，却不过是觉得诸般的不合适。作者虽然没有提到离婚的原因，可是不难想象的。于是她回到娘家，在那里有她做女儿时代一切熟悉的东西，使她又住上了七八年。但在哥嫂排挤她，使她觉得在娘家也成了一个生人之后，她骤然地发现了这古老的家庭的颓败气氛，比她哥哥的教训和嫂嫂的冷言热语更难受，而同时也是与这些教训和冷言热语混合为一的灰暗而轻飘的画面，而陷于一种绝望的恐怖。她凄凉地、小声地说道：“这屋子里可住不得了！……住不得！”

于是她走了，怨愤地、凄凉地，也喜悦地走了。

然而她不是娜拉。她是旧式家庭的女子，以她残剩的青春的火把，去寻觅一些儿温存，一些儿新鲜，与一些儿切实的东西。她把这些归结于第二次的结婚，而她也只能如此。

她的对手柳原是一个自私的男子，也可以说是颓败的人物，不过是另一种的颓败。他和她要好，不打算和她结婚。这样的人往往是机智的、伶俐的，可是没有热情。他的机智与伶俐使他成为透明，放射着某种光辉，却更见得他的生命之火是已经熄灭了。结婚是需要虔诚的，他没有这虔诚。他需要娼妓，也需要女友，而不需要妻。他与萨黑荑妮公主往来，这萨黑荑妮公主对于他毋宁是娼妓，他决不把她和流苏同等看待。保持这样的女友关系，靠的是机智与伶俐，不是靠的热情。流苏恨他的这一手，但也有不尽了解他的地方。柳原有意当着人做出和她亲狎的神气，而两人相对时却又是平淡的、闲适的，始终保持着距离。他的始终保持着距离是狡狯，但他当着人和她的亲狎却是有着某种真情的。人们把他俩当作夫妇，在他乃是以欺骗来安慰自已，因为他只是厌倦人生，缺乏家庭生活的虔诚，没有勇气结婚而已，但仍然自己感觉到这一面的空虚，他需要以伪装的夫妇来填补这空虚。其人是自私的，并且怯弱。有一天，他在深夜里打电话给流苏，也不是为了要使流苏烦恼，却正是他自己的烦恼的透露，他说出了爱，随即又自己取消了。因为怯弱，所以他也是凄凉的。

但流苏不能懂得这些，只以为都是他在刻毒她，玩弄她，她也是自私的，但她的自私只是因为狭隘，和柳原的自私是因为软弱不同。当她赌气回上海住了些时，柳原打电报请她再到香港去的时候，她觉得万分委屈，失败到不能不听他摆布而哭了。这处所，倘在低手，是要写成一喜一怒，或惭喜交集的，其实是绝没有喜意，也没有怒，连愧惭都不是，而有的只是一腔委屈。

重到香港之后，一个晚上柳原吻了她。第二天他却告诉她，他一礼拜后就要上英国去。他是要逃避自己的这一吻。流苏被留在香港，独自住在他给她新租下的一所房子里。一切竟是这样的空洞、不切实，这样的没有着落吗？不，就是梦也要比这更分明些。她搬进了新房子，“客厅里门窗上的油漆还没干，她用食指摸着试了一试，然后把那黏黏指尖贴在墙上，一贴一个绿迹子。为什么不？这又不犯法？这是她的家！她笑了，索性在那蒲公英黄的粉墙上打了一个鲜明的绿手印。”她要证实给自己看，就是欺骗自己都好。

于是来了战争，柳原和流苏逃难做一起。这战争，如作者所说，流弹的“那一声声的‘吱呦呃……’撕裂了空气，撕毁了神经。淡蓝的天幕被扯成一条一条在寒风中簌簌飘动。风里同时飘着无数剪断了的神经的尖端，那炸弹轰天震地一声响，整个的世界黑了下来，像一只硕大无朋的箱子，啪地关上了盖，数不清的罗愁绮恨，全关在里面了。”而更要紧的，是这流弹与炸弹把柳原与流苏的机智与伶俐、自私与软弱都撕掉了，剩下素朴的一男一女，变成很少说话，却彼此关切着，结了婚了。早先说的“死生契阔——与子相悦；执子之手，与子偕老”这一首最悲哀的诗，至此得到真实的人生做注解了：“可是总有地方容得下一对平凡的夫妻的。”

这故事结局是壮健的，作者刻划了柳原的与流苏的机智与伶俐，但终于否定了这些，说道：“他不过是一个自私的男子，她不过是自私的女人。”而有些读者却停留于对柳原与流苏的俏皮话的玩味与赞赏，并且看不出就在这种看似斗智的俏皮话中也有着真的人性，有着抑制着的烦恼，对于这样的读者，作者许是要感觉寂寞的吧！

至于文句的美，有些地方真是不可及的。例如：“那口渴的太阳汩汩地吸着海水，漱着、吐着，哗啦哗啦的响。人身上的水分全给它吸干了，人成了金色的枯叶了，轻飘飘的。流苏渐渐感到那奇异的眩晕与愉快……”凡是在浅水湾海滩上玩过的人大概总能领略这妙处的。又如写流苏刚到香港：“那是个火辣辣的下午，望过去最触目的便是码头上围列着的巨型广告牌，红的、橘红的、粉红的，倒映在绿油油的海水里，一条条，一抹抹刺激性的犯冲的色素，蹿上落下，在水底下厮杀得异常热闹。流苏想着，在这夸张的城里，就是栽个跟头，只怕也比别处痛些，心里不由的七上八下起来。”好在哪里，我想是无须解释的。并且我也不想一一举出，不如让读者们自己去发现来得更好。

三

一次，张爱玲和我说：“我是个自私的人”，言下又是歉然，又是倔强。停了一停，又思索着说：“我在小处是不自私的，但在大处是非常的自私。”

她甚至怀疑自己的感情，贫乏到没有责任心。但她又说：“比如写文章上头，我可是极负责任的。”究竟是什么回事呢？当时也说不上来。

但也随即得到了启发。是几天之后，我和一个由小党员做到大官的人闲谈，他正经地并且看来是很好意地规劝我：应当积极，应当爱国，应当革命。我倦怠地答道：“爱国全给人家爱去了，革命也全给人家革去了，所以我只好不爱国了，不革命了。”

正如鲁迅说的：正义都在他们那一边。他们的正义和我们有什么相干？而这么说说，也有人会怒目而视，因为群众是他们的，同志也是他们的，我又有什么“们”？好，就说是和我不相干吧。于是我成了个人主义者。

再遇见张爱玲的时候，我说:“你也不过是个人主义者罢了。”这名称是不大好的，但也没有法子，就马马虎虎承受这个名称吧。说到“没有法子”和“马马虎虎”，想起一次和清水、池田两位谈天，他们很惊奇这两句中国特有的流行语。我说这两句话是民国以来才有的。几十年来，英雄们来来去去，一个个摩拳擦掌，在那里救国救民。而人民，却只是赶着看热闹，你问他游行他也去，你叫他喊口号他也喊。回来问他怎么样？他说是“马马虎虎”。但凡英雄们，无论是土著的、外来的，总是异口同声地叹气，对于这样的人民“没有法子”。也幸亏这“马马虎虎”，人民才不至于被骗光，使得英雄们作恶“没有法子”作得彻底。

还是各人照管照管自己吧。同时也不妨听听公说公的理，婆说婆的理，当作余兴。《到底是上海人》里赞扬上海人的这种聪明，与几乎具有魅惑性的幽默，但不是俏皮。

这样的个人主义是一种冷淡的怠工，但也有更叛逆的。它可以走向新生，或者破灭，却是不会走向腐败。如今人总是把个人主义看做十五世纪欧洲文艺复兴时代专有的东西，殊不知历史上无论哪个新旧交替的时代都是这样的。奴隶社会也好，封建社会、资本主义社会也好，当它没落之际，都是个人被团体淹死，而人类被物质淹死。有如一家破落的大户，奴隶厌倦主人，主人也厌倦奴隶，生活的一角更沉湎于奢侈，而生活的全面则是物的贫乏，使人心因为吝啬而收缩。一切成为不可忍受，如《论写作》里说的有一种“壅塞的忧伤”，人也“雾数”，物也“雾数”，没有一桩顺眼的。要活下去，是只好出走，如《走，走到楼上去！》里说的“去接近日月山川”，并且把物从阴暗的角隅里拖出来，拆散，一件件洗干净了，也得个爽心悦目。

苏格拉底与卢骚就是这样的要袪除氤氲于“雾数”的东西上头的神秘，而诉之于理性。他们都是个人主义者。卢骚还挑战地说：“我即使不比别人更好，至少我是和别人不同的。”

讲到出走，她的一张照片，刊在《杂志》上的，是坐在池塘边，眼睛里有一种惊惶，看着前面，又怕后头有什么东西追来似的。她笑说：“我看看都可怜相，好像是挨了一棒。”她有个朋友说：“像是个奴隶，世代为奴隶。”我说：“题名就叫逃走的女奴，倒是好。”过后想想，果然是她的很好说明。逃走的女奴，是生命的开始，世界于她是新鲜的，她自个儿有一种叛逆的喜悦。

但她和苏格拉底、卢骚他们都不同。纪元前四世纪的希腊只是在解体中，后面并没有新的时代，苏格拉底的理性没有现实的东西可以依附，随后是被吸收到基督教里去了。尼罗时代的罗马也是有没落而无新生，如显克微支的《往何处去》里所写的，人们倦怠于生活，盛行了讽刺，但终因时代没有前景，所以讽刺也渐渐稀薄，成为无害的警句，过后是无结果地消失了。一个时代的没落之后倘使随来的是空虚，是开不出文学的花来的。

卢骚的时代却是有着资本主义革命的前景的，所以卢骚对于旧时代是谴责，不再用讽刺。他有《民约论》，有《爱弥儿》，替时代开了药方。

如今的情形可又是另一种。文学上从讽刺发展到谴责，再发展到对于新事物的寻求，往往是经过一串长的程序的，而现在却是压缩在一起。例如鲁迅，在他同时写的作品里就有讽刺，有谴责，有寻求，并且有开方。这是因为几十年来中国一直在连续的革命与连续的反动之故。但鲁迅在开方上头是错了，他的参加左翼文学是一个无比的损失。他是过早地放弃了他的个人主义。个人主义是旧时代的抗议者，新时代的立法者，它可以在新时代的和谐中融解，却不是什么纪律或克制自己所能消灭的。

鲁迅的遭遇比果戈理好，果戈理的讽刺没有下梢，他竭力和空虚挣扎，想归结到有所寻求，但终于自己烧掉了死魂灵的后半部。他的晚年是可哀的。鲁迅的讽刺却是有寻求，所以能不受空虚的袭击，而走向如火如荼。但鲁迅的收场也并不比托尔斯泰或果戈理更好。托尔斯泰是伟大的寻求者，但一开方，就变个枯竭的香客了。鲁迅开的方是史太林一味，也等于宗教。而在过早地放弃个人主义上头，则鲁迅和果戈理在晚年同样的被什么纪律所牺牲了。

鲁迅之后有她。她是个伟大的寻求者。和鲁迅不同的地方是，鲁迅经过几十年来的几次革命和反动，他的寻求是战场上受伤的斗士的凄厉的呼唤，张爱玲则是一枝新生的苗，寻求着阳光与空气，看来似乎是稚弱的，但因为没受过摧残 ，所以没一点病态，在长长的严冬之后，春天的消息在萌动，这新鲜的苗带给了人间以健康与明朗的、不可摧毁的生命力。

一九二五至二七年中国革命的失败，使得许多年青作家的创作力毁灭了，现代杂志社的那些人，有的是从明丽的南欧留学回来的，带来一些鲜洁的空气，如同沾着露水的花朵，刚刚使人眼目一亮，很快就枯萎了。时代的阴暗给予文学的摧折真是可惊的。没有摧折的是鲁迅，但也是靠的尼采式的超人的愤怒才支持了 他自己。

到得近几年来，一派兵荒马乱，日子是更难过了，但时代的阴暗也正在渐渐祛除。兵荒马乱，是终有一天要过去的，而传统的吓人的生活方式也到底被打碎了，不能再恢复。这之际，人们有着过了危验期的病后那种平静的喜悦，虽然还是软绵绵的没有气力，却想要重新看看自己，看看周围了。而她正是代表这时代的新生的。

鲁迅是尖锐地面对着政治的，所以讽刺、谴责。张爱玲不这样，到了她手上，文学从政治走回人间，因而也成为更亲切的。时代在解体，她寻求的是自由，真实而安稳的人生。

统治这世界的是怎样一种生活呢？“封锁”里的翠远，像教会派的少奶奶，她知道自己生活得没有错，然而不快乐。她没有结婚，在电车上胆怯怯的接受了一个男人的调情，原来在她的灵魂里也有爱，然而即刻成了秽亵，她吃惊，并且混乱了。那男人，生活得也不好，是个银行的职员，像乌壳虫似的整天爬来爬去，很少有思想的时间。和那女人，不过是很偶然的戏剧化的一幕，但他从自己的一生中记忆起了一些什么，使他烦恼，不满于他自己了。

高等的如“倾城之恋”里柳原与流苏的调情，人生成了警句，但不是一篇作品。柳原说的不错：“死生契阔——执子之手，与子偕老”是一首悲哀的诗，世界是荒凉的，并且太沉重了，他的机智与风趣只是萤火虫的微蓝的光，在黑暗中照亮自己。

还有更低等的如“连环套”里霓喜过的那种日子。霓喜一个又一个的和男人姘居，有如饥饿的人贪馋地没有选择地大嚼榨过油的豆饼，虽然也有滋养，不免伤了肠胃，精致的东西不一定是伟大，但人吃畜生的饲料到底是悲怆的。

柳原的光辉久后是要黯淡的。这光辉一消失，使成了“沉香屑”第一炉香里的梁太太。梁太太一直过的高等调情的生活，越来越变成现实的浅薄的享乐，灵感褪了色，只好加上腻与刺激，以浓浓的味使自己上瘾，并且欺骗自己，当作这里边有着滋养。

这种靠不住的灵感的褪色是可哀的。“金锁记”里姜公馆的客厅是阴沉沉的，姜公馆的男女一个个如同年深月久贴在屏风上绣出的鸟，没有歌唱，连抖动一下翅膀的意思都永远没有了。即使加上腻与刺激也没有用，人后成了麻痹，如同《年青的时候》里的油炸花生下酒的父亲，听绍兴戏的母亲，庸俗的姊姊，过的日子正如绍兴戏的唱腔宽平面无表情，热闹的，眩晕的，不真实的。如同《花凋》里的郑先生家，外面好看，里头姊妹们为了一件衣裳一双袜子费尽心机，几乎是返到原始的生存竞争，并不比拾荒的孩子们的争吵更文明些。

是什么鞭子把人打成这样子可怜相的呢？是《年青的时候》里教科书的怆然告诫自己：“无论什么事，都不可以大意。无论什么事，都不能称自己的心愿的 。”连惊叹号都没有，只是冷冷的逗点与句点。是《金锁记》里那沉重的黄金的枷锁。总之是这世界上有着牵牵缠缠使人不愉快的，不成款式的人生的伦理。

她谴责这些，而抚慰那被损害、被侮辱的。她以眼泪，不是悲怆的而是柔和的眼泪洗净了人间。在《公寓生活纪趣》与《道路以目》里，她把事事物物养在水盂里，如同雨花台的小石子。精致的，明朗而亲切的。她拆卸了戏剧化的装饰 ，把人类的感情揩拭干净，告诉他们衣着的美，吃食的美，告诉他们怎样听幼稚的弟弟讲故事：“他还没说完，我已经大笑起来，在他的腮上吻了一下，把他当作小玩意。”

但这些都是个人的。倘或集团相处又怎样呢？《到底是上海人》里她赞美上海人的聪明，那种把公说公的理，婆说婆的理也当作一个小玩意的风趣。不过事实本身并没有她的这说明那样好。她另有她所寻求的。《论写作》里她神往于申曲：“五更三点望晓星，文武百官上朝廷，东华龙门文官走，西华龙门武将行，文官执笔安天下，武官上马定乾坤”那种时代，如南星的散文里有一句：“午后庭院里的阳光是安稳的。”真是思之令人泪落。但她不能开方，她是止于伟大的寻求。

她是个人主义的，苏格拉底的个人主义是无依靠的，卢骚的个人主义是跋扈的，鲁迅的个人主义是凄厉的，而她的个人主义则是柔和、明净的。至此忽然记起了郭沫若的《女神》里的“不周山”，黄帝与共工大杀一遍之后，战场上变得静寂了，这时来了一群女神，以她们的抚爱使宇宙重新柔和，她就是这样，是人的发现与物的发现者。

原载《杂志》，1944年5、6月第13卷第2、3期

张爱玲与左派

胡览乘[①]

有人说张爱玲的文章不革命，张爱玲文章本来也没有他们所知道的那种革命。革命是要使无产阶级归于人的生活，小资产阶级与农民归于人的生活，资产阶级归于人的生活，不是要归于无产阶级。是人类审判无产阶级，不是无产阶级审判人类。所以，张爱玲的文章不是无产阶级的也罢。

革命必须通过政治，到改造经济制度。制度渗透于一般人的日常生活的各方面，而且到了最深的处所。制度腐败了，人是从生活的不可忍受里去懂得制度的不可忍受的。生活的不可忍受，不单是不能活，是能活也活的无聊耐，觉得生命没有了 Point。这样才有张爱玲的诗：

他的过去里没有我，
曲折的流年，

① 胡兰成笔名。

深深的庭院，
空房里晒着太阳，
已经成为古代的太阳了。
我要一直跑过去，
大喊："我在这儿！
我在这儿呀！"

这时候人要求重新发现自己，发现世界，而正是这人的海洋的吸动里满蓄着风雷，从这里出来的革命才是一般人们的体己事。革命有地下室的活动，展开时还有指挥部与突击队，然而决定竞争的是全军的军容。张爱玲的文章没有提到革命的指挥部与突击队倒是更完全的。

还有，人是为了心爱的东西才革命的，洗净它，使它变得更好更可靠。倘在现实生活里不知道什么是美的，也必不知道什么地方受了污秽与损伤，那样的人要革命，自然只好让他们去革，可是也不必向他们领教。他们没有生命的青春，所以没有柔和，崇拜硬性。他们还崇拜力，是崇拜的物理的力，不是生命力，因为他们的线条怎样看来也没有生命力，所以总喜欢画得粗些，再粗些，成为粗线条。一次几个人看一幅齐白石的画，不像是真的，主人却啧啧赞叹，说画的多有魄力。池用笃纪说："这哪里是魄力，这是膂力罢了。"他们的粗线条其实不过是这种膂力。

马克思主义者至今只发现了艺术的背景，不懂得艺术还有它自身。他们把艺术看做事物的反映，时代的钤记，然而钤记是并不能给时代加添一点什么的，事物没有镜子，也无损于它的完全。只在私有制的社会里，没有无主的东西，要从表示所有权的钤记才能想像事物的存在，渐渐把钤记自身也看作是一种存在。资本主义末期，人的存在成为被动的，不是人创造事物，人倒是事物的反映了，说艺术是反映，是钤记，不过是这种错觉的抄袭。不懂得艺术自身，是会连艺术的背景也说不明白的。他们说艺术被阶级性沾染，这当然是，但也不过是被沾染而已，艺术是植根于人类的，在有阶级的社会，它的背景是通过了阶级的人类，可是他们只说是阶级。他们并且抄袭教会的把艺术看做装饰，资产阶级的把艺术看做宣传，也说艺术不过是无产阶级的工具。

艺术是什么呢？是人生的超过它自己，时代的超过它自己，是人的世界里事物的升华，这超过它自己到了平衡破坏的程度便是革命。懂得这个，才懂得在张爱玲之前谦逊。

张爱玲的《夜营的喇叭》，在这时代的凄凉与恐怖里向一个熟悉的调子，简单的心奔走着充满喜悦与同情，这里有一种横了心的悲壮。可是时代到底沉重，《走，走到楼上去！》便是一出这样的悲喜剧。平常人不是英雄，在他们的生活里没有悲剧与喜剧的截然界限，他们不那么廉价他就会走到感情的尖端。

一次读汉诗："翩翩堂前燕，春藏夏来见。弟兄两三人，流宕在他县。故衣谁当补，新衣谁当绽。幸得贤主人，揽取为我担。夫婿从门来，斜倚西北眄。语卿且勿眄，水清石自见。石见何磊磊，远行不如归。"读到"语卿且勿眄"，张爱玲笑了，说："啊！怎么能够的，诗也可以这样滑稽！怎么后来人写诗，好诗总是悲哀的多，一滑稽就变成打油诗了，从前的人真是了不起。这样开玩笑似的，可又这样厚道，认真。"又读晋人《子夜歌》："欢从何处来，端然有忧色。千唤不一应，有何比松柏！"张爱玲说："'端然'两个字真好。他不过是一点小小的不开心，大约并不是忧国忧民，可是在她看来，也还是有一种郑重的美。可见她是真的爱他的，就像印度跳舞里那女孩子得意地告诉人：她的爱人笑起来是怎样的，生起气来又是怎样的。她也忧愁起来，跟在后面问长问短，可是也不至于严重到没有一点取笑的意思。"

张爱玲的《孔子与孟子》，短短几百字，登在《小天地》第四期上，讲厨房的窗子外边用有一块破布条子，像个小人儿，风吹雨打，他频频打拱作揖，仿佛有一肚子的仁义礼智王道霸道要对人说，越看越像孟子。这篇文字和别的一篇排印接错了，我拼起来读，觉得非常好。很深的情理，然而是家常的。

这次我在南京，到博物院去看六朝石刻，有一块是站着的两尊佛，上身赤膊，胖墩墩像小孩子，下面蹲着两只犬，也胖墩墩的很好玩。分明是眼面前的东西，可以同时是神，是灵异。又看到乾隆朝的漆器，女人用的红粉盒，盖上雕着双龙。像龙这样大动物，用在这里应当是不配的，可是非常配。只有平常人才能这样的把时代的恐龙也绣作女人的鞋头的图案，把时代的巨人也看作可以在他颊上吻一下的孩子，把革命也看作家常的。

崔承喜来上海跳舞，那“无敌大将军”活像我见过的官，装腔作势，可是观众不怕他，也没有憎恶。观众的态度必是难得有这样的天真的，因为舞的好，把观众提得这样高了。“花郎”描摹一个游冶郎，也是讽刺的，可是仅有一点刻薄，为了青春的缘故，他的一切都被观众所原谅。还有是描摹一个有自卑心理的驼子，一个少女故意撩拨他，和他跳了一回舞，又跑开了，撇下他孤伶伶地，观众心里难受起来，然而还笑着。张爱玲去看了回来说：“讽刺也是这么好意的，悲剧也还能使人笑。一般的滑稽讽刺从来没有像这样的有同情心的，卓别候的影片算了不得的了，不过我还是讨厌里面的一种流浪人的做作，近于中国的名士派。那还是不及崔承喜的这支舞。到底是我们东方的东西最基本。”

艺术是这样的使人间成为亲切的，肯定的。因为稳定，所以能豪放。豪放起来也没有那种无家可归的惨淡决裂。我在朋友家看到过一个人形，用泥雕塑，是日本仿古作品，仿的唐朝的女人，前额两个髻，做得不太高，也不遮着额角，背后的头发分开做两络，像梳的小辫子，披到肩头，穿一件深粉红广袖单衫，绣着金色花朵，下面一条长长的花黄裙子，从胸下起到脚面，腰间系一条深蓝带子。她右手抱着一个铜绿色的瓶，像是盛水盛米用的，左手绕过去按在瓶口的边沿，身体微微倾斜。脸像少妇，也像少女，有天真的明媚。整个的姿势雍容清洒，可以想像她走在画堂前，可以想像她是春天郊野里的游女，也可以想像她在操作。是这样的豪放，流转自如的。这里我想起张爱玲的文章里说的：晚上不放下帘子睡觉，醒来的满屋子阳光，外面有热闹的电车声音。不管这一天将有什么事发生，单这堂堂的开头已经是可爱的。

新时代的文明是都市的，并且要以都市的光来照亮农村。张爱玲，她是澈底的都市的。春天的早晨她走过大西路，看见马路旁边的柳树与梧桐，非常喜欢，说："这些树种在铺子面前，种在意大利饭店门口，都是人工的东西，看着它发芽抽叶特别感到亲切。"又说："现代文明无论有怎样的缺点，我还是从心底里喜欢它，因为它倒底是我们自己的东西。"她喜欢公寓生活，因为公寓里没有住家的那种沉淀的忧伤。

她认真地工作，从不沾人便宜，人也休想沾她的，要使她在稿费上头吃亏，用怎样高尚的话也打不动她。她的生活里有世俗的清洁。在香港时，路上一个瘪三抢她的钱袋，夺来夺去好一会，还是没给抢去。一次是在上海，瘪三抢她手里的点心，连纸包一把抓去了一半，另一半还是给她攥得紧紧的拿了回来了。对任何人，她都不会慷慨大量，或者心一软，或者感到恐怖而退让。现代人的道德是建在沾便宜上，从这里生出种种不同身份的做人风格。张爱玲没有一点这种禁忌，她要的东西定规要，不要的定规不要，什么时候都是理直气壮的。

人与人的关系应当是人的展开，而现在却是人与人的关系淹没了人。先要有人的发现，才能刷新人与人的关系，可以安得上所谓“个人主义”“集团主义”的名词。然而左派理论家只说要提倡集团主义，要描写群众。其实要描写群众，便该懂得群众乃是平常人，他们广大深厚，一来就走到感情的尖端并不是他们的本色。他们是在一时代的政治经济制度里生活着，但他们把它烹饪过了，不是吃的原料。是他们日常的生活感情使他们面对毁灭而能够活下去。资本主义的崩溃，无年无月的世界战争与已在到来的无边无际的混乱，对于平常人，这是一个大的巫魇，惘惘的，不清不楚的，而左派只是学的陈涉，陈涉使人夜于丛祠旁篝火狐鸣:“大楚兴，陈涉王!”使农民惊恐，他们的文艺便是这种狐鸣。他们用俄国的神话，美国的电影故事，山东人走江湖的切口，构成他们作品的风格。如马克思主义者自己说的:每一种风格都是阶级性的狭隘，再狭隘些，风格就更固定而为习气。左派有很深的习气，因为他们的生活里到处是禁忌;虽然强调农民的顽固，市民的歇斯底里与虚无，怒吼了起来，也是时代的解体，不是新生。

原载《天地》，1945 年 6 月第 21 期

民国女子

胡兰成

一

前时我在南京无事，书报杂志亦不大看，却有个冯和仪寄了《天地》月刊来，我觉和仪的名字好，就在院子里草地上搬过一把藤椅，躺着晒太阳看书。先看发刊辞，原来冯和仪又叫苏青，女娘笔下这样大方利落，倒是难为她。翻到一篇《封锁》，笔者张爱玲，我才看得一二节，不觉身体坐直起来，细细地把它读完一遍又读一遍。见了胡金人，我叫他亦看，他看完了赞好，我仍于心不足。

我去信问苏青，这张爱玲果是何人？她回信只答是女子。我只觉世上但凡有一句话，一件事，是关于张爱玲的，便皆成为好。及《天地》第二期寄到，又有张爱玲的一篇文章，这就是真的了。这期而且登有她的照片。见了好人或好事，会将信将疑，似乎要一回又一回证明其果然是这样的，所以我一回又一回傻里傻气的高兴，却不问问与我何干。

及我去上海，一下火车即去寻苏青。苏青很高兴，从她的办公室陪我上街吃蛋炒饭，随后到她的寓所。我问起张爱玲，她说张爱玲不见人的。问她要张爱玲的地址，她亦迟疑了一回才写给我，是静安寺路赫德路口 192 号公寓 6 楼 65 室。

翌日去看张爱玲，果然不见，只从门洞里递进去一张字条，因我不带名片。又隔得一日，午饭后张爱玲却来了电话，说来看我。我上海的家是在大西路美丽园，离她那里不远，她果然随即来到了。

我一见张爱玲的人，只觉与我所想的全不对。她进来客厅里，似乎她的人太大，坐在那里，又幼稚可怜相，待说她是个女学生，又连女学生的成熟亦没有。我甚至怕她生活贫寒，心里想战时文化人原来苦，但她又不能使我当她是个作家。

张爱玲的顶天立地，世界都要起六种震动。是我的客厅今天变得不合适了。她原极讲究衣裳，但她是个新来到世上的人，世人各种身份有各种值钱的衣料，而对于她则世上的东西都还没有品级。她又像十七八岁正在成长中，身体与衣裳彼此叛逆。她的神情，是小女孩放学回家，路上一人独行，肚里在想什么心事，遇见小同学叫她，她亦不理，她脸上的那种正经样子。

她的亦不是生命力强，亦不是魅惑力，但我觉得面前都是她的人。我连不以为她是美的，竟是并不喜欢她，还只怕伤害她。美是个观念，必定如何如何，连对于美的喜欢亦有定型的感情，必定如何如何，张爱玲却把我的这些全打翻了。我常时以为很懂得了什么叫惊艳，遇到真事，却艳亦不是那艳法，惊亦不是那惊法。

我竟是要和爱玲斗，向她批评今时流行作品，又说她的文章好在哪里，还讲我在南京的事情，因为在她面前，我才如此分明的有了我自己。我而且问她每月写稿的收入，听她很老实的回答。初次见面，人家又是小姐，问到这些是失礼的，但是对着好人，珍惜之意亦只能是关心她的身体与生活。

张爱玲亦会孜孜的只管听我说，在客厅里一坐五小时，她也一般的糊涂可笑。我的惊艳是还在懂得她之前，所以她喜欢，因为我这真是无条件。而她的喜欢，亦是还在晓得她自己的感情之前。这样奇怪，不晓得不懂得亦可以是知音。

后来我送她到弄堂口，两人并肩走，我说："你的身材这样高，这怎么可以？"只这一声就把两人说得这样近，张爱玲很诧异，几乎要起反感了，但是真的非常好。

二

第二天我去看张爱玲。她房里竟是华贵到使我不安，那陈设与家具原简单，亦不见得很值钱，但竟是无价的，一种现代的新鲜明亮断乎是带刺激性。阳台外是全上海在天际云影日色里，底下电车当当的来去。张爱玲今天穿宝蓝绸袄裤，戴了嫩黄边框的眼镜，越显得脸儿像月亮。三国时东京最繁华，刘备到孙夫人房里竟然胆怯，张爱玲房里亦像这样的有兵气。

我在她房里亦一坐坐得很久，只管讲理论，一时又讲我的生平，而张爱玲亦只管会听。男欢女悦，一种似舞，一种似斗，而中国旧式床栏上雕刻的男女偶舞，那蛮横泼辣，亦有如薛仁贵与代战公主在两军阵前相遇，舞亦似斗。民歌里又有男女相难，说书又爱听苏小妹三难新郎，王安石与苏东坡是政敌，民间却把来说成王安石相公就黄州菊花及峡中茶水这两件博识上折服了苏学士，两人的交情倒是非常活泼，比政敌好得多了。我向来与人也不比，也不斗，如今却见了张爱玲要比斗起来。

但我使尽武器，还不及她的只是素手。张爱玲的祖父张佩纶与李鸿章的小姐配婚姻，是有名的佳话，因我说起，她就把她祖母的那首诗抄给我看，却说她祖母并不怎样会作诗，这一首亦是她祖父改作的。她这样破坏佳话，所以写得好小说。

张爱玲因说，她听闻我在南京下狱，竟也动了怜才之念……我听了只觉得她幼稚可笑，一种诧异却还比感激更好。我连没有去比拟张佩纶当年，因为现前一刻值千金，草草的连感动与比拟都没有工夫。

回家我写了第一封信给张爱玲，竟写成了像“五四时代”的新诗，一般幼稚可笑，张爱玲也诧异，我还自己以为好。都是张爱玲之故，使我后来想起就要觉得难为情。但我信里说她谦逊，却道着了她，她回信说我“因为懂得，所以慈悲”。

从此我每隔一天必去看她。才去看了她三四回，张爱玲忽然很烦恼，而且凄凉。女子一爱了人，是会有这种委屈的。她送来一张字条，叫我不要再去看她，但我不觉得世上会有什么事冲犯，当日仍又去看她，而她见了我亦仍又欢喜。以后索性变得天天都去看她了。

因我说起登在《天地》上的那张照相，翌日她便取出给我，背后还写有字：

见了他，她变得很低很低，低到尘埃里，但她心里是欢喜的，从尘埃里开出花来。

她这送照相，好像吴季札赠剑，依我自己的例来推测，那徐君亦不过是爱悦，却未必有要的意思。张爱玲是知道我喜爱，你既喜爱，我就给了你，我把照相给你，我亦是欢喜的。而我亦只端然地接受，没有神魂颠倒。各种感情与思想可以只是一个好，这好字的境界是还在感情与思念之先，但有意义，而不是什么的意义，且连喜怒哀乐都还没有名字。

三

我到南京，张爱玲来信，我接在手里像接了一块石头，是这样的有分量，但并非责任感。我且亦不怎么相思，只是变得爱啸歌。每次回上海，不到家里，却先去看爱玲，踏进房门就说“我回来了”。

要到黄昏尽，我才从爱玲处出来，到美丽园家里，临睡前还要青芸陪我说话一回，青芸觉得我这个叔叔总是好的，张小姐亦不比等闲女子。一晚我从爱玲处出来迳到熊剑东家，剑东夫妇和朋友在打牌，我在牌桌边看了一回，只觉坐立不安，心里满满的，想要啸歌，想要说话，连那电灯儿都要笑我的。

我常时一个月里总回上海一次，住上八九天，晨出夜归只看张爱玲，两人伴在房里，男的废了耕，女的废了织，连同道出去游玩都不想，亦且没有工夫。旧戏里申桂生可以无年无月的伴在志贞尼姑房里，连没有想到蜜月旅月，看来竟是真的。

我们两人在一起时，只是说话说不完。在爱玲面前，我想说些什么都像生手拉胡琴，辛苦吃力，仍道不着正字眼，丝竹之音亦变为金石之声，自己着实懊恼烦乱，每每说了又改，改了又悔。但爱玲喜欢这种刺激，像听山西梆子似地把脑髓都要砸出来，而且听我说话，随处都有我的人，不管是说的什么，爱玲亦觉得好像“攀条摘香花，言是欢气息”。

爱玲种种使我不习惯。她从来不悲天悯人，不同情谁，慈悲布施她全无，她的世界里是没有一个夸张的，亦没有一个委屈的。她非常自私，临事心狠手辣。她的自私是一个人在佳节良辰上了大场面，自己的存在分外分明。她的心狠手辣是因她一点委屈受不得。她却又非常顺从，顺从在她是心甘情愿的喜悦。且她对世人有不胜其多的抱歉，时时觉得做错了似的，后悔不迭，她的悔是如同对着大地春阳，燕子的软语商量不定。

我的囿于定型的东西，张爱玲给我的新鲜惊喜却尚在判定是非之先。旧小说里常有人到了仙境，所见珍禽异卉，多不识其名，爱玲的说话行事与我如冰炭，每每当下我不以为然，连她给我看她的绘画，亦与我所预期的完全不对。但是不必等到后来识得了才欢喜佩服，便是起初不识，连欢喜佩服亦尚未形成，心里倒是带有多少叛逆的那种诧异，亦就非常好，而我就只凭这样辛辣而又糊涂的好感觉，对于不识的东西亦一概承认，她问我喜欢她的绘画么，只得答说是的，爱玲听了很高兴，还告诉她的姑姑。

我是受过思想训练的人，对凡百东西皆要在理论上通过了才能承认。我给爱玲看我的论文，她却说这样体系严密，不如解散的好，我亦果然把来解散了，驱使万物如军队，原来不如让万物解甲归田，一路有言笑。我且又被名词术语禁制住，有钱有势我不怕，但对公定的学术界权威我胆怯。一次我竟敢说出《红楼梦》《西游记》胜过托尔斯泰的《战争与和平》，或歌德的《浮士德》，爱玲却平然答道，当然是《红楼梦》《西游记》好。

牵牛织女鹊桥相会，喁喁私语尚未完，忽又天晓，连欢娱亦成了草草。《子夜歌》里有：

一夜就郎宿，通宵语不息。
黄蘖万里路，道苦真无极。

我与爱玲却是桐花万里路，连朝语不息。

如此只顾男欢女爱，伴了几天，两人都吃力，随又我去南京，让她亦有工夫好写文章。而每次小别，亦并无离愁，倒像是过了灯节，对平常日子转觉另有一种新意。只说银河是泪水，原来银河轻浅却是形容喜悦。

四

基督说："属于凯撒的归凯撒，属于上帝的归上帝。"如今亦即如此把人们来分属，张爱玲却教了我没有禁忌。天下人不死于殉恶，而死殉善，怎样善的东西若是带上巫魇禁忌，它便不好了。

我因听别人常说学生时代最幸福，也问问爱玲，爱玲却很不喜学校生活。我又以为童年必要怀恋，她亦不怀恋，在我认是应当的感情，在她都没有这样的应当。她而且理直气壮地对我说，她不喜她的父母，她一人住在外面，她有一个弟弟偶来看她，她亦一概无情。这与我的做人大反对。但中国文明原是人行于五伦五常，并不是人属于五伦五常，而伦常之所以几千年来不被革命革掉，是因为二十四孝同时也可以有桃花女与樊梨花。

民间看戏，爱看与公公斗法的桃花女。也喜欢樊梨花，樊梨花杀夫弑父，但大唐世界还是要她这样美貌有本领的人。还有哪吒，哪吒是个小小孩童，翻江搅海闯了大祸，他父亲怕连累，挟生身之恩要责罚他，哪吒一怒，刳肉还母，剔骨还父，后来是观世音菩萨用荷叶与藕做成他的肢体，张爱玲便亦是这样的莲花身。

爱玲是她的人新，像穿的新衣服对于不洁特别触目，有一点点雾数或秽亵她即刻就觉得。《聊斋》里的香玉，那男人对着绛雪道：“香玉吾爱妻，绛雪吾腻友也。”爱玲很不喜。又我与爱玲闲话所识的几个文化人，爱玲一照眼就看出那人又不干净，又不聪明。我每听她说，不禁将人比己，多少要心惊，但亦无从检点起。

我称赞爱玲的房间，她却说这还是她母亲出国前布置的，若她自己来布置，她爱刺激的颜色。赵匡胤形容旭日：“欲出不出光辣挞，千山万山如火发。”爱玲说的刺激是像这样辣挞的光辉颜色。她看《金瓶梅》，宋蕙莲的衣裙她都留心到，我问她看到秽亵的地方是否觉得刺激，她却竟没有。她爱看小报，许多恶浊装腔的句子她一边笑骂，一边还是看，亦有妙语，小报上的妙语往往亦是可怜语，一点不得爱玲的同情，但她转述给我听时，她亦是这样的开心好笑。无论她在看什么，她仍只是她自己，不致与书中人同哀乐，清洁到好像不染红尘。

连对于好的东西，爱玲亦不沾身。她写的文章，许多新派女子读了，刻意想要学她笔下的人物都及不得，但爱玲自己其实并不喜爱这样的人物。爱玲可以与《金瓶梅》里的潘金莲、李瓶儿也知心，但是绝不同情她们，与《红楼梦》里的林黛玉、薛宝钗、凤姐晴雯袭人，乃至赵姨娘等亦知心，但是绝不想要拿她们中的谁来比自己。她对书中的或现时的男人亦如此。她是陌上游春赏花，亦不落情缘的一个人。

我自己以为能平视王侯，但仍有太多的感激，爱玲则一次亦没有这样，即使对方是日神，她亦能在小地方把他看得清清楚楚。常人之情，连我在内，往往姑息君子，不姑息小人，对东西亦如此，可是从来的悲剧都由好人作成，而许多好东西亦只见其纷纷的毁灭，因为那样的好原来有限，是带疾的，其实不可原谅的还是不应当原谅。爱玲对好人好东西非常苛刻，而对小人与普通东西，亦不过是这点严格，她这真是平等。

爱玲好像小孩，所以她不喜小孩，小狗小猫她都不近，连对小天使她亦没有好感。一次她搬印书的白报纸回来，到了公寓门口要付车夫小账，她觉得非常可耻又害怕，宁可多些，把钱往那车夫手里一塞，赶忙逃上楼来，连不敢看那车夫的脸。中国民间又说小孩的眼睛最净，睡梦里会微笑，是菩萨在教他，而有时无端惊恐，则是他见了不祥不洁了。

五

张爱玲喜闻气味，油漆与汽油的气味她亦喜欢闻闻。她喝浓茶，吃油腻熟烂之物。她极少买东西，饭菜上头却不悭刻，又每天必吃点心，她调养自己像只红嘴绿鹦哥。有余钱她买衣料与脱脂花粉。她还是小女孩时就有一篇文字在报上登了出来，得到五元，大人们说这是第一次稿费，应当买本字典做纪念，她却马上拿这钱去买了口红。

她母亲是清末南京黄军门的小姐，西洋化的漂亮妇人，从小要训练爱玲做个淑女，到底灰了心。她母亲教她如何巧笑，爱玲却不笑则已，一笑即张开嘴大笑，又或单是喜孜孜的笑容，连她自己亦忘了是在笑，有点傻里傻气。爱玲向我如此形容她自己，她对于这种无可奈何的事只觉得非常开心。又道："我母亲教我淑女行走时的姿势，但我走路总是冲冲跌跌，在房里也会三天两天撞着桌椅角，腿上不是磕破皮肤便是淤青，我就红药水搽了一大搭，姑姑每次见了一惊，以为伤重流血到如此。"她说时又觉得非常开心。

爱玲给我看小时她母亲从埃及带给她的两串玻璃大珠子，一串蓝色，一串紫红色，我当即觉得自己是男孩子，看不起这种女孩子的东西。她还给我看她小时的作文。她十四岁即写有一部《摩登红楼梦》，订成上下两册的手抄本，开头是秦钟与智能儿坐火车私奔杭州，自由恋爱结了婚，但是经济困难，又气又伤心，而后来是贾母带了宝玉及众姊妹来西湖看水上运动会，吃冰淇淋。我初看时一惊，怎么可以这样煞风景，但是她写得来真有理性的清洁。

张爱玲是使人初看她诸般不顺眼，她决不迎合你，你要迎合她更休想。你用一切定型的美恶去看她总看她不透，像佛经里说的不可以三十二相见如来，她的人即是这样的神光离合。偶有文化人来到她这里勉强坐得一回，只觉对她不可逼视，不可久留。好的东西原来不是叫人都安，却是要叫人稍稍不安。

她但凡做什么，都好像在承当一件大事，看她走路时的神情就非同小可，她是连拈一枚针，或开一个罐头，也一脸理直气壮的正经。众人惯做的事，虽心不在焉亦可以做得妥当的，在她都十分吃力，且又不肯有一点迁就。但她也居然接洽写稿的事两不吃亏，用钱亦预算排得好好的。她处理事情有她的条理，亦且不受欺侮。一次路遇瘪三抢她的手提包，争夺了好一回没有被夺去，又一次瘪三抢她手里的小馒头，一半落地，一半她仍拿不回来。

我在人情上银钱上，总是人欠欠人，爱玲却是两讫，凡事像刀截的分明，总不拖泥带水。她与她姑姑分房同居，两人锱铢必较。她却也自己知道，还好意思对我说：“我姑姑说我财迷。”说着笑起来，很开心。她与炎樱难得一同上街去咖啡店吃点心，亦必先言明谁付账。

炎樱是个印度女子，非常俏皮，她有本领说得那咖啡店主犹太人亦软了心肠，少算她的钱，爱玲向我说起又很开心。

爱玲的一钱如命，使我想起小时正月初一用红头绳编起一串压岁钱，都是康熙道光的白亮铜钱，亦有这种喜悦。我笑爱玲："有的父亲给子女学费，诉苦说我的钱个个有血的，又或说是血汗。"爱玲听了很无奈，笑道："我的钱血倒是没有，是汗，血的钱只使人心里难受，也就不这般可喜了。"

爱玲每用钱，都有一种理直气壮，是慷慨是节俭，皆不夹杂丝毫夸张。一次说起朋友家，她道，那么多值钱的东西都其气不扬，没有喜意，我看过之后，只觉宁可不要富贵了。又爱玲住的公寓，邻房是个德国人，悭吝得叫人连不好笑，爱玲道："西洋人都是悭吝的，他们虽会投资建设大工程，又肯出钱办慈善事业，到底亦不懂得有一种德性叫慷慨。"

六

爱玲从来不牵愁惹恨，要就是大哭一场。她告诉我有过两回，一回是她十岁前后，为一个男人，但我记不得是爱玲讨厌他或喜欢他而失意，就大哭起来。又一回是在香港大学读书时，一年放暑假，仿佛是因炎樱没有等她就回上海家去了，她平时原不想家，这次却倒在床上大哭大喊得不可开交。她文章里惯会描画恻恻轻怨，脉脉情思，静静泪痕，她本人却宁像晴天落白雨。

她道："你说没有离愁，我想我也是的，可是上回你去南京，我竟要感伤了。"但她到底也不是个会缠绵悱恻的人。还有一次她来信说："我想过，你将来就只是我这里来来去去亦可以。"她是想到婚姻上头，不知如何是好，但也就不再去多想了。

前此我问爱玲向来对结婚的想法，她说她没有怎样去想这个。她且亦不想会与何人恋爱，连追求她的人好像亦没有过，若有，大约她亦不喜。总之现在尚早，等到要结婚的时候就结婚，亦不挑三挑四。有志气的男人对于结婚不结婚都可以慷慨，而她是女子，却亦能如此。

但她想不到会遇见我。我已有妻室，她并不在意。再或我有许多女友，乃至挟妓游玩，她亦不会吃醋。她倒是愿意世上的女子都欢喜我。而她与我是即使不常在一起，相隔亦只如我一人在房里，而她则去厨下取茶。我们两人在的地方，他人只有一半到得去的，还有一半到不去的。

我与爱玲亦只是男女相悦，《子夜歌》里称"欢"，实在比称爱人好。两人坐在房里说话，她会只顾孜孜地看我，不胜之喜，说道："你怎这样聪明，上海话是敲敲头顶，脚底板亦会响。"后来我亡命雁荡山时读到古人有一句话"君子如响"，不觉的笑了。她如此兀自欢喜得诧异起来，会只管问："你的人是真的么？你和我这样在一起是真的么？”还必定要我回答，倒弄得我很僵。一次听爱玲说旧小说里有“欲仙欲死”的句子，我一惊，连声赞道好句子，问她出在那一部旧小说，她亦奇怪，说“这是常见的呀”，其实却是她每每欢喜得欲仙欲死，糊涂到竟以为早有这样的现成语。

可是天下人要像我这样欢喜她，我亦没有见过。谁曾与张爱玲晤面说话，我都当它是件大事，想听听他们说她的人如何生得美，但他们竟连惯会的评头品足亦无。她的文章人人爱，好像看灯市，这亦不能不算是一种广大到相忘的知音，但我觉得他们总不起劲。我与他们一样面对着人世的美好，可是只有我惊动，要闻鸡起舞。

杂志上也有这样的批评，说张爱玲的一支笔千姣百媚，可惜意识不准确。还有南京政府的一位教育部长向我说：“张小姐于西洋文学有这样深的修养，年纪轻轻可真是难得。但她想做主席夫人，可真是不好说了！”我都对之又气恼又好笑。关于意识的批评且不去谈它，因为爱玲根本没有去想革命神圣。但主席夫人的话，则她文章里原写的是她在大马路外滩看见警察打一个男孩，心想做了主席夫人就可拔刀相助，但这一念到底亦不好体系化的发展下去云云，如此明白，怎会不懂？而且他们说她文彩欲流，说她难得，但是他们为什么不也像我的欢喜她到了心里去。

我与爱玲只是这样，亦已人世有似山不厌高，海不厌深，高山大海几乎不可以是儿女私情。我们两人都少曾想到要结婚。但英娣竟与我离异，我们才亦结婚了。是年我三十八岁，她二十三岁。我为顾到日后时局变动不致连累她，没有举行仪式，只写婚书为定，文曰：

胡兰成张爱玲签订终身，结为夫妇，愿使岁月静好，现世安稳。

上两句是爱玲撰的，后两句我撰，旁写炎樱为媒证。

我们虽结了婚，亦仍像是没有结过婚。我不肯使她的生活有一点因我之故而改变。两人怎样亦做不像夫妻的样子，却依然一个是金童，一个是玉女。

七

世人多知恶的东西往往有大威力，如云恶煞，会惊得人分开顶门骨，轰去魂魄，不知好的东西亦可以有大威力，它使人直见性命，亦有这样的惊。佛经里描写如来现相，世界起六种十八相震动，竟像是热核炸弹投下的震动。但恶煞的威是威吓，惊是惊怖，使人藐小，好的东西则威如祥麟威凤的威，惊是惊喜，使人飞扬。惟有好的东西亦发挥了大威力，才能使恶煞的大威力亦化凶为吉。但西洋人惟发现了神，他们的人依然是燔祭的牺牲，不及中国人的可以直见性命，谁挡在面前，虽释迦亦可以一棒打杀，如汉高祖斩蛇开径。

我小时看花是花，看水是水，见了檐头的月亮有思无念，人与物皆清洁到情意亦即是理性。大起来受西洋精神对中国文明的冲击，因我坚起心思，想要学好向上，听信理论，且造作感情以求与之相合，反为弄得一身病。《红楼梦》里贾宝玉病重，和尚来说会医，袭人等把他身上带的通灵宝石解下来递出去，那和尚接住手里只见玉色暗漠昏浊，不觉长叹一声道，青梗峰下，别来十五年矣，竟如此为贪嗔爱痴所困，你那本性光明何在也！我读到这一节，回味过来，真要掩泣。

我在爱玲这里，是重新看见了我自己与天地万物，现代中国与西洋可以只是一个海晏河清。《西游记》里唐僧取经，到得雷音了，渡河上船时梢公把他一推，险些儿掉下水去，定性看时，上游头淌下一个尸身来，他吃惊道，如何佛地亦有死人，行者答师父，那是你的业身，恭喜解脱了。我在爱玲这里亦有看见自己的尸身的惊。我若没有她，后来亦写不成《山河岁月》。

我们两人在房里，好像“照花前后镜，花面交相映”，我与她是同住同修，同缘同相，同见同知。爱玲极艳。她却又壮阔，寻常都有石破天惊。她完全是理性的，理性到得如同数学，它就只是这样的，不着理论逻辑，她的横绝四海，便像数学的理直，而她的艳亦像数学的无限。我却不准确的地方是夸张，准确的地方又贫薄不足，所以每要从她校正。前人说夫妇如调琴瑟，我是从爱玲才得调弦正柱。

前时我在香港，买了贝多芬的唱片，一听不喜，但贝多芬称为“乐圣”，必是我不行，我就天天刻苦开来听，努力要使自己懂得它为止。及知爱玲是九岁起学钢琴学到十五岁，我正待得意，不料她却说不喜钢琴，这一言就使我爽然若失。又我自中学读书以来，即不屑京戏、绍兴戏、流行歌等，亦是经爱玲指点，我才晓得它的好，而且我原来是欢喜它的。《大学》里说："所谓诚其意者，毋自欺也，如恶恶臭，如好好色。"我是现在才有了自己。

爱玲把现代西洋文学读得最多，两人在房里，她每每讲给我听，好像《十八只抽屉》，志贞尼姑搬出吃食请情郎。她讲给我听萧伯纳、赫克斯莱、桑茂忒芒，及劳伦斯的作品。她每讲完之后，总说"可是他们的好处到底有限制"，好像尘渎了我倾听了似的。她一点不觉得我的英文不好有何不足，反而是她多对我小心抱歉。可是对西洋的古典作品她没有兴致，莎士比亚、歌德、雨果她亦不爱，西洋凡隆重的东西，像他们的壁画、交响曲、革命或世界大战，都使人觉得吃力，其实并不好。爱玲宁是只喜现代西洋平民精神的一点。托尔斯泰的《战争与和平》，我读了感动的地方她全不感动，她反是在没有故事的地方看出有几节描写得好。她不会被哄了去陪人歌哭，因为她的感情清到即是理性。连英娣与我离异的那天，我到爱玲处有泪，爱玲亦不同情。

我从来不见爱玲买书，她房里亦不堆书。我拿了《诗经》《乐府诗》，李义山诗来，她看过即刻归还。我从池田处借来日本的版画《浮世绘》，及塞尚的画册，她看了喜欢，池田说那么给她吧，她却不要。她在文章里描写的几块衣料，我问她，她只在店里看了没有买得，我觉可惜，她却一点亦不觉得有遗憾。爱玲是像陌上桑里的秦罗敷，羽林郎里的胡姬，不论对方怎样的动人，她亦只是好意，而不用情。

她对我这样百依百顺，亦不因我的缘故改变她的主意。我时常发过一阵议论，随又想想不对，与她说："照你自己的样子就好，请不要受我的影响。"她笑道："你放心，我不依的还是不依，虽然不依，但我还是爱听。"她这个人呀，真真的像天道无亲。

一个人诚了意未必即能聪明，却是"却诚其意者，先致其知，致知在格物"。要聪明了然后能意诚，知尚在意之先。且不能以致知去格物，而是格物尚在致知是先。格物完全是一种天机。爱玲是其人如天，所以她的格物致我终难及。爱玲的聪明真像水晶心肝玻璃人儿。我以为中国古书上头我可以向她逞能，焉知亦是她强。两人并坐同看一本书，那书里的字句便像街上的行人只和她打招呼，但我真高兴我是与她在一起。读《诗经》，我当她未必喜欢"大雅"，不想《诗经》亦是服她的，有一篇只念了开头两句。"倬彼云汉，昭回于天"，爱玲一惊，说："啊！真真的是大旱年岁。"又《古诗十九首》念到："燕赵有佳人，美者颜如玉，被服罗裳衣，当户理清曲。"她诧异道："真是贞洁，那是妓女呀！"又同看《子夜歌》："欢从何处来，端然有忧色。"她叹息道："这端然真好，而她亦真是爱他！"我才知我平常看东西以为懂了，其实竟未懂得。

爱玲不看理论的书，连不喜历史。但我还是看了她的一篇写衣裳的散文，才与民国初年以来的许多大事觌面相见相知，而她这篇文章亦写衣裳只是写衣裳，全不用环境时代来说明。爱玲是凡她的知识即是与世人万物的照胆照心。

八

张爱玲是民国世界的临水照花人。看她的文章，只觉她什么都晓得，其实她却世事经历得很少，但是这个时代的一切自会来与她有交涉，好像“花来衫里，影落池中”。一日清晨，我与她步行同去美丽园，大西路上树影车声，商店行人，爱玲心里喜悦，与我说：“现代的东西纵有千般不是，它到底是我们的，于我们亲。”

爱玲的母亲还在南洋，姑姑已先从欧洲回来，今在怡和洋行做事，一日她说起柏林战时不知破坏得如何了，因就讲论柏林的街道，我问爱玲，爱玲答：“我不想出洋留学，住处我是喜欢上海。”所以我政治上诸般作为，亦终不想要移动她。

我与爱玲同看日本的版画《浮世绘》，朝鲜的瓷器，及古印度的壁画集，我都伺候看她的脸色，听她说哪一幅好，即使只是片言只语的指点，我才也能懂得它果然是非常好的。还有爱玲文章里描写民间小调里的鼓楼打更，都有一统江山的安定，我才亦对这些东西另眼相看。可是随即我跟爱玲去静安寺街上买小菜，到清冷冷的洋式食品店里看看牛肉鸡蛋之类，只觉与我刚才所懂的中国文明全不调和，而在她则只觉非常亲切，她的新就是新得这样刺激的。

我与她同看西洋画册子，拉斐尔与达文西的作品，她只一页一页的翻翻过，翻到米开朗基罗雕刻的人像《黎明》，她停了细看一回，她道："这很大气，是未完工的。"塞尚的画却有好几幅她给我讲说，画里人物的那种小奸小坏使她笑起来。爱玲自己便是爱描写民国世界小奸小坏的市民，她的《倾城之恋》里的男女，漂亮机警，惯会风里言，风里语，做张做致，再带几分玩世不恭，益发幻美轻巧了，背后可是有着对人生的坚执，也竟如火如荼，惟像白日里的火山，不见焰，只见是灰白的烟雾。他们想要奇特，结局只平淡的成了家室，但是也有着对于人生的真实的如泣如诉。

现代大都市里的小市民不知如何总是委屈的，他们的小奸小坏，小小的得意，何时都会遇着大的悲惨决裂。现代的东西何时都会使人忽然觉得它不对，不对到可怕的程度，连眼前那样分明的一切，都成了不可干涉。爱玲与我说："西洋人有一种阻隔，像月光下一只蝴蝶停在带有白手套的手背上，真是隔得叫人难受。"又一次她告诉我："午后公寓里有两个外国男孩搭电梯，到得那一层楼上，楼上惟见太阳荒荒，只听得一个说再会。真是可怕！"

扫帚星的尾巴有毒，扫着地球，地球上就要动刀兵或是发生大瘟疫，但不致因此就毁灭，如今民国世界便像这样，亦不过是被西洋的尾巴扫着罢了，所以爱玲还是从赫克斯来的影响走了出来。

中国文明就是能直见性命，所以无隔。我与爱玲两人并坐看《诗经》，这里也是“既见君子”，那里也是“邂逅相见”，她很高兴，说：“怎么这样容易就见着了！”而庾信的赋里更有：

树里闻歌，枝中见舞，恰对妆台，诸窗并开，遥看已识，试唤便来。

爱玲与阳台外的全上海即是这样的相望相识，叫一声都会来到房里似的。西洋人与现世无缘，他们的最高境界倒是见着了神，而中国人则“见神见鬼”是句不好听的话。

中国人说天意，说天机，故又爱玲在人世是诸天游戏，正经亦是她，调皮亦是她。我是从爱玲才晓得中国人有远比西洋人的幽默更好的滑稽。汉乐府有个流荡在他县的人，逆旅主妇给他洗补衣裳，“夫婿从门来，斜倚西北眄”。我与爱玲念到这里，她就笑起来道：“是上海话眼睛描发描发。”再看底下时即是“语卿且勿眄”，她诧异道：“啊！这样困苦还能滑稽，怎么能够！”两人把它来读完：“语卿且勿眄，水清石自见，石见何磊磊，远行不如归。”这末一句竟是对困苦亦能生气撒娇。这种滑稽是非常阳气的糊涂。

爱玲自己，便亦调皮得叫人把她无奈。报上杂志上凡有批评她的文章的，她都剪存，还有冒昧写信来崇拜她，或希望她为前进思想服务的，她亦收存，虽然她也不听，也不答，也不作参考。我是人家赞扬我不得当，只觉不舒服，责难我不得当，亦只咄得一声“无聊”，但他若是诚恳的，我虽不睬他，亦多少珍重他的这份心意。爱玲却不然。她笑道：“我是但凡人家说我好，说得不对我亦高兴。”劝告她责难她得不对，则她也许生气，但亦往往只是诧异。他们说好说坏没有说着了她，倒反给她如此分明地看见了他们本人。她每与姑姑与炎樱，或与我说起，便笑骂，只觉又是无奈，又是开心好玩。是这样的形相，即不论他们当中虽有心意诚恳的，她亦一概不同情。爱玲论人，总是把聪明放在第一，与《大学》的把格物致知放在诚其意之先，正好偶合。

又我与她正在用我们自己的言语要说明一件事，她却会即刻想到一句文艺腔，脱口而出，注曰，这是时人的，两人都笑起来，她这人就有这样坏，连她身为女子，亦会揶揄可笑的形容她自己。苏州云岩寺客堂挂有印光法师写的字，是：“极乐世界，无有女人，女人到此，化童男身。”苏青去游，见了很气，爱玲却丝毫没有反感。

我是从爱玲才晓得了汉民族的壮阔无私，活泼喜乐，中华民国到底可以从时代的巫魇走了出来的。爱玲是吉人，毁灭轮不到她，终不会遭灾落难。

夏天一个傍晚，两人在阳台眺望红尘霭霭的上海，西边天上余辉未尽，有一道云隙处清森遥远。我与她说时局要翻，来日大难，她听了很震动。汉乐府有：“来日大难，口燥唇干，今日相乐，皆当喜欢。”

她道："这口燥唇干好像是你对他们说了又说，他们总还不懂，叫我真是心疼你。"又道："你这个人嗄，我恨不得把你包包起，像个香袋儿，密密的针线缝缝好，放在衣箱里藏藏好。"不但是为相守，亦是为疼惜不已。随即她进房里给我倒茶，她拿茶出来走到房门边，我迎上去接茶，她腰身一侧，喜气洋洋的看着我的脸，眼睛里都是笑。我说："啊，你这一下姿势真是艳！"她道："你是人家有好处容易你感激，但难得你满足。"她在身旁等我吃完茶，又收杯进去，看她心里还是喜之不尽，此则真是"今日相乐，皆当喜欢"了，虽然她刚才并没有留心到这两句。

九

一日午后好天气，两人同去附近马路上走走。爱玲穿一件桃红单旗袍，我说好看，她道："桃红的颜色闻得见香气。"还有我爱看她穿那双绣花鞋子，是她去静安寺庙会买得的，鞋头连鞋帮绣有双凤，穿在她脚上，线条非常柔和。她知我欢喜，我每从南京回来，在房里她总穿这双鞋。

有时晚饭后灯下两人好玩，挨得很近，脸对脸看着。她的脸好像一朵开得满满的花，又好像一轮圆得满满的月亮。爱玲做不来微笑，要就是这样无保留的开心，眼睛里都是满满的笑意。我当然亦满心里欢喜，但因为她是这样美的，我就变得只是正经起来。我抚她的脸，说道："你的脸好大，像平原缅邈，山河浩荡。"她笑起来道："像平原是大而平坦，这样的脸好不怕人。"她因说《水浒传》里有写宋江见玄女，我《水浒传》看过无数遍，惟有这种地方偏记不得，央她念了，却是“天然妙目，正大仙容”八个字，我一听当下默住，竟离开了刚才说话的主题，却要到翌日，我才与她说：“你就是正大仙容。”但上句我未听在心里，央她又念了一遍。

还有一次也是，我想要形容爱玲行坐走路，总口齿艰涩，她就代我说了，她道：“《金瓶梅》里写孟玉楼，行走时香风细细，坐下时淹然百媚。”我觉淹然两字真是好，爱玲说来听听，爱玲道：“有人虽遇见怎样的好东西亦滴水不入，有人却像丝绵蘸着了胭脂，即刻渗开得一场糊涂。”又问我们两人在一起时呢？她道：“你像一个小鹿在溪里吃水。”

我问爱玲，她答说还没有过何种感觉或意态形致，是她所不能描写的，惟要存在心里过一过，总可以说得明白，她是使万物自语，恰如将军的战马识得吉凶，还有宝刀亦中夜会得自己鸣跃。我说苏青的脸美，爱玲道：“苏青的美是一个俊字，有人说她世俗，其实她俊俏，她的世俗也好，她的脸好像喜事人家新蒸的雪白馒头，上面点有胭脂。”

爱玲与炎樱要好，炎樱这个名字是爱玲给她取的，她的本名是Fatima。她像敦煌壁画里的天女，古印度的天女是被同时代西方的巴比伦与埃及所照亮，炎樱亦这样，是生于现代西洋的，但仍是印度女子，且住在中国的上海。她比爱玲淘气。她只会说几句中国话，但对她所认识的三五个中国字非常有兴趣，建议要与爱玲两人制新衣裳，面前各写一句联语，走到街上，忽然两人会合在一起，忽然上下联成了对。

爱玲每赞炎樱生得美，很大气，知道我也欢喜她，爱玲很高兴。炎樱每来，活动不停，三人在房里，我只觉笨拙，不但是我英文不行之故，即使她是讲的上海话，恐怕我亦应接不及。她又喜理论，但她滔滔说了许多，结果只像一阵风来去得无影无踪。有时爱玲要我评评，我就试与炎樱辩答。我说，但是事实如此，她道："真可怕！"我说社会本来是这样的，她道："怎么可以这样愚蠢！"都只是小女孩的责怪，我的逻辑只好完全失败，而且甘愿认输。我忽然想起古乐府"欢作沉水香，侬作博山炉"，却又不切合眼前的光景，但与炎樱说话，的确好像闻得见香气。

爱玲与外界少往来，惟一次有个文化人被日本宪兵队逮捕，爱玲因《倾城之恋》改编舞台剧上演，曾得他奔走，由我陪同去慰问过他家里，随后我还与日本宪兵说了，要他们可释放则释放。应酬场面上，只一次同去过邵洵美家里。又当初有一晚上，我去苏青家里，恰值爱玲也来到。她喜欢也在众人面前看着我，但是她又妒忌，会觉得她自己很委屈。她惟常到炎樱家里，虽与我一道她亦很自然。我美丽园家里她来过几次，但只住过一晚。平时她惟与姑姑朝夕相见说话，有什么事商量商量。

她文章里有写姑姑说，从前家里养叫蝈蝈剥青豆饲它，她正听姑姑说下去，却没有了。如今手头没有爱玲写的书，不大记得，但心里尚留着一种好，那是什么意义或情调都还未有的好，如前人写琴“再鼓听愈淡”，人世只是历然都在，什么扰乱亦没有。

十

张佩纶当年为御史，排击李鸿章议和，力主与法军战，朝廷命他督师，兵败基隆，贬窜热河七年。罚满释归京师，听候起复，例须谒李鸿章，意外得到李鸿章的小姐赐以颜色，忧患感激，遂成婚配。但李鸿章因翁婿避嫌，倒反不好保奏了，夫妻遂居南京。同辈张之洞是两湖总督，吴大徵是江苏巡抚，盛宣怀是邮传部大臣，他们或经过，南京晤见，故人樽酒平生，张佩纶曾悲歌慷慨，泣数行下。爱玲说祖父好，姑姑却不喜，姑姑的漂亮是祖母的，她说祖父相貌不配。

张家在南京的老宅，我专为去踏看过，一边是洋房，做过立法院，已遭兵燹，正宅则是旧式建筑，完全成了瓦砾之场，废池颓垣，惟剩月洞门与柱础阶砌，尚可想见当年花厅亭榭之迹。我告诉爱玲，爱玲却没有怀古之思。她给我看祖母的一只镯子，还有李鸿章出使西洋得来的小玩意金蝉金象，当年他给女儿的，这些东西，连同祖母为女儿时的照片，在爱玲这里就都解脱了兴亡沧桑。

爱玲喜在房门外悄悄窥看我在房里。她写道：“他一人坐在沙发上，房里有金粉金沙深埋的宁静，外面风雨淋琅，漫山遍野都是今天。”

她是把古人亦当他们是今天的人。《非烟传》里的那女子，与人私通，被拷打至死，惟云“生得相亲，死亦无恨”，遂不复言，爱玲说道，当然是这样的，而且只可以是这样的。因为爱玲自己就是这样一个柔艳刚强的女子。她又说《会真记》里崔莺莺写给张生的信好，非常委屈，却又这样亮烈，而张生竟还去郑家看她，她当然不见。

好句是亦人直见性命。白居易《长恨歌》有“宛转蛾眉马前死”，爱玲叹息道，这怎么可能！这样委屈，但是心甘情愿，为了他，如同为一代江山，而亦真是这样的。

爱玲与我说赵飞燕，汉成帝说飞燕是“谦畏礼义人也”，她回味这谦畏两字，只觉得无限的喜悦，无限的美，女人真像丝棉蘸着胭脂，都渗开化开了，柔艳到如此，但又只是礼义的清嘉。爱玲又说赵飞燕与宫女踏歌《赤凤来》，一阵风起，她的人想要飞去，忽然觉得非常悲哀，后来我重翻《飞燕外传》，原文却并没有写得这样好，爱玲是她自己有这样一种欲仙欲死，她的人还比倚新妆的飞燕更美。

爱玲真是锦心绣口。房里两人排排坐在沙发上，从姓胡姓张说起，她道：“姓崔好，我母亲姓黄亦好，《红楼梦》里有黄金莺，非常好的名字，而且写的她与藕官在河边柳阴下编花篮儿，就更见这个名字好了。”她说姓胡好，我问姓张呢？她道：“张字没有颜色气味，亦还不算坏。牛僧孺有给刘禹锡的诗，是这样一个好人，却姓了牛，名字又叫僧孺，真要命。”我说胡姓来自陇西，称安定胡，我的上代也许是羌，羌与羯氐鲜卑等是五胡。爱玲道：“羌好。羯很恶，面孔黑黑的。氐有股气味。鲜卑黄胡须。羌字像只小山羊走路，头上两只角。”

她只管看着我，不胜之喜，用手指抚我的眉毛，说：“你的眉毛。”抚到眼睛，说：“你的眼睛。”抚到嘴上，说：“你的嘴。你嘴角这里的涡我喜欢。”她叫我“兰成”，我当时竟不知道如何答应。我总不当面叫她名字，与人是说张爱玲，她今要我叫来听听，我十分无奈，只叫得一声“爱玲”，登时很狼狈，她也听了诧异，道：“啊？”对人如对花，虽日日相见，亦竟是新相知，何花娇欲语，你不禁想要叫她，但若当真叫了出来，又怕要惊动三世十方。

房里墙壁上一点斜阳，如梦如幻，两人像金箔银纸剪贴的人形。但是我们又很俗气。爱玲的书销路最多，稿费比别人高，不靠我养她，我只给过她一点钱，她去做一件皮袄，式样是她自出心裁，做得来很宽大，她心里欢喜，因为世人都是丈夫给妻子钱用，她也要。又两人去看崔承禧的舞，回来时下雨，从戏院门口讨得一辆黄包车，雨篷放下，她坐在我身上，可是她生得这样长大，且穿的雨衣，我抱着她只觉诸般不宜，但真是难忘的实感。

且我们所处的时局亦是这样实感的，有朝一日，夫妻亦要大限来时各自飞。但我说：“我必定逃得过，惟头两年里要改姓换名，将来与你虽隔了银河亦必定我得见。”爱玲道：“那时你变姓名，可叫张牵，又或叫张招，天涯地角有我在牵你招你。”

原载《今生今世》，三三书坊，1990 年版

论张爱玲的小说

迅雨[①]

前言

在一个低气压的时代，水土特别不相宜的地方，谁也不存什么幻想，期待文艺园地里有奇花异卉探出头来。然而天下比较重要一些的事故，往往在你冷不防的时候出现。史家或社会学家，会用逻辑来证明，偶发的事故实在是酝酿已久的结果。但没有这种分析头脑的大众，总觉得世界上真有魔术棒似的东西在指挥着，每件新事故都像从天而降，教人无论悲喜都有些措手不及。张爱玲女士的作品给予读者的第一个印象，便有这情形。“这太突兀了，太像奇迹了”，除了这类不着边际的话以外，读者从没切实表示过意见。也许真是过于意外而怔住了。也许人总是胆怯的动物，在明确的舆论未成立以前，明哲的办法是含糊一下再说。但舆论还得大众去培植；而且文艺的成长，急需社会的批评，而非谨慎的或冷淡的缄默。是非好恶，不妨直说。说错了看错了，自有人指正。——无所谓尊严问题。

① 傅雷笔名。

我们的作家一向对技巧抱着鄙夷的态度。“五四”以后，消耗了无数笔墨的是关于主义的论战。仿佛一有准确的意识就能立地成佛似的，区区艺术更是不成问题。其实，几条抽象有原则只能给大中学生应付会考。哪一种主义也好，倘没有深刻的人生观，真实的生活体验，迅速而犀利的观察，熟练的文字技能，活泼丰富的想象，决不能产生一件像样的作品。而且这一切都得经过长期艰苦的训练。《战争与和平》的原稿修改过七遍：大家可只知道托尔斯泰是个多产的作家（仿佛多产便是滥造似的）。巴尔扎克一部小说前前后后的修改稿，要装订成十余巨册，像百科辞典般排成一长队。然而大家以为巴尔扎克写作时有债主逼着，定是匆匆忙忙赶起来的。忽视这样显著的历史教训，便是使我们许多作品流产的主因。

譬如，斗争是我们最感兴趣的题材。对，人生一切都是斗争。但第一是斗争的范围，过去并没包括全部人生。作家的对象，多半是外界的敌人：宗法社会，旧礼教，资本主义……可是人类最大的悲剧往往是内在的。外来的苦难，至少有客观的原因可得而诅咒，反抗，攻击；且还有赚取同情的机会。至于个人在情欲主宰这下所招致的祸害，非但失去了泄仇的目标，且更遭到“自作自受”一类的谴责。第二是斗争的表现。人的活动脱不了情欲的因素；斗争是活动的尖端，更其是情欲的舞台。去掉了情欲，斗争便失掉活力。情欲而无深刻的勾勒，一样失掉它的活力，同时把作品变成了空的躯壳。

在此我并没意思铸造什么尺度，也不想清处过去的文坛；只是把已往的主要缺陷回顾一下，瞧瞧我们的新作家把它们填补了多少。

一、《金锁记》

由于上述的观点，我先讨论《金锁记》。它是一个最圆满肯定的答复。情欲（Passion）的作用，很少像在这件作品里那么重要。

从表面看，曹七巧不过是遗老家庭里一种牺牲品，没落的宗法社会里微末不足道的渣滓。但命运偏偏要教渣滓当续命汤，不但要做她儿女的母亲，还要做她媳妇的婆婆，——把旁人的命运交在她手里。以一个小家碧玉而高攀簪缨望族，门户的错配已经种下了悲剧的第一个原因。原来当残废公子的姨奶奶的角色，由于老太太一念之善（或一念之差），抬高了她的身份，做了正室；于是造成了她悲剧的第二个原因。在姜家的环境里，固然当姨奶奶也未必有好收场，但黄金欲不致被刺激得那么高涨，恋爱欲也就不致被抑压得那么厉害。她的心理变态，即使有，也不致病入膏肓，扯上那么多的人替她殉葬。然而最基本的悲剧因素还不在此。她是担当不起情欲的人，情欲在她心中偏偏来得嚣张。已经把一种情欲压倒了，才死心塌地来服侍病人，偏偏那情欲死灰复燃，要求它的那份权利。爱情在一个人身上不得满足，便需要三四个人的幸福与生命来抵偿。可怕的报复！

可怕的报复把她压瘪了。“儿子女儿恨毒了她”，至亲骨肉都给“她沉重的枷角劈杀了”，连她心爱的男人也跟她“仇人似的”；她的惨史写成了故事时，也还得给不相干的群众义愤填胸的咒骂几句。悲剧变成了丑史，血泪变成了罪状：还有什么更悲惨的？

当七巧回想着早年当曹大姑娘的时代，和肉店里的朝禄打情骂俏时，“一阵温风直扑到她脸上，腻滞的死去的肉体的气味……她皱紧了眉毛。床上睡着她的丈夫，那没有生命的肉体……”当年的肉腥虽然教她皱眉，究竟是美妙的憧憬，充满了希望。眼前的肉腥，却是刽子手刀上气味。——这个刽子手是谁？黄金。——黄金的情欲。为了黄金，她在焦灼期待，“啃不到”黄金的边的时代，嫉妒妯娌姑子，跟兄嫂闹架。为了黄金，她只能“低声”对小叔嚷着：“我有什么地方不如人？我有什么地方不好？”为了黄金，她十年后甘心把最后一个满足爱情的希望吹肥皂泡似的吹破了。当季泽站在她面前，小声叫道：“二嫂！……七巧！”接着诉说了（终于！）隐藏十年的爱以后：

七巧低着头，沐浴在光辉里，细细的音乐，细细的喜悦……这些年了，她跟他捉迷藏似的，只是近不得身，原来还有今天！

“沐浴在光辉里”，一生仅仅这一次，主角蒙受到神的恩宠。好似项勃笔下的肖像，整个的人都沉没在阴暗里，只有脸上极小的一角沾着些光亮。即是这些少的光亮直透入我们的内心。

季泽立在她跟前，两手合在她扇子上，面颊贴在她扇子上。他也老了十年了。然而人究竟还是那个人呵！他难道是哄她么？他想她的钱——她卖掉她的一生换来的几个钱？仅仅这一念便使她暴怒起来了……

这一转念赛如一个闷雷，一片浓重的乌云，立刻掩盖了一刹那的光辉；“细细的音乐，细细的喜悦”，被暴风雨无情地扫荡了。雷雨过后，一切都已过去，一切都已晚了。“一滴，一滴，……一更，二更，……一年，一百年……”完了，永久的完了。剩下的只有无穷的悔恨。“她要在楼上的窗户里再看他一眼。无论如何，她从前爱过他。她的爱给了她无穷的痛苦。单只这一点，就使她值得留恋。”留恋的对象消灭了，只有留恋往日的痛苦。就在一个出身低微的轻狂女子身上，爱情也不曾减少圣洁。

七巧眼前仿佛挂了冰冷的珍珠帘，一阵热风来了，把那帘紧紧贴在她脸上，风去了，又把帘子吸了回去，气还没透过来，风又来了，没头没脸包住她——一阵凉，一阵热，她只是淌着眼泪。

她的痛苦到了顶点（作品的美也到了顶点），可是没完。只换了方向，从心头沉到心底，越来越无名。忿懑变成尖刻的怨毒，莫名其妙的只想发泄，不择对象。她眯缝着眼望着儿子，“这些年来她生命里只有这一个男人，只有他，她不怕他想她的钱——横竖钱都是他的。可是，因为他是她的儿子，他这一个人还抵不了半个……”多怆痛的呼声！“……现在，就连这半个人她也保留不住——他娶了亲。”于是儿子的幸福，媳妇的幸福，女儿的幸福，在她眼里全变作恶毒的嘲笑，好比公牛面前的红旗。歇斯底里变得比疯狂还可怕，因为“她还有一个疯子的审慎与机智”。凭了这，她把他们一齐断送了。这也不足为奇。炼狱的一端紧接着地狱，殉难都不肯忘记把最亲近的人带进去的。

最初她把黄金锁住了爱情，结果却锁住了自己。爱情磨折了她一世和一家。她战败了，她是弱者。但因为是弱者，她就没有被同情的资格了么？弱者做了情欲的俘虏，代情欲做了刽子手，我们便有理由恨她么？作者不这么想。在上面所引的几段里，显然有作者深切的怜悯，唤引着读者的怜悯。还有：“多少回了，为了要按捺她自己，她迸得全身的筋骨与牙根都酸楚了。”“十八九岁做姑娘的时候……喜欢她的有……如果她挑中了他们之中的一个，往后日子久了，生了孩子，男人多少对她有点真心。七巧挪了挪头底下的荷叶边洋枕，凑上脸去揉擦一下，那一面的一滴眼泪，她也就懒怠去揩拭，由它挂在肋上，渐渐自己干了。”这些淡淡的朴素的句子，也许为粗忽的读者不会注意的，有如一阵温暖的微风，抚弄着七巧墓上的野草。

和主角的悲剧相比之下，几个配角的显然缓和多了。长安姊弟都不是有情欲的人。幸福的得失，对他们远没有对他们的母亲那么重要。长白尽往陷坑里沉，早已失去了知觉，也许从来就不曾有过知觉。长安有过两次快乐的日子，但都用“一个美丽而苍凉的手势”自愿舍弃了。便是这个手势使她的命运虽不像七巧的那样阴森可怕，影响深远，却令人觉得另一股惆怅与凄凉的滋味。Long, long ago 的曲调所引起的无名的悲哀，将永远留在读者心坎。

结构，节奏，色彩，在这件作品里不用说有了最幸运的成就。特别值得一提的，还有下列几点：

第一是作者的心理分析，并不采用冗长的独白，或枯索繁琐的解剖，她利用暗示，把动作、言语、心理三者打成一片。七巧，季泽，长安，童世舫，芝寿，都没有专写他们内心的篇幅；但他们每一个举动，每一缕思维，每一段谈话，都反映出心理的进展。两次叔嫂调情的场面，不光是那种造型美显得动人，却还综合着含蓄、细腻、朴素、强烈、抑止、大胆，这许多似乎相反的优点。每句说话都是动作，每个动作都是说话。即在没有动作没有言语的场合，情绪的波动也不曾减弱分毫。例如童世舫与长安订婚以后：

……两人并排在公园里走着，很少说话，眼角里带着一点对方的衣服与移动着的脚，女子的粉香，男子的淡巴菰气，这单纯而可爱的印象，便是他们的阑干，阑干把他们与大众隔开了。空旷的绿草地上，许多人跑着，笑着，谈着，可是他们走的是寂寂的绮丽的回廊，——走不完的寂寂的回廊。不说话，长安并不感到任何缺陷。

还有什么描写，能表达这一对不调和的男女的调和呢？能写出这种微妙的心理呢？和七巧的爱情比照起来，这是平淡多了，恬静多了，正好散文、牧歌之于戏剧。两代的爱，两种的情调。相同的是温暖。

至于七巧磨折长安的几幕，以及最后在童世舫前毁谤女儿来离间他们的一段，对病态心理的刻划，更是令人“毛骨悚然”的精彩文章。

第二是作者的节略法 (raccourci) 的运用：

风从窗子里进来，对面挂着的回文雕漆长镜被吹得摇摇晃晃。磕托磕托敲着墙。七巧双手按住了镜子。镜子里反映着翠竹帘子和一幅金绿山水屏条依旧在风中来回荡漾着，望久了，便有一种晕船的感觉。再定睛看时，翠竹帘子已经褪色了，金绿山水换了张丈夫的遗像，镜子里的人也老了十年。

这是电影的手法：空间与时间，模模糊糊淡下去了，又隐隐约约浮上来了。巧妙的转调技术！

第三是作者的风格。这原是首先引起读者注意和赞美的部分。外表的美永远比内在的美容易发见。何况是那么色彩鲜明，收得住，泼得出的文章！新旧文字的揉和，新旧意境的交错，在本篇里正是恰到好处。仿佛这俐落痛快的文字是天造地设的一般，老早摆在那里，预备来叙述这幕悲剧的。譬喻的巧妙；形象的入画，固是作者风格的特色，但在完成整个作品上，从没像现在这篇里那样的尽其效用。例如："三十年前的上海，一个有月亮的晚上……年轻的人想着三十年前的月亮，该是铜钱大的一个红黄的湿晕，像朵云轩信笺上落了一滴泪珠，陈旧而迷糊。老年人回忆中的三十年前的月亮是欢愉的，比眼前的月亮大，圆，白，然而隔着三十年的辛苦望回看，再好的月色也不免带些凄凉。"这一段引子，不但月的描写是那么新颖，不但心理的观察那么深入，而且轻描淡写的呵成了一片苍凉的气氛，从开场起就罩住了全篇的故事人物。假如风格没有这综合的效果，也就失掉它的价值了。

毫无疑问，《金锁记》是张女士截至目前为止的最完满之作，颇有《猎人日记》中某些故事的风味。至少也该列为我们文坛最美的收获之一。没有《金锁记》，本文作者决不在下文把《连环套》批评得那么严厉，而且根本也不会写这篇文字。

二、《倾城之恋》

一个"破落户"家的离婚女儿，被穷酸兄嫂的冷嘲热讽撵出母家，跟一个饱经世故，狡猾精刮的老留学生谈恋爱。正要陷在泥淖里时，一件突然震动世界的变故把她救了出来，得到一个平凡的归宿。——整篇故事可以用这一两行包括。因为是传奇（正如作者所说），没有悲剧的严肃、崇高和宿命性；光暗的对照也不强烈。因为是传奇，情欲没有惊心动魄的表现。几乎占到二分之一篇幅的调情，尽是些玩世不恭的享乐主义者的精神游戏：尽管那么机巧，文雅，风趣，终究是精练到近乎病态的社会的产物。好似六朝的骈体，虽然珠光宝气，内里却空空洞洞，既没有真正的欢畅，也没有刻骨的悲哀。《倾城之恋》给人家的印象，仿佛是一座雕刻精工的翡翠宝塔，而非莪特式大寺的一角。美丽的对话，真真假假的捉迷藏，都在心的浮面飘滑；吸引，挑逗，无伤大体的攻守战，遮饰着虚伪。男人是一片空虚的心，不想真正找着落的心，把恋爱看作高尔夫与威士忌中间的调剂。女人，整日担忧着最后一些资本——三十岁左右的青春——再吃一次倒帐；物质生活的迫切需求，使她无暇顾到心灵。这样的一幕喜剧，骨子里的贫血，充满了死气，当然不能有好结果。疲乏，厌倦，苟且，浑身小智小慧的人，担当不了悲剧的角色。麻痹的神经偶尔抖动一下，居然探头瞥见了一角未来的历史。病态的人有他特别敏锐的感觉：——

……从浅水湾饭店过去一截子路，空中飞跨着一座桥梁，桥那边是山，桥这边是一块灰砖砌成的墙壁，拦住了这边的山……柳原看着她道："这堵墙，不知为什么使我想起地老天荒那一类的话……有一天，我们的文明整个的毁掉了，什么都完了——烧完了，炸完了，坍完了，也许还剩下这堵墙。流苏，如果我们那时候再在这墙根底下遇见了……流苏，也许你会对我有一点真心，也许我会对你有一点真心。"

好一个天际辽阔，胸襟浩荡的境界！在这中篇里，无异平凡的田野中忽然显现出一片无垠的流沙。但也像流沙一样，不过动荡着显现了一刹那。等到预感的毁灭真正临到了，完成了，柳原的神经却只在麻痹之上多加了一些疲倦。从前一刹那的觉醒早已忘记了。他从没再加思索。连终于实现了的“一点真心”也不见得如何可靠。只有流苏，劫后舒了一口气，淡淡的浮起一些感想：——

流苏拥被坐着，听着那悲凉的风。她确实知道浅水湾附近，灰砖砌的那一面墙，一定还屹然站在那里……她仿佛做梦似的，又来到墙根下，迎面来了柳原……在这动荡的世界里，钱财，地产，天长地久的一切，全不可靠了。靠得住的只有她腔子里的这口气，还有睡在她身边的这个人。她突然爬到柳原身边，隔着他的棉被拥抱着他。他从被窝里伸出手来握住她的手。他们把彼此看得透明透亮。仅仅是一刹那彻底的谅解，然而这一刹那够他们在一起和谐地活个十年八年。

两人的心理变化，就只这一些。方舟上的一对可怜虫，只有“天长地久的一切全不可靠了”这样淡漠的惆怅。倾城大祸（给予他们的痛苦实在太少，作者不曾尽量利用对比），不过替他们收拾了残局；共患难的果实，“仅仅是一刹那彻底的谅解”，仅仅是“活个十年八年”的念头。笼统的感慨，不彻底的反省。病态文明培植了他们的轻佻，残酷的毁灭使他们感到虚无，幻灭。同样没有深刻的反应。

而且范柳原真是一个这么枯涸（Fade）的人么？关于他，作者为何从头至尾只写侧面？在小说中他不是应该和流苏占着同等地位，是第二主题么？他上英国去的用意，始终暧昧不明；流苏隔被拥抱他的时候，当他说：“那时候太忙着谈恋爱了，哪里还有工夫恋爱”的时候，他竟没有进一步吐露真正切实的心腹。“把彼此看得透明透亮”，未免太速写式的轻轻带过了。可是这里正该是强有力的转捩点，应该由作者全副精神去对付的啊！错过了这最后一个高峰，便只有平凡的，庸碌鄙俗的下山路了。柳原宣布登报结婚的消息，使流苏快活得一忽儿哭一忽儿笑，柳原还有那种 Cynical 的闲适去“羞她的脸”；到上海以后，“他把他的俏皮话省下来说给旁的女人听”；由此看来，他只是一个暂时收了心的唐·裘安，或是伊林华斯勋爵一流的人物。

“他不过是一个自私的男子，她不过是一个自私的女人。”但他们连自私也没有迹象可寻。“在这兵荒马乱的时代，个人主义者是无处容身的。可是总有地方容得下一对平凡的夫妻。”世界上有的是平凡，我不抱怨作者多写了一对平凡的人。但战争使范柳原恢复一些人性，使把婚姻当职业看的流苏有一些转变（光是觉得靠得住的只有腔子里的气和身边的这个人，是不够说明她的转变的），也不能算是怎样的不平凡。平凡并非没有深度的意思。并且人物的平凡，只应该使作品不平凡。显然，作者把她的人物过于匆促的送走了。

勾勒的不够深刻，是因为对人物思索得不够深刻，生活得不够深刻；并且作品的重心过于偏向俏皮而风雅的调情。倘再从小节上检视一下的话，那末，流苏“没念过两句书”而居然够得上和柳原针锋相对，未免是个大漏洞。离婚以前的生活经验毫无追叙，使她离家以前和以后的思想引动显得不可解。这些都减少了人物的现实性。总之，《倾城之恋》的华彩胜过了骨干：两个主角的缺陷，也就是作品本身的缺陷。

三、短篇和长篇

爱与婚姻，是作者至此为止的中心题材；长长短短六七件作品，只是 variations upon a theme。遗老遗少和小资产阶级，全都为男女问题这恶梦所苦。恶梦中老是淫雨连绵的秋天，潮腻腻的，灰暗，肮脏，窒息与腐烂的气味，像是病人临终的房间。烦恼，焦急，挣扎，全无结果。恶梦没有边际，也就无从逃避。零星的磨折，生死的苦难，在此只是无名的浪费。青春，热情，幻想，希望，都没有存身的地方。川嫦的卧房，姚先生的家，封锁期的电车车厢，扩大起来便是整个的社会。一切之上，还有一只瞧不及的巨手张开着，不知从哪儿重重的压下来，要压瘪每个人的心房。这样一幅图画印在劣质的报纸上，线条和黑白的对照迷糊一些，就该和张女士的短篇气息差不多。

为什么要用这个譬喻？因为她阴沉的篇幅里，时时渗入轻松的笔调，俏皮的口吻，好比一些闪烁的磷火，教人分不清这微光是黄昏还是曙色。有时幽默的分量过了分，悲喜剧变成了趣剧。趣剧不打紧，但若沾上了轻薄味（如《琉璃瓦》），艺术就给摧残了。

明知挣扎无益，便不挣扎了。执著也是徒然，便舍弃了。这是道地的东方精神。明哲与解脱；可同时是卑怯，懦弱，懒惰，虚无。反映到艺术品上，便是没有波澜的寂寂的死气，不一定有美丽而苍凉的手势来点缀。川嫦没有和病魔奋斗，没有丝毫意志的努力。除了向世界遗憾的投射一眼之外，她连抓住世界的念头都没有。不经战斗的投降。自己的父母与爱人对她没有深切的留恋。读者更容易忘记她。而她还是许多短篇中（《心经》一篇只读到上半篇，九月期《万象》遍觅不得，帮本文特置不论。好在这儿写的不是评传，挂漏也不妨）刻划得最深的人物！

微妙尴尬的局面，始终是作者最擅长的一手。时代，阶级，教育，利害观念完全不同的人相处在一块时所有暧昧含糊的情景，没有人比她传达得更真切。各种心理互相摸索，摩擦，进攻，闪避，显得那么自然而风趣，好似古典舞中一边摆着架式 (Figure) 一边交换舞伴那样轻盈，潇洒，熨帖。这种境界稍有过火或稍有不及，《封锁》与《年轻的时候》中细腻娇嫩的气息就要给破坏，从而带走了作品全部的魅力。然而这巧妙的技术，本身不过是一种迷人的奢侈；倘使不把它当作完成主题的手段（如《金锁记》中这些技术的作用），那末，充其量也只能制造一些小古董。

在作者第一个长篇只发表了一部分的时候就来批评，当然是不免唐突的。但其中暴露的缺陷的严重，使我不能保持谨慎的缄默。

《连环套》的主要弊病是内容的贫乏。已经刊布了四期，还没有中心思想显露。霓喜和两个丈夫的历史，仿佛是一串五花八门，西洋镜式的小故事杂凑而成的。没有心理的进展，因此也看不见潜在的逻辑，一切穿插都失掉了意义。雅赫雅是印度人，霓喜是广东养女：就这两点似乎应该是第一环的主题所在。半世纪前的印度商人对中国女子的看法，即使逃不出玩物二字，难道竟没有旁的特殊心理？他是殖民地种族，但在香港和中国人的地位不同，再加是大绸缎铺子的主人。可是《连环套》中并无这二三个因素错杂的作用。养女（而且是广东的养女）该有养女的心理，对她一生都有影响。一朝移植之后，势必有一个演化蜕变的过程；决不会像作者所写的，她一进绸缎店，仿佛从小就在绸缎店里长大的样子。我们既不觉得雅赫雅买的是一个广东养女，也不觉得广东养女嫁的是一个印度富商。两个典型的人物都给中和了。

错失了最有意义的主题，丢开了作者最擅长的心理刻划，单凭着丰富的想象，逞着一支流转如踢踏舞似的笔，不知不觉走上了纯粹趣味性的路。除开最初一段，越往后越着重情节：一套又一套的戏法（我几乎要说是噱头），突兀之外还要突兀，刺激之外还要刺激，仿佛作者跟自己比赛似的，每次都要打破上一次的记录，像流行的剧本一样，也像歌舞团里的接一连二的节目一样，教读者眼花缭乱，应接不暇。描写色情的地方（多的是），简直用起旧小说和京戏——尤其是梆子戏——中最要不得而最叫座的镜头！《金锁记》的作者竟不惜用这种技术来给大众消闲和打哈哈，未免太出人意外了。

至于人物的缺少真实性，全都弥漫着恶俗的漫画气息，更是把Taste“看成了脚下的泥”。西班牙女修士的行为，简直和中国从前的三姑六婆一模一样。我不知半世纪前香港女修院的清规如何，不知作者在史实上有何根据；但她所写的，倒更近于欧洲中世纪的丑史，而非她这部小说里应有的现实。其次，她的人物不是外国人，便是广东人。即使地方色彩在用语上无法积极的标识出来，至少也不该把纯粹《金瓶梅》《红楼梦》的用语，硬嵌入西方人和广东人嘴里。这种错乱得可笑的化装，真乃不可思议。

风格也从没像在《连环套》中那样自贬得厉害。节奏，风味，品格，全不讲了。措词用语，处处显出“信笔所之”的神气，甚至往腐化的路上走。《倾城之恋》的前半篇，偶而已看到“为了宝络这头亲，却忙得鸦飞雀乱，人仰马翻”的套语；幸而那时还有节制，不过小疵而已。但到了《连环套》，这小疵竟越来越多，像流行病的细菌一样了：——“两个嘲戏做一堆”，“是那个贼囚根子在他跟前……”，“一路上凤尾森森，香尘细细”，“青山绿水，观之不足，看之有余”，“三人分花拂柳”，“衔恨于心，不在话下”，“见了这等人物，如何不喜”，“……暗暗点头，自去报信不提”，“他触动前情，放出风流债主的手段”，“有话即长，无话即短”，“那内侄如同箭穿雁嘴，钩搭鱼腮，做声不得”……这样的滥调，旧小说的渣滓，连现在的鸳鸯蝴蝶派和黑幕小说家也觉得恶俗而不用了，而居然在这里出现。岂不也太像奇迹了吗？

在扯了满帆，顺流而下的情势中，作者的笔锋“熟极而流”，再也把不住舵。《连环套》逃不过刚下地就夭折的命运。

四、结论

我们在篇首举出一般创作的缺陷，张女士究竟填补了多少呢？一大部分，也是一小部分。心理观察，文字技巧，想象力，在她都已不成问题。这些优点对作品真有贡献的，却只《金锁记》一部。我们固不能要求一个作家只产生杰作，但也不能坐视她的优点把她引入危险的歧途，更不能听让新的缺陷去填补旧的缺陷。

《金锁记》和《倾城之恋》，以题材而论似乎前者更难处理，而成功的却是那更难处理的。在此见出作者的天分和功力。并且她的态度，也显见对前者更严肃，作品留在工场里的时期也更长久。《金锁记》的材料大部分是间接得来的：人物和作者之间，时代，环境，心理，都距离甚远，使她不得不丢开自己，努力去生活在人物身上，顺着情欲发展的逻辑，尽往第三者的个性里钻。于是她触及了鲜血淋漓的现实。至于《倾城之恋》，也许因为作者身经危城劫难的印象太强烈了。自己的感觉不知不觉过量的移注在人物身上，减少了客观探索的机会。她和她的人物同一时代，更易混入主观的情操。还有那漂亮的对话，似乎把作者首先迷住了：过度的注意局部，妨害了全体的完成。只要作者不去生活在人物身上，不跟着人物走，就免不了肤浅之病。

小说家最大的秘密，在能跟着创造的人物同时演化。生活经验是无穷的。作家的生活经验怎样才算丰富是没有标准的。人寿有限，活动的环境有限；单凭外界的材料来求生活的丰富，决不能够成为艺术家。唯有在众生身上去体验人生，才会使作者和人物同时进步，而且渐渐超过自己。巴尔扎克不是在第一部小说成功的时候，就把人生了解得那么深，那么广的。他也不是对贵族，平民，劳工，富商，律师，诗人，画家，荡妇，老处女，军人……那些种类万千的人的心理，分门别类的一下子都研究明白，了如指掌之后，然后动笔写作的。现实世界所有的不过是片段的材料，片段的暗示；经小说家用心理学家的眼光，科学家的耐心，宗教家的热诚，依照严密的逻辑推索下去，忘记了自我，化身为故事中的角色（还要走多少回头路，白花多少心力），陪着他们作身心的探险，陪他们笑，陪他们哭，才能获得作者实际未曾经历的经历。一切的大艺术家就是这样一面工作一面学习的。这些平凡的老话，张女士当然知道。不过作家所遇到的诱惑特别多，也许旁的更悦耳的声音，在她耳畔盖住了老生常谈的单调的声音。

技巧对张女士是最危险的诱惑。无论哪一部门的艺术家，等到技巧成熟过度，成了格式，就不免要重复他自己。在下意识中，技巧能像旁的本能一样时时骚动着，要求一显身手的机会，不问主人胸中有没有东西需要它表现。结果变成了文字游戏。写作的目的和趣味，仿佛就在花花絮絮的方块字的堆砌上。任何细胞过度的膨胀，都会变成癌。其实，彻底的说，技巧也没有止境。一种题材，一种内容，需要一种特殊的技巧去适应。所以真正的艺术家，他的心灵探险史，往往就是和技巧的战斗史。人生形相之多，岂有一二套衣装就够穿戴之理？把握住了这一点，技巧永久不会成癌，也就无所谓危险了。

文学遗产的记忆过于清楚，是作者另一危机。把旧小说的文体运用到创作上来，虽在适当的限度内不无情趣，究竟近于玩火，一不留神，艺术会给它烧毁的。旧文体的不能直接搬过来，正如不能把西洋的文法和修辞直接搬用一样。何况俗套滥调，在任何文字里都是毒素！希望作者从此和它们隔离起来。她自有她净化的文体。《金锁记》的作者没有理由往后退。

聪明机智成了习气，也是一块绊脚石。王尔德派的人生观，和东方式的“人生朝露”的腔调混合起来，是没有前程的。它只能使心灵从洒脱而空虚而枯涸，使作者离开艺术，离开人生，埋葬在沙龙里。

我不责备作者的题材只限于男女问题。但除了男女之外，世界究竟还辽阔得很。人类的情欲不仅仅限于一二种。假如作者的视线改换一下角度的话，也许会摆脱那种淡漠的贫血的感伤情调；或者痛快成为一个彻底的悲观主义者，把人生剥出一个血淋淋的面目来。我不是鼓励悲观。但心灵的窗子不会嫌太多，因为可以免除单调与闭塞。

总而言之：才华最爱出卖人！像张女士般有多方面的修养而能充分运用的作家（绘画，音乐，历史的运用，使她的文体特别富丽动人），单从《金锁记》到《封锁》，不过如一杯对过几次开水的龙井，味道淡了些。即使如此，也嫌太奢侈，太浪费了。但若取悦大众（或只是取悦自己来满足技巧欲，——因为作者能可谦抑地说：我不过写着玩儿的）到写日报连载小说 (Feuilleton) 的所谓 Fiction 的地步，那样的倒车开下去，老实说，有些不堪设想。

宝石镶嵌的图画被人哲学，并非为了宝石的彩色。少一些光芒，多一些深度，少了一些词藻，多一些实质：作品只会有更完满的收获。多写，少发表，尤其是服侍艺术最忠实的态度（我知道作者发表的决非她的处女作，但有些大作家早年废弃的习作，有三四十部小说从未问世的纪录）。文艺女神的贞洁是最宝贵的，也是最容易被污辱的。爱护她就是爱护自己。

一位旅华十年的外侨和我闲谈时说起："奇迹在中国不算希奇，可是都没有好收场。"但愿这两句话永远扯不到张爱玲女士身上！

原载《万象》，1944 年 5 月

论苏青与张爱玲

谭正璧

在个人主义风靡一时的现代社会里，即使是被压抑者反抗的呼声，也不免是属于个人主义的。读了目前最红的两位女作家——张爱玲和苏青——的作品，往往要引起我这样的感想。革命之后三十多年来，中国社会固有的宗法和旧礼教势力对女性的压抑，非但没有消除，反而变本加厉，资本主义在外国是封建势力的仇敌，然而到了我们中国，却会化敌为友，互相狼狈，造成更多重的压力，依旧盘据在各个黑暗角落里，然而人总是有着“人性”的生物，当那些被压抑者一朝觉醒而倾向于自由的要求的时候，他们不但会喊出反抗的呼声，甚至也会见之于行动。不过在同样的倾向里，我们读了以前冯沅君、谢冰莹、黄白薇诸家的作品再来读这两位的，便生出了后来者何以不能居上的疑问，因为前者都向着全面的压抑作反抗，后者仅仅为了争取属于人性的一部分——情欲——的自由；前者是社会大众的呼声，后者只喊出了就在个人也仅是单方面的苦闷。

两人中，张爱玲是专写小说的，因此她的思想不及苏青明朗；同时作品里的气氛也和苏青截然不同，前者阴沉而后者明爽。所以前者始终是女性的，而后者含有男性的豪放。苏青是个散文作家，写作小说在她似乎不过是偶然的兴会。但是在重视意识过于技巧的批评家的笔下，苏青却高过于张爱玲。我们如果把两者同样重视，那么张爱玲在技巧方面始终不着极深的功夫，而苏青却单凭着她天生的聪明来吐出别的女性所不敢吐露的惊人在语，对于技巧似乎从来不去十分注意。就文艺来论文艺，两个人的高下应该从这地方来判分和决定的。

在张爱玲的小说里，题材尽管不同，气氛总是相似。她的主要人物的一切思想和行动，处处都为情欲所主宰，所以她或他的行动没有不是出之于疯狂的变态心理，似乎他们的生存是专为着情欲的。她的成名作《倾城之恋》和《金锁记》是这样，她的其它作品如《花凋》《年青的时候》《封锁》《茉莉香片》等也都是这样。《封锁》的题目确是挺现实了，可是内容所写一对在电车上邂逅的男女霎时的罗曼司。如果没有读过性心理学一类书本，或自己也曾有过同样变态心理的人，一定会疑惑这是作者自己在疯狂中所发的呓语。《茉莉香片》写一个少年在无法遂他情欲后对于他的恋人施以疯狂的虐待，几乎致之于死地，而她为了爱他，事后并不有丝毫报复的意念，尤非普通人所能了解。《花凋》写来似和世情略略接近，然而因为它是绝对的悲剧的缘故。《年青的时候》比较地松弛，写一个青年迷恋他的异国人的女教师，情调非常优美。总之，作者是个珍惜人性过于世情的人，所以她始终是个世情的叛逆者，然而在另一方面又跳不出是情欲的奴隶。

意识是作品不可少的生命，技巧是作品外表必须有的修饰、美丽的生命如果加上美丽的修饰做外表，那么至少比没有美丽的外表更容易获致多量的读者。所以一个哲学家积贮他一生辛苦研究所得而写成的皇皇巨著，往往不如一个文艺家在一霎时间引起的思绪所写成的几行诗或一篇短文会立刻传诵于全世界。有人批评张爱玲的小说的缺点，是好用美妙的技巧来掩盖了她平凡的意识，所以同样是她的成名的作品。《倾城之恋》不如《金锁记》，这是一种极苛刻的批判。《倾城之恋》果然有着高人一等的技巧，它的富于传奇性的故事观比《金锁记》安排和剪裁得妥当，而《金锁记》全像是一个长篇小说的节本，时时洗面着支离脱节、捉襟见肘的窘状。然而在意识方面，两者实在无从分别它的轩轾，因为故事的发生既有年代的相差，社会又不是冻结不变的化石，所以同样是苦闷，自然是有着深浅高低的分别。这相差的程度并不是作者的过识高下的程度，即使不是批评家也极容易明白这个平凡的道理，为了《倾城之恋》有着比较美丽的外表，就成为我所以选入《倾城之恋》而放弃《金锁记》的重大理由。

作者好用象征的手法，把整个故事的性质，在作品的开端那段时空间里预先暗示出来，使人读完全篇，感着有一种通体谐和的情调。在她的《金锁记》里这样，《倾城之恋》里也是这样。你看："上海为了'节省天光'，将所有的时钟都拨快了一小时，然而白公馆里说：'我们用的是老钟。'他们的十点是人家的十一点。他们唱歌唱走了板，跟不上生命的胡琴。"

在这段短短的引子里，使我们知道全篇的故事人物都是比一般都落后一点钟的老钟，也都是在生命胡琴上已走了板的联唱。这样一开场就罩住了全篇的故事人物，直接是融和了作品通体的情调，间接是用加了读者感应的效果，这是作者所特有的风格。但是她还擅长于心理的描写。她写两个因为彼此都十分矜持而不肯相下的，然而都已有了很深的世故经验的一对男女，在彼此追逐了好久时候，而一朝表示"他爱她"，他吻她的嘴时：

"这是他第一次吻她，然而他们两人都疑惑不是第一次，因为在幻想中已经发生过无数次了。从前他们有过许多机会——适当的环境，适当的情调；他已想到过，她也顾虑到那可能性。然而两方面都是精刮的人，算盘打得大仔细了，始终不肯冒失。现在这忽然成了真的，两人都胡涂了，流苏觉得她溜溜的转了个圈子，倒在镜子上，背心紧紧抵着冰冷的镜子。他的嘴始终没有离开过她的嘴。他还把她往镜子上推，他们似乎是跌到镜子里面，另一个昏昏的世界里去了，凉的凉，烫的烫，野火花直烧上身。"

只是接吻的一刹那，她写得这样的精细，这样的深刻！在别人的笔下，至多能够写出一些肉麻的词句来，而她是那么缠绵，那么沉醉！

作者本是有着多方面修养的艺术家，善绘画，又好音乐，在文艺上又善于运用旧文学遗产。她熟读《红楼梦》，也熟读《金瓶梅》，这两部最长于描写女性和情欲的过时的伟大作品，却给了她以无限的语汇、不尽的技巧。所以新旧文学的揉和、新旧意境的交错，也成为作者特殊的风格，然而揉和只是揉和，交错只是交错，无限量的运用便要成为滥调与俗套，本是赖以成功的因素，往往会就是招致失败的绊脚石，她的尚未发表完全的长篇小说《连环套》因此引起了一位批评家的反感，然而正也是一般有识的读者所对她抱着的“杞忧”。

一提到苏青，仿佛听到了一个什么社会闻人的名字似的。她是目前一位挺有名的散文作家，同时也写着小说。因为她有着海阔天空的胸襟、大胆直爽的性格，她所感到的想到的都毫无嫌避，毫不掩饰地在她的笔下抒写出来。这种别的女作家所不敢有的作风，我在前面说张爱玲的思想不及她的明朗，就是指这种地方，却使她站上了目前文坛的很高地位。但是在读者方面，除了少数真正能够了解她而同情于她的智慧群外，大多数人对于她的作品，（恕我在下面说出这样一句非常冒犯作者和读者、然而在我是很忠实的话）不过是抱着和一般人欢喜读《金瓶梅》《X 史》相同的态度。这种态度并不是读者程度的幼稚，或是心理的堕落，而全以作者全部文章的内容为因子。正如她的朋友实斋在《记苏青》一文里所说：

“除掉苏青的爽直以外，其文字的另一特点是坦白、那是赤裸裸的直言谈相，绝无忌讳。在读者看来，只觉她的文笔的妩媚可爱与天真，决不是粗鲁俚俗的感觉。在她最近一篇文章中，有一句警句说‘饮食男，女人之大欲存焉’经她巧妙地标点一下，而将女人的心眼儿透露无遗了。……”

果如这篇文章的作者所说，我们随时可以在她的作品里读到她的“赤裸裸”的“直言谈相”，像“性欲”“月经”“生理需要”——一类在一般文艺作品中不大用到的名词成语，在她的笔下简直是“家常便饭”。我并不以为一个女性不应该写这些，但是好像陶渊明的爱“酒”一样，如果在他的诗里曾留中都有“酒”字，好像没有了“酒”就写不成诗，那一定会引起读者单调寡味的感觉的。我对于苏青的大胆直爽，没有女性的扭捏是钦佩的，但是她的过多的“直言谈相”有时很使我感到肉麻。她的“直言谈相”仿佛是和味用的“辣火”，偶然用些是很够刺激的，但是如果像“四川菜”那样每菜必用那就要辣得我们口舌麻木。不知一般的读者们以为我这个譬喻用得怎样？

苏青以多写散文的缘故，所以创作小说并不多，但是比起张爱玲似乎又并不少，读者所最欢喜的是她的长篇小说《结婚十年》。这是一本自传体小说，因为书中的主角是女性，又是用第一人称来写，思想和行动是和作者相似，所以会有不少读者误以为是她的自叙传。我以为所叙当然不会就是作者自己的事实，但不能说全和作者的思想经验绝对没有关系，因为一般用第一人称的文艺作品都是这样的。但这是个不必在这里讨论的问题，作者在小说里所擅长的也是心理描写，她所描写的又全都是女性的性欲心理，这正和她在散文里所主张的完全一致，于此可以看出她纯粹是个为了争取性欲满足而斗争的斗士，她的短篇小说也好用第一人称采写，而且也大部渗入自己的生活体验，如《两条鱼》,《胸前的秘密》,《蛾》都是。在《蛾》这篇被我选人的小说里，作者刻画一个女性的性欲的苦闷深刻到极点，于此可以看出作者自己过的是何多样的苦闷的人生。她竟这样不顾一切地再三大喊着：

“我要……！我要……！我要……呀！”

她在文章里是这样的写出了，也就是喊出来，然而她的文章里的主人公却是：“她想喊，猛烈地喊，但却寒噤住不能发声、房间是死寂的，庭院也死寂了，整个的宇宙都死寂得不闻人声。她想：怎么好呢？开了窗，一丝光明也许会带来一丝温暖？……但是她的眼睛直瞪着，脚是僵冷的，手指也僵冷。”

如果自己是没有这种经验的人。一个性的饥渴者的感受和形象，能够写得这样的“逼真”“如活”吗？所以这篇文章是能代表作者的个性、思想和作风的。但是主人公在满足她的欲望的时候，她所感到的是“她此刻在他的心中，只不过是一件叫做‘女’的东西，而没有其它什么‘人’的成份存在。”这种敏锐的感觉，便是她的苦闷的源泉。因此她断定“男女间根本没有爱，欲望像火，人便是扑火的蛾”，“为了追求热烈，假如葬身在火焰中，……是死得悲壮痛快的。”这就是作者否认了“爱”然而还希望有异性来填补她的空虚的主要原因。可是在最后，她也竟发现了人类所以有这种本能的真实原因，就是为了孩子，而孩子就成了她的温暖，她的光明。于是在老医生替她打去了胎、善意地忠告她“好好嫁个人吧，不要再胡闹”以后，她竟直直爽爽地告诉他：

“老医生，请你不要笑，我是还想做扑火的飞蛾，只要有目的，便不算胡闹。”

这篇小说的主题，便是在写这个“扑火的飞蛾”怎样发现她“只要有目的，便不算胡闹”的爱欲哲学的经过的历程。

日本的谢野晶子夫人这样说：“实在说，妇人描写妇人自己的心理，最能够使人有感动的地方，因为这是妇人自己描写自身的心理缘故，所以妇人若能在男人的短处方面努力，比较容易收到效果。”这一段话就是这两位最红的作家成功的圣经！

原载《风雨谈》，1944 年 12 月第 16 期